HISTÓRIA DE ISRAEL
ARQUEOLOGIA & BÍBLIA

Fabrizio Zandonadi Catenassi
Lília Dias Marianno
(orgs.)

HISTÓRIA DE ISRAEL
ARQUEOLOGIA & BÍBLIA

Dados Internacionais de Catalogação na Publicação (CIP)
Angélica Ilacqua CRB-8/7057

História de Israel : arqueologia e Bíblia / organizado por Fabrizio Zandonadi Catenassi, Lília Dias Marianno – São Paulo : Paulinas, 2022. 232 p.

Bibliografia
ISBN 978-65-5808-168-5

1. Israel – História 2. História (teologia) 3. Bíblia I. Catenassi, Fabrizio Zandonadi II. Marianno, Lília Dias

22-2757   CDD 915.694

Índice para catálogo sistemático:
1. Israel – História

1ª edição – 2022
2ª reimpressão – 2024

Direção-geral:	*Flávia Reginatto*
Conselho Editorial:	*Andreia Schweitzer*
	Antônio Francisco Lelo
	Fabíola Medeiros
	João Décio Passos
	Marina Mendonça
	Matthias Grenzer
	Vera Bombonatto
Editores responsáveis:	*Vera Ivanise Bombonatto e*
	Matthias Grenzer
Copidesque:	*Mônica Elaine G. S. da Costa*
Coordenação de Revisão:	*Marina Mendonça*
Revisão:	*Equipe Paulinas*
Gerente de produção:	*Felício Calegaro Neto*
Capa:	*Silas Klein Cardoso*
Diagramação:	*Tiago Filu*

Nenhuma parte desta obra poderá ser reproduzida ou transmitida por qualquer forma e/ou quaisquer meios (eletrônico ou mecânico, incluindo fotocópia e gravação) ou arquivada em qualquer sistema ou banco de dados sem permissão escrita da Editora. Direitos reservados.

Paulinas
Rua Dona Inácia Uchoa, 62
04110-020 – São Paulo – SP (Brasil)
Tel.: (11) 2125-3500
http://www.paulinas.com.br – editora@paulinas.com.br
Telemarketing e SAC: 0800-7010081
© Pia Sociedade Filhas de São Paulo – São Paulo, 2022

ABIB
Rua Mendes Tavares, 93 – Apartamento 102
Vila Isabel – 20560-050
Rio de Janeiro – RJ (Brasil)
www.abiblica.org.br – abib.br@gmail.com

Sumário

Introdução 7

Lista de siglas 11

Israel e Assíria 13
Peter Dubovský

A ascensão do Reino do Norte de Israel no século IX AEC,
vista a partir de três sítios-chave: Samaria, Megiddo e Jezreel 57
Norma Franklin

O Reino do Norte de Israel no século VIII AEC,
até sua queda em 720 AEC, visto a partir de três sítios-chave:
Samaria, Megiddo e Jezreel 79
Norma Franklin

A história da chamada "arqueologia bíblica" 99
José Ademar Kaefer

A formação do povo de Israel:
no diálogo entre a leitura crítica da Bíblia e a arqueologia 135
Luiz José Dietrich
José Ademar Kaefer

Novas perspectivas dos exilados na Babilônia
à luz dos tabletes de Āl-Yāhūdu 171
Douglas de Souza Pedrosa

1 Enoque: desordem cósmica e a impureza
no judaísmo do Segundo Templo.. 189
Kenner Terra

A exaltação de Jesus e o judaísmo do Segundo Templo................. 213
Valtair Afonso Miranda

Introdução

Após alguns anos de enfrentamento de uma realidade pandêmica, a Associação Brasileira de Pesquisa Bíblica realizou entre os dias 23 a 26 de agosto de 2022 o *IX Congresso Internacional de Pesquisa Bíblica*, que aconteceu nas instalações do Instituto São Paulo de Estudos Superiores. A presente obra resgata as principais conferências e mesas temáticas ao redor do tema *"História de Israel: arqueologia e Bíblia"*.

A matéria escolhida pelos membros da Abib para esse congresso discute duas ciências fundamentais para a investigação atual sobre a Bíblia: a história e a arqueologia. Ao longo das últimas décadas, tem-se tornado cada vez mais evidente que a arqueologia amplia fundamentalmente nossa compreensão do texto bíblico. Isso acontece à medida que ela permite reconstruir traços de momentos específicos de grupos humanos antigos por meio da análise de seus vestígios materiais. Isso amplia significativamente nossos conhecimentos geográficos, antropológicos e linguísticos ligados a Israel e seu entorno, entre tantas outras áreas beneficiadas por essa ciência.

O início da arqueologia aplicada às terras bíblicas refletiu interesses nacionalistas e religiosos, em grande parte ligados à validação ou desaprovação histórica da Bíblia e à legitimação dos estados nacionais. Até o século XIX, a arqueologia era uma subárea da história e ocupava-se dos vestígios materiais encontrados na superfície do solo, configurando-se como o estudo das antiguidades. Ao alcançar seu *status* científico autônomo, essa área de investigação experimentou profundos avanços metodológicos que permitiram ampliar sua aplicação e discutir seus resultados em um nível mais global.

Entretanto, estamos hoje submersos em um contexto de pluralidades e novos acentos na arqueologia. É evidente ainda em nossos tempos os conflitos entre escolas maximalistas e minimalistas, mas há também uma autêntica tentativa de buscar espaços mediadores, menos apologéticos e cada vez mais científicos. A identificação e a exploração dos dados arqueológicos do Reino de Israel têm dado novos tons aos livros clássicos de arqueologia das terras bíblicas, particularmente as escavações em Meguido e Hazor, mas também na Samaria e as recentes expedições em Tel Jezreel e Tel Rehov.

Ainda que enfrentemos certa confusão na delimitação das áreas específicas de estudo do arqueólogo, do historiador, do exegeta e do teólogo, as descobertas arqueológicas têm sido utilizadas cada vez mais pela história para compreender a vida do ser humano no tempo. Também nesse campo estamos em um contexto de pluralidades. Os manuais clássicos de história de Israel em geral seguem metodologicamente a história política, retratando o povo à luz das grandes instituições, fatos e datas marcantes da antiguidade israelita, como crônica dos acontecimentos. Contudo, vimos florescer na pesquisa brasileira trabalhos que seguem os princípios da história social, valorizando os registros humanos que não fazem parte da "literatura oficial", bem como análises a partir da história cultural, as quais enfocam a construção discursiva ligada à história. Os estudos historiográficos ligados ao mundo bíblico ajudam cada vez mais a esclarecer a relação que existe entre a história acontecida e a história narrada e fundamentam os estudos exegéticos e teológicos.

As leitoras e os leitores encontrarão neste livro justamente esta diversidade de abordagens e opiniões que refletem diferentes lugares de análise e práticas metodológicas dos autores. Peter Dubovský e Norma Franklin trazem sua experiência internacional: o primeiro discute a realidade de Israel no contexto da Assíria, o primeiro império mundial, segundo o pesquisador; Norma, que foi coordenadora da *The Meggido Expedition* e é co-diretora da *Jezreel Expedition*, disserta sobre a ascensão e queda do Reino do Norte. José Ademar Kaefer apresenta um histórico da "arqueologia bíblica" e, com Luiz José Dietrich, discute a formação do povo de Israel. O exílio da Babilônia é analisado por Douglas de Souza Pedrosa, estudando os tabletes de Āl-Yāhūdu. Em relação ao período do Segundo Templo, Kenner Terra investiga a realidade expressa pela literatura enoquita e suas influências no judaísmo e Valtair Miranda estabelece uma ponte entre a realidade religiosa do Segundo Templo e o culto a Jesus. Esta variedade de aproximações é o que a ABIB trouxe para esse congresso e esperamos que as leitoras e os leitores desfrutem das mais recentes discussões brasileiras e internacionais sobre a arqueologia aplicada às terras bíblicas.

Fabrizio Zandonadi Catenassi
Lília Dias Marianno

Lista de siglas

A.C.	Antes de Cristo
AEC	Antes da Era Comum
ANE	*Ancient Near East*
AOP	Antigo Oriente Próximo
ASOR	*American Schools of Oriental Research*
EC	Era Comum
EEF	Fundo de Exploração Egípcia
ISIS	Estado Islâmico
NRSV	*New Revised Standard Version*
OIC	Instituto Oriental de Chicago
PEF	Fundo para a Exploração da Palestina
PES	Sociedade para a Exploração da Palestina
SBA	Sociedade de Arqueologia Bíblica
SBL	Society of Biblical Literature
TAU	Universidade de Tel Aviv

Israel e Assíria

*Peter Dubovský**

1. A primeira onda da expansão assíria (sécs. 9º – 8º a.C.)

Após um período de fraqueza assíria, os assírios acordaram e se tornaram a mais importante força política no Antigo Oriente Próximo (AOP). As campanhas vitoriosas de Adad-nirari II (912-891 a.C.) no Leste (a derrota dos babilônios e arameus), no Norte (Nairi e Habhu) e no Oeste (ao longo dos rios do Cabur e do Eufrates) marcaram os primeiros passos em direção ao Império Assírio. Seu estabelecimento de depósitos de suprimentos para futuras campanhas provou ser uma decisão perspicaz. Seu sucessor, Tukulti-ninurta II (891-884 a.C.) continuou pela mesma linha política e militar. Como resultado dessas políticas agressivas, os reis assírios encheram seu tesouro real com ouro e outros bens, mantiveram um efetivo exército permanente, ampliaram fronteiras, suprimiram rebeldes internos e externos, apoiaram o intercâmbio comercial com a Anatólia e o Egito, construíram novos canais de irrigação e reconstruíram centros assírios como Nínive e Assur, além de estabelecer cidades nos territórios conquistados e anexados que, mais tarde, se tornaram centros administrativos assírios. Esses passos administrativos e militares tornaram-se a base sobre a qual dois gigantes neoassírios, Assurnasirpal II (884-859 a.C.) e Salmanaser III (859-824 a.C.) baseariam suas campanhas militares e projetos de construção sem precedentes (veja adiante).

---

* Doutor em Bíblia Hebraica pela Harvard Divinity School (Cambridge). Professor no Pontifício Instituto Bíblico (Roma).

Assim, o séc. IX a.C. viu o nascimento do primeiro império mundial – o Império Assírio.

Um novo clima político criado pela primeira onda da expansão assíria fez com que o Levante sofresse grandes mudanças. Os reinos locais e as cidades-estados tiveram que lidar com a expansão da Assíria em todas as direções. Algumas cidades-estados e reinos resistiram até a última gota de sangue, enquanto outros optaram pela submissão e gozaram da proteção do Império Assírio. O tumulto na segunda metade do séc. IX a.C. foi a consequência prática dessa luta de poder. A coalizão levantina antiassíria se dissolveu, Hazael usurpou o trono em Damasco e a dinastia Omrida caiu. A sucessão de Jeú ao trono na Samaria começou uma nova era. Os Nimshidas foram a mais duradoura dinastia em Israel, permanecendo no poder de cerca de 845 a.C. até 735 a.C.

1.1 Expansão assíria sob Assurnasirpal II e Salmanaser III

Assurnasirpal II (884-859 a.C.) foi um general bem-sucedido que realizou campanhas em todas as regiões vizinhas uma ou até duas vezes por ano. Ele chegou até a costa mediterrânea, ainda que não tenha sido capaz de conquistar Tiro. Suas campanhas militares bem-sucedidas reviveram a glória e o controle militar de reis assírios como Tuculti-ninurta I e Tiglat-pileser I (veja adiante). A fim de proteger os territórios conquistados, ele estruturou uma série de fortalezas controlando passagens por rios e montanhas e nomeou governadores nos territórios recém-anexados que governaram as regiões de seus palácios, fornecendo, assim, uma plataforma de onde ele poderia começar uma nova companha. Em suma, ele estabeleceu o território central do posterior Império Neoassírio. Uma das maiores conquistas de Assurnasirpal II foi a construção de Nimrud (Kalhu), uma capital mundial de pleno direito, contendo um palácio real e templos. A inauguração do palácio impôs altos padrões para a pompa das festas reais. Ela durou dez dias e aproximadamente 70 mil pessoas participaram da festa. O palácio também continha famosos relevos assírios com numerosas inscrições, incluindo abundantes versões da "Inscrição Padrão". Essa inscrição estabelece os padrões para a escrita dos anais assírios por dois séculos e influenciou fortemente a historiografia dos sécs. IX e V a.C. (RIMA 2 0.101 1 i 61-67).

O filho de Assurnasirpal, Salmanaser III (859-824 a.C.), herdou a plataforma administrativa e militar, que lhe permitiu ampliar fronteiras. Com Salmanaser III, temos documentos históricos mencionando Israel, os quais possibilitam uma reconstrução historicamente alcançável do Antigo Israel.

As politicamente fragmentadas cidades-estados sírias se tornaram um alvo fácil para a expansão do Império Assírio. A primeira grande realização foi a conquista do reino arameu de Bit-Adini e sua capital, Til-Barsip. A segunda vitória importante foi a derrota de Bit-Agusi. Estando estes dois estados principais arameus nas mãos assírias, Salmanaser III teve a rota desimpedida em direção ao mar Mediterrâneo. O exército assírio se tornou uma ameaça real para os reinos levantinos, os quais criaram uma coalizão poderosa de doze reis levantinos para frear o avanço das tropas de Salmanaser III. De acordo com os anais assírios, dentre os rebeldes estava também Acab, rei da Samaria, cujo exército era um dos maiores da coalisão antiassíria. Os exércitos se encontraram em Qarqar em 853 a.C., e os anais de Salmanaser III noticiaram a vitória esmagadora da Assíria e a destruição de seus inimigos.

Ainda que os anais assírios creditem Salmanaser III com uma vitória esmagadora, os resultados foram mais modestos. Após a batalha em Qarqar, a coalizão dos doze reis levantinos continuou a oposição contra a Assíria; Salmanaser III organizou outras quatro campanhas contra o Oeste, em 849, 848, 847 e 845 a.C. Parece razoável que Israel tenha participado ou sido forçado a participar por Damasco em pelo menos três dessas campanhas. Apesar da enorme pressão militar e da política assíria, a situação no Levante foi menos satisfatória para os assírios, uma vez que as campanhas assírias desestabilizaram seriamente a região e desencadearam novas alianças, guerras locais e a queda de dinastias inteiras.

O ano de 842/841 a.C. (o décimo oitavo ano de Salmanaser III) marcou uma virada decisiva no controle assírio da Síria-Palestina. Após a morte de Bem-Hadad II (Adad-idri nas fontes assírias), Hazael usurpou o trono. A mudança dinástica em Damasco resultou em uma desintegração da coalizão antiassíria na Síria-Palestina. A Samaria, governada por Jeú, aliou-se à Assíria e até mesmo o reino arameu de Hamate ficou do lado dos assírios. Salmanaser III tirou vantagem dessas mudanças e, em 841 a.C., as tropas assírias marcharam contra Damasco, a sede do rei arameu Hazael. Os anais assírios recordam que, nesse tempo, os assírios não tiveram que encarar a coalizão antiassíria, de forma que Hazael ficou sozinho contra os assírios. Salmanaser III organizou outra campanha punitiva contra Damasco em 838 a.C. e reivindicou uma grande vitória. A "derrota" das tropas arameias, no entanto, não erradicou a política expansionista de Hazael nem suprimiu rebeliões no Levante. Em contrapartida, a Assíria começou gradualmente a perder o controle sobre a Síria-Palestina. Em 829 a.C., a Assíria retirou-se do Levante, deixando a região à mercê dos governantes locais. Como resultado, as posses do território assírio foram significativamente reduzidas ao final do reinado de Salmanaser III.

1.2 Novas estratégias políticas introduzidas por Adad-nirari III

As inscrições do sucessor de Salmanaser III, Samsi-adad V (824-811 a.C.) não mencionam nenhuma campanha ou conflito no Levante. O desaparecimento de Hazael, em torno de 800 a.C., e a nova política no Levante introduzida por Adad-nirari III (811-783 a.C.) mais uma vez alteraram o equilíbrio político na região. O reinado de Adad-nirari III foi previamente considerado como um período de fraqueza assíria, mas o estudo de L. R. Sidall (2013) mostra que o contrário era verdade. Adad-nirari III conduziu quatro campanhas contra o Oeste: contra Guzana, em 808 a.C.; contra o norte da Síria, de 805 a 803 a.C.; contra o Líbano e Arwad, em 802 a.C.; e contra Aram-Damasco, em 796 a.C. Os anais assírios reportam que havia ainda que erradicar a resistência de Aram-Damasco. A maior conquista de Adad-nirari III no Oeste foi sua vitória contra Aram-Damasco, em 796 a.C. Essa vitória abriu acesso ao mar Mediterrâneo. Chegando ao fim do seu reinado, Adad-nirari III descreveu a si mesmo como o conquistador de todo o Oeste. Contudo, não há evidência de que ele de fato tenha conquistado a Samaria, mas provavelmente as "regiões mostraram alguma forma de submissão pagando tributo no final da década de 790" (SIDALL, 2013, p. 68). Ainda que Damasco, Sidon, Tiro, Arwad e a Samaria tenham se submetido à Assíria tanto por meios militares quando diplomáticos, elas ainda permaneceram governadas por reis locais vassalos. Esses e outros governantes locais, enquanto leais à Assíria, eram autorizados a agir por conta própria, isto é, eles construíam cidades, conduziam campanhas militares e administravam as próprias regiões. O plano estratégico de Adad-nirari III funcionou. Os "homens fortes", como eram frequentemente chamados os governantes locais, junto à mãe de Adad-nirari II, Sammuramat (Semiramis), ajudaram o rei a controlar o Levante. Como resultado de sua política, depois de 796 a.C., o Levante estava livre de rebeliões e Adad-Nirari III pôde concentrar sua atenção nas regiões do Norte e do Leste, onde ele conduziu várias campanhas.

Ainda que tenhamos apenas poucos textos do período posterior, é possível deduzir que a Assíria ainda desempenhou um papel importante no Levante ocidental. De acordo com as Crônicas Epônimas, Salmanaser IV (783-773 a.C.) realizou campanhas em 775 a.C. para a montanha de Cedro e em 773 a.C. contra Damasco. Seu sucessor, Ashur-dan III (773-755 a.C.), marchou em 765 e 755 a.C. contra Hatarikka e contra Arpad, em 754.

Em suma, uma nova era no AOP começou com Salmanaser III. A Assíria expandiu seu controle por meios militares e diplomáticos sobre toda a Mesopotâmia e boa parte do Levante. Importantes reinos arameus, como Bit-Adini e Bit-Agusi, caíram nas mãos dos assírios. Em 853 a.C., a Assíria encarou uma grande coalizão antiassíria levantina. Ainda que os resultados não tenham sido satisfatórios para a Assíria, após essa data nenhum rei do Levante poderia fingir agir sem levar em consideração os reis assírios. Embora os sucessores de Salmanaser III tenham continuado as operações militares no Levante, eles apoiaram seus vassalos leais, permitindo-lhes expandir seu território e consolidar seus reinos. Dentre os eventos mais significativos dessa época estão a queda da dinastia Omrida, na Samaria, e da dinastia de Ben-Hadad, em Damasco, a ascensão da dinastia de Jeú na Samaria e a ascensão de Hazael ao trono em Damasco.

2. Os altos e baixos de Israel nos sécs. 9º e 8º a.C.

2.1 Visão geral das relações israelitas com a Assíria

A situação política em Israel obviamente dependeu da presença assíria no Levante e da capacidade assíria de frear as tendências expansionistas de Damasco. Durante o séc. 9º e início do 8º a.C., Israel passou por muitos altos e baixos e mudou de aliança algumas vezes. A partir desse ponto de vista, o desenvolvimento político em Israel pode ser dividido em três etapas:

1. *A fase omrida-antiassíria (cerca de 860 a 842/1 a.C.):* os anais assírios listaram Acab entre os rebeldes antiassírios. A dinastia Omrida aliou-se aos estados fenícios através de um tratado diplomático que foi selado pelo casamento entre Jezabel e Acab (1Rs 16,31). Contudo, a constante pressão de Damasco, a principal força da resistência antiassíria, e um casamento político com Sidon, que também participou da coalizão antiassíria, não deixaram Acab e seu sucessor com outra opção senão aderir à coalizão antiassíria nas batalhas de 853, 849, 848, 847 e 845 a.C. Participar da coalizão antiassíria parecia ser a melhor opção na época, mas, como as coisas mudaram, isso levou à morte da dinastia Omrida.

2. *Uma nova dinastia aliada à Assíria, mas oprimida pelos arameus (cerca de 842-796 a.C.):* A mudança das casas reais em Damasco coincidiu com um golpe militar na Samaria (842/841 a.C.). A dinastia Omrida foi derrubada e Jeú usurpou o trono (2Rs 9–10). Quando Salmanaser III decidiu em 841 a.C. atacar Hazael, Jeú optou por Sidon e Tiro para se aliar à Assíria. Contudo, nem Salmanaser III nem seu sucessor Shamshi-Adad V foram capazes de resgatar Israel das garras de Hazael. Assim,

até 796 a.C. aproximadamente, a dinastia Nimshida foi dizimada por Hazael e pelas tropas arameias.

3. *Aliado assírio livre para expandir (796-740 a.C.):* Joás (800-784 a.C.) e Jeroboão II (788-747 a.C.) mantiveram a aliança de Israel com a Assíria. Como já indicado anteriormente, Adad-nirari III confiou a "homens fortes" leais manter a região sob controle, enquanto ele fazia campanha no Leste e no Norte. Assim, a nova política assíria na Síria-Palestina e o fim da supremacia de Aram-Damasco no Sudoeste do Levante permitiram a Israel a prosperar política e economicamente. De acordo com a Bíblia, Israel ressuscitou das cinzas, tornou-se próspero e conquistou Judá. A relativa liberdade de Israel terminou com as campanhas de Tiglate-pileser III.

2.2 As intrigas políticas da Samaria

2.2.1 A fase omrida-antiassíria (cerca de 860 a 842/1 a.C.)

A política internacional em que Israel se encontrava estava longe de ser simples e direta. As fontes bíblicas e extrabíblicas permitem aos historiadores reconstruir o balé político dançado pelos reis israelitas na Samaria no final do 9º séc. a.C. e no começo do 8º a.C. A batalha de Qarqar, em 853 a.C., embora não tenha sido uma vitória completa para os assírios, acabou tendo consequências desastrosas para Israel e marcou o início da queda da dinastia Omrida. Pouco depois da batalha, Israel perdeu seu rei, Acab, no campo de batalha. A Bíblia atribui sua morte a um dos soldados de Ben-Hadad II (1Rs 22,29-40). Seu filho Acazias (852-851 a.C.) governou apenas por dois anos, morrendo por um ferimento causado ao cair de uma janela. As pesadas perdas sofridas em Qarqar e a triste morte de dois reis deixaram a Samaria debilitada e despreparada para enfrentar rebeliões em regiões subjugadas.

O momento de fraqueza teve impacto em Moab, um vassalo israelita: "Depois da morte de Acab, Moab se rebelou contra Israel" (2Rs 1,1; NRSV). A Inscrição do Rei Mesa (conhecida também como "A

Inscrição Moabita" ou a "Estela de Mesa") reportou uma insurreição bem-sucedida contra a casa de Omri (COS II, p. 137). De acordo com a Estela de Mesa, o rei israelita Omri e seu filho sem nome subjugaram Moab. Quando a Assíria começou a exercer seu poder sobre Israel e Aram, Moab não estava listado entre os adversários antiassírios. A distância moabita dos movimentos antiassírios levantinos ajudou as tribos moabitas a manter sua independência. Quando o equilíbrio político no Levante mudou, um líder carismático, Mesa, consolidou as tribos moabitas e estabeleceu uma monarquia. Ele tirou vantagem da fraqueza de Israel não apenas recuperando territórios que haviam sido perdidos para Israel, como também expandindo seu território. Como um verdadeiro líder do AOP, ele reconstruiu várias cidades que estavam em ruínas, fortificou sua capital, construiu uma série de fortalezas e montou um governo centralizado.

Assim, a derrota em Qarqar, as guerras de atrito contra a Assíria, que esgotaram as forças morais e econômicas da coalizão antiassíria, a morte inesperada de dois reis israelitas e a insurreição em Moab lançaram Israel em um período de instabilidade. Ainda que Judá estivesse ligada a Israel pelo casamento de Atalia com Jorão, Judá também recuou e manteve distância de Israel (1Rs 22,49). Adicionalmente, havia uma constante pressão vinda de Damasco, forçando Israel a participar das campanhas antiassírias em 849, 848, 847 e 845 a.C. Não é de admirar que os dois últimos reis Omridas – Acazias (cerca de 852-851 a.C.) e Jorão (cerca de 852-842 a.C.) – tenham se encontrado exaustos pelo constante controle de danos. Além do mais, desastres naturais como a seca e a fome causada por ela (1Rs 17) multiplicaram as dificuldades que a corte e o povo tinham que enfrentar. Finalmente, houve um forte movimento profético que contestou veementemente a política internacional e o sincretismo religioso dos omridas. Embora seja difícil datar os primeiros profetas com precisão, uma teoria de que algumas das lendas curtas e oráculos antiomridas se originaram nesse período é persuasiva. Assim, pelo menos dois profetas se opuseram aos reis omridas – Elias (1Rs 17–19; 2Rs 1) e Miqueias (1Rs 22). O zeloso profeta, Elias, não

Israel e Assíria

apenas visava uma crítica ao rei, mas também criticava severamente sua corte e o povo que estava do lado de Acab. A crítica feita pelos profetas carismáticos, agindo fora do círculo dos profetas da corte, causou uma diminuição da popularidade real e lançou as bases para uma nova forma de *yhwh*-ismo. *Yhwh* estava ligado à terra e deveria ser adorado como o único Deus de Israel. A inconstância do rei e do povo e seu compromisso com divindades estrangeiras foi, de acordo com os profetas, a principal razão para a queda de Israel. Os textos bíblicos e extrabíblicos não deixam dúvidas de que os últimos reis omridas tiveram pouco ou nenhum apoio dos profetas carismáticos, sua corte foi dividida e o povo sofreu com anos de seca. O reino israelita estava à beira do colapso, pronto para uma mudança dinástica.

2.2.2 Uma mudança dinástica – aliado pró-assírio, mas oprimido pelos arameus (cerca de 842-796 a.C.)

De acordo com a Bíblia, o homem de Deus, Eliseu, foi o profeta que desencadeou as mudanças dinásticas em Damasco e na Samaria ao cumprir a comissão que *yhwh* deu a Elias (1Rs 19,16-17; 2Rs 8,11-13). Depois da ascensão de Hazael, o rei israelita, Jorão (851-842) e o rei judaico Acazias (843-842 a.C.) formaram uma coalizão para deter o exército de Hazael em Ramot-galaad, identificado com Tel-Ramith (2Rs 8,28-29). As tropas israelitas foram derrotadas e o rei Jorão foi ferido. Nesse ponto, a dinastia Omrida atingiu seu ponto mais baixo e foi suplantada por Jeú.

De acordo com a Bíblia, Eliseu também foi responsável pela mudança dinástica na Samaria. Após a derrota em Ramot-galaad, Jorão retirou-se para cuidar de suas feridas, e o rei judaíta, Acazias, juntou-se a ele. Eliseu enviou seu servo para ungir o general de Jorão, Jeú. Um redator deuteronomista posterior colocou uma profecia na boca do jovem sobre a condenação que Jeú traria sobre Acab e seus herdeiros (2Rs 9,6-10).

A partir desse momento, Jeú assumiu o comando do exército e começou sua reforma sangrenta. Ele executou tanto o rei de Judá, Acazias, quanto o rei de Israel, Jorão, e sua família. Então, conduziu um expurgo na Samaria e tornou-se rei suserano sobre Israel (2Rs 9–10).

As discrepâncias no texto bíblico e a redação deuteronomista do episódio de Jeú, em 2Rs 9–10, levaram alguns estudiosos a duvidar da historicidade desse relato, particularmente sobre a execução dos reis israelitas e judaítas feita por Jeú. Uma estela descoberta em Tel Dan, em 1993, foi submetida a diferentes críticas. Suas peças foram reaproveitadas como pedras de construção em um edifício datado do 8º séc. a.C., cerca de cem anos após o evento. Os estudos mais recentes têm mostrado que a estela não era falsa e que pode ser datada do séc. 9º a.C. Ela relata a vitória de Hazael sobre Israel (COS II, p. 161-162). A reconstrução da estela permite-nos interpretar o fim da dinastia Omrida de uma forma diferente. De acordo com esse texto aramaico, foi Hazael quem matou tanto o rei judaísta Acazias quanto o rei israelita Jorão.

Outra hipótese desenvolvida pelos estudiosos é que a descrição bíblica da batalha de Ramot-falaad não é precisa e que, na realidade, o rei israelita, Jorão, estava lutando contra os assírios, não contra os arameus, como descrito em 2Rs 8,28-29. M. C. Astour conclui: "Seu assassinato e o extermínio de todos os seus parentes e oficiais (de Jorão) por Jeú aparecem neste contexto histórico como uma medida para apaziguar Salmanaser III e evitar novas represálias assírias" (ASTOUR, 1971, p. 383).

Apesar das incertezas sobre os detalhes exatos de como a dinastia Omrida chegou ao fim, fica claro que, quando em 842/1 a.C. Hazael usurpou o trono em Damasco, a paisagem política do Levante sulista mudou radicalmente. Salmanaser III conduziu uma nova campanha contra ele em 838 a.C., mas não conseguiu deter o ambicioso rei. Quando a Assíria se retirou da Síria-Palestina por volta de 829 a.C., Hazael teve luz verde para expandir seu reino a seu bel-prazer. As inscrições dedicatórias de Hazael, desenterradas em diferentes locais, confirmam essa imagem: a Inscrição A, uma placa de bronze trapezoidal com figuras em relevo, foi desenterrada no templo de Hera em Samos; a Inscrição B1, uma placa de marfim fragmentada, foi encontrada em Arslan Tash (Hadatu); e a Inscrição B2, uma tira de marfim, foi encontrada em Nimrud. Enquanto o achado em um templo grego em Samos pode ser explicado como um objeto de dedicação que passou por diferentes mãos e acabou na Grécia, os outros dois achados apontam para as conexões que Hazael conseguiu estabelecer com os países vizinhos. Além do mais, essas inscrições, junto com a Estela de Tel Dan, permitem-nos traçar um retrato político e religioso de Hazael. As três inscrições eram dedicatórias que seguiram uma prática comum no AOP, a saber, a dedicação de uma parte do espólio capturado durante uma campanha militar a um deus. A Inscrição A atribui a glória de Hazael ao deus Hadad. Isso pode sugerir uma ascensão do *Hadad*-ismo, uma renovação religiosa monolatrica na Síria. Hadad, não *yhwh*, fez Hazael rei, de acordo com a Estela de Tel Dan, e, sob seus auspícios, Hazael estendeu seu território.

Após a desastrosa batalha em Ramot-galaad, Jeú e seu sucessor fizeram uma mudança radical em sua política internacional. Pouco depois de 841 a.C., os escribas de Salmanaser III compuseram uma inscrição em dois touros monumentais. Eles foram encontrados em Nimrud e relatavam que o rei israelita Jeú, junto a outros reis fenícios e sírios, prestaram homenagem a Salmanaser III. Evidentemente, a campanha assíria contra Hazael, em 841 a.C., foi uma boa razão para mudar as alianças. A coalizão antiassíria iniciada por Ben-Hadad e Acab foi dissolvida e Israel apostou na Assíria. Se o rei assírio Salmanaser III tivesse conseguido derrotar Hazael, Israel, embora ainda continuasse vassalo da Assíria, teria sido libertado de seu opressor arameu. No entanto, o resultado da campanha assíria em 841 a.C. foi ambíguo, e a nova campanha de Salmanaser III, em 838 a.C., não mudou a situação. Quando, em 829 a.C., a Assíria se retirou da Síria-Palestina, Israel ficou à mercê da mão de ferro de Hazael. Os fragmentos da Estela de Tel Dan revelam que Hazael conquistou a parte Norte de Israel. As camadas de destruição datadas aproximadamente do final do séc. 9º a.C. foram desenterradas em Tell el-Hammah, Hazor (Stratum IX), Megido (Stratum VA-IVB) e Tell eṣ-Ṣafi (Stratum IV). As camadas de cinzas queimadas testemunham as campanhas impiedosas que Hazael conduziu nos territórios israelitas e o sangue derramado por suas tropas. A Bíblia confirma que o reino de Hazael, estando em seu auge, incorporou partes de Israel (2Rs 10,32-33; 12,12-18; 13,2-22).

Apesar da atitude antiassíria do rei de Damasco, os reis israelitas mantiveram sua lealdade à Assíria. A epígrafe do Obelisco Negro, datada de 828-827 a.C., comenta um relevo que ilustra a prostração de Jeú diante de Salmanaser III (RIMA 3 A.0.102.88): "Eu recebi homenagem de Jeú (*Iaua*) da casa de Omri: prata, ouro, uma tigela de ouro, uma terrina de ouro, vasilhas de ouro, baldes de ouro, estanho, os báculos da mão do rei (e) lanças". Essa prostração voluntária pode se referir a qualquer momento anterior a 828 a.C.

A lealdade israelita à Assíria não salvou os reis israelitas das garras de Hazael. A Bíblia relata que a terra foi devastada e que o exército israelita era praticamente inexistente. Essa foi a situação herdada por Joacaz, sucessor de Jeú: "Então Joacaz ficou com um exército de não mais de cinquenta cavaleiros, dez carros e dez mil homens de infantaria; porque o rei da Síria os destruiu e os tornou como o pó na debulha" (2Rs 13,7; NRSV).

Em conclusão, os textos assírios corroboram a mudança radical na política internacional israelita. A dinastia Omrida, uma aliada arameia que participava da campanha contra a Assíria, foi substituída por uma nova dinastia que se tornou uma aliada assíria e, desse modo, lucrou com as campanhas assírias contra Aram. A dinastia de Jeú desempenhou um papel crucial nesse desenvolvimento, uma vez que a maioria dos reis pertencentes à dinastia de Jeú são datados entre Salmanaser III e Tiglat-pileser III. No entanto, o tratado com a Assíria não salvou Samaria da opressão de Hazael e, durante os próximos cinquenta anos, Israel foi dominado por Damasco.

2.2.3 Aliado assírio livre para expandir (796-740 a.C.)

Os reis israelitas Joacaz (817-800 a.C.), Joás (800-784 a.C.) e Jeroboão II (788-747 a.C.) continuaram a política pró-assíria iniciada por Jeú. A inscrição de Adad-nirari III encontrada em Tell al-Rimah, datada por volta de 797/796 a.C., afirma que o rei assírio "recebeu o tributo de Joás (*Iu'asu*), o samaritano (e) do povo de Tiro (e) Sidon" (RIMA 3 A.0.104.7:8). De maneira similar, as contas administrativas desenterradas em Nimrud confirmam que a dinastia Nimshida permaneceu leal à Assíria. Assim, a lista de vinhos encontrada em Nimrud, datada do início do séc. 8º a.C., relata que os embaixadores samaritanos trouxeram uma homenagem à Assíria.

Embora os primeiros frutos da submissão à Assíria não fossem muito encorajadores, uma vez que a Assíria não foi capaz de proteger Israel das garras de Hazael, no final, o tratado de Jeú com a Assíria acabou sendo uma decisão de longo prazo. Quando Hazael morreu por volta de 800 a.C. e Damasco foi derrotado em 796 a.C., os reis levantinos que haviam suportado o pesado jugo de Hazael respiraram fundo. Assim, a Estela de Zakkur, datada do início do séc. 8º a.C., mostra o mesmo que os textos bíblicos. Zakkur foi oprimido, mas, pelo comando de seu deus Ba'lshamayn, ele se recuperou e derrotou seus opressores. As promessas divinas se assemelham em vários aspectos àquelas encontradas nos primeiros profetas da Bíblia (COS II, p. 154).

As mesmas coisas aconteceram para Israel, que foi libertado de seu feroz opressor arameu e estava bem posicionado para lidar com seus vizinhos mais fracos, como Moab, Amon e Judá. Assim, os nimshidas residentes na Samaria tiveram uma chance única. Embora os reis de Samaria fossem leais à Assíria, eles gozavam de uma grande extensão de liberdade e, como argumentado anteriormente, sua independência substancial fazia parte da estratégia de Adad-nirari III de manter o Levante calmo para que ele pudesse realizar campanhas em outras partes do AOP. Esse novo equilíbrio político permitiu que Israel se recuperasse de um longo período de estagnação militar e política. A dinastia de Jeú (842-747 a.C.) incluiu cinco reis, que reinaram na Samaria por quase cem anos, tornando-se, assim, a dinastia mais duradoura em Israel.

Além de alguns dados arqueológicos, a única fonte disponível sobre essa recuperação são passagens bíblicas escritas em estilo de anais. Uma série de notas nos Livros dos Reis relatam concisamente os primeiros passos da recuperação israelita (2Rs 13,24-25; 14,25.28).

É impossível provar a historicidade desses versos, mas eles correspondem ao padrão de expansão e contração encontrado entre os reinos levantinos durante a primeira fase da expansão assíria. Quando um reino vacilava, outros expandiam seu território às custas desse reino. Esse padrão de "harmônica" governava as relações internacionais antes de Tiglat-pileser III. Assim, quando Aram-Damasco enfraqueceu-se, no início do 8º a.C., Israel e Hamat expandiram seus territórios e absorveram cidades que antes estavam sob o controle de Damasco. Uma recuperação semelhante de territórios ocorreu também em Sam'al e em outras partes do AOP controladas pelos assírios. Alguns estudiosos argumentam que a derrota dos arameus, descrita em 2Rs 6, pode estar ligada à vitória de Joás sobre os arameus. Se aconteceu assim, isso significaria, por sua vez, que a opressão síria de Samaria foi aliviada quando Nergal-eresh, um governador assírio de Hindadu e comandante das tropas de Adad-nirari III contra Damasco, derrotou os arameus.

A recuperação militar foi apenas um fragmento no mosaico. O período de depressão econômica chegou ao fim quando Israel, sob Joás e Jeroboão II, começou a florescer economicamente (cf. 2Rs 14,25.28). A renovação de Israel pode ser rastreada em registros arqueológicos. S. Hasagewa revisou material arqueológico do 9º e do 8º séculos a.C. e concluiu que havia importantes projetos de construção concluídos no período do reinado de Joás-Jeroboão II, como Tel Dan, Hazor, Tel Kinrot, Beth-shean, Tel Rehov, Megiddo, Tel Yoqne'am, Tel Ta'anach, Samaria, Tell el-Far'ah, Tel Gezer e Tell el-Asāwir/Tēl Ēsūr.

Além disso, os óstracos de Samaria refletem uma crescente burocracia desse período e a análise de selos e impressões de selos também aponta para a expansão da atividade dos funcionários israelitas na esfera econômica.

A consolidação política, econômica e militar acompanhou de forma pareada a renovação cultural e religiosa de Israel. Os estudos histórico-críticos de 2Rs 13–14 mostram que esses capítulos contêm passagens anteriores às primeiras redações deuteronomistas, como fórmulas sincrônicas incomuns em 2Rs 14,15-16.17 e suas versões em grego antigo, a descrição da conquista de Jerusalém (2Rs 14,12-14) e alguns relatos em forma de anais (2Rs 13,24-25; 14,25.28). Os estudiosos analisaram essas passagens, comparando-as com estilos historiográficos típicos do Levante, no final do século 9º e início do século 8º a.C., e concluíram que as primeiras composições historiográficas em Israel foram compostas nesse período. Além disso, argumentou-se que o ciclo de Jeroboão II se reflete nos contos de Jacó no Gênesis e nos contos heroicos do Livro dos Juízes. Segundo ele, essas tradições reais foram consignadas por escrito nos dias de Jeroboão II. A vitória dos nimshidas e o subsequente desenvolvimento da identidade israelita explicariam por que a apresentação positiva dos omridas teria sido excluída dos textos associados à dinastia posterior. Alguns estudiosos foram ainda mais longe e sugeriram que várias realizações de Jeroboão II foram atribuídas a outros reis, especialmente a Salomão e Jeroboão I. De acordo com 1Rs 9,15, Salomão construiu Hazor, Megido e Gezer. O registro arqueológico sugere que essas obras devem ser datadas no reinado de Jeroboão II e não no tempo de Salomão.

Em conclusão, embora os reis nimshidas estivessem sujeitos à Assíria, eles gozavam de um grande grau de autonomia como parte da estratégia de Adad-nirari III para manter o Levante calmo. Além do mais, a derrota de Aram-Damasco, em 796 a.C. marcou o fim do domínio arameu sobre Israel. Obviamente, isso permitiu que Joás e Jeroboão II, reinando entre 800 e 747 a.C., recuperassem territórios que haviam perdido para Aram-Damasco. Eles tiraram Israel da depressão política e econômica e levaram a uma época de crescimento econômico e militar. A independência política de que gozavam dentro de sua fidelidade à Assíria permitiu-lhes consolidar o reino e apoiar importantes atividades literárias que contribuíram para a versão final da Bíblia. Em particular, os mitos de fundação e os primeiros escritos historiográficos podem ser datados desse período.

3. Período sargônio (8º – 7º sécs. a.C.)

O controle assírio sobre o Levante começou a declinar no século 8º a.C. Os reis assírios Ashur-dan (772-755 a.C.) e Ashur-nirari V (755-745 a.C.) foram dois dos reis mais fracos da Assíria. A Assíria perdeu territórios conquistados por Adad-nirari III e seus predecessores, o reino foi atingido por severas pragas e perturbado por rebeliões, e os reis realizaram muito poucas campanhas. O declínio do poder assírio deu mais espaço a funcionários da corte, como o turtānu (comandante-chefe) Shamshi-ilu, que agia de forma independente, e a outros governantes locais, como Jeroboão II de Samaria (788-747 a.C.). A independência dos governantes locais e funcionários da corte chegou ao fim com a ascensão de Tiglat-pileser III ao trono (744-727 a.C.). Seu reinado foi um divisor de águas no controle assírio do AOP, e ele pode ser corretamente considerado o fundador do primeiro império mundial. Suas campanhas e a nova estrutura administrativa criaram uma base sólida para o Império Assírio, que durou até 612 a.C.

No Egito, uma nova dinastia assumiu o controle do Baixo e do Alto Egito. Os kushitas estabeleceram a 25ª dinastia. Suas relações com a Assíria oscilaram. Assim, o faraó Piye apoiou a coalizão antiassíria que se opunha a Tiglat-pileser III (guerra Siro-Efraimita). Durante o reinado de Sargão II, o faraó Shebitku pagou tributos à Assíria. Então, ele indiretamente apoiou Yamani, o rei de Asdod, em sua rebelião contra a Assíria, mas, quando Yamani se refugiou no Egito, Shebitku o enviou a Sargão II em grilhões. Os próximos dois faraós, Shabaka e Taharqa, foram mais hostis à Assíria e de bom grado deram seu apoio às revoltas antiassírias no sul do Levante, por várias razões. Primeiramente, porque a expansão da Assíria a tornou uma ameaça iminente para o Egito; e, em segundo lugar, porque o controle assírio do Levante prejudicou o comércio egípcio com os portos fenícios e com a Samaria. Assim, Taharqa apoiou a guerra fenício-filisteu-judaíta contra Senaqueribe, em 701 a.C. Mas a resistência egípcia e a intromissão nos assuntos levantinos foram em vão. Assaradom invadiu o Egito e Assurbanipal completou a conquista do Egito.

3.1 O início do Império Assírio (Tiglat-pileser III; 744-727 a.C.)

3.1.1 Uma visão geral do reinado de Tiglat-pileser III

A situação no ANE mudou radicalmente com Tiglat-pileser III (conhecido também como Pul nos escritos babilônicos e hebraicos). Em meio a rebeliões, derrotas e desastres naturais sofridos pela Assíria em meados do séc. 8º a.C., Tiglat-pileser III emergiu como um líder carismático, um administrador astuto e um excelente estrategista militar. Ele alegou ser o sucessor de Adad-nirari III, e a Lista de Reis Assírios o retratou como filho de seu predecessor, Ashur-nirari V; porém, é mais provável que ele fosse um usurpador que tomou o trono em 745 a.C. Após a ascensão ao trono, ele instituiu várias reformas que levaram à fundação do Império Neoassírio. Ele reestruturou as tropas assírias, criando o primeiro exército permanente no AOP. Suas campanhas tiveram poucos paralelos na história militar do AOP. Ele refreou os "homens fortes" tolerados por Adad-nirari III e dividiu os territórios conquistados em províncias, nomeando eunucos como governadores provinciais. Finalmente, Tiglat-pileser III originou os primeiros serviços de inteligência do mundo para mantê-lo informado sobre a situação nos territórios centrais do inimigo e em suas próprias províncias e reinos vassalos. Essas reformas, juntamente com seu caráter aventureiro e perspicácia militar, fizeram dele o fundador do Império Neoassírio.

3.2 Expansão territorial e militar de Tiglat-pileser III

As capacidades administrativas de Tiglate-Pileser III e seu firme comando do exército renderam bons frutos em suas campanhas militares. Primeiro, ele suprimiu uma insurgência antiassíria na Babilônia e se tornou o primeiro assírio rei da Babilônia, aparecendo nas fontes babilônicas como Pulu. A conquista do Oeste está entre suas principais conquistas. A conquista gradual do Oeste ocorreu em três etapas.

3.2.1 Primeira etapa – a conquista de Arpad (743-740 a.C.)

Para compreender a primeira etapa da expansão assíria e a importância da conquista de Arpad por Tiglat-pileser III, devemos compreender seu contexto geopolítico. A cidade de Arpad (Tell Rifa'at) está situada a cerca de 40 km a nordeste de Aleppo. Após a queda do reino hitita por volta de 1200 a.C., Arpad tornou-se uma das mais proeminentes cidades-estados arameias que governavam a área de Bit-Agusi. Nas fontes assírias, é conhecida como āl šarrūti, "uma cidade real". A localização estratégica dessa cidade deveu-se a dois fatores. Primeiro, controlava uma área muito fértil e, consequentemente, sempre foi uma cidade rica. Em segundo lugar, controlava as principais vias de comunicação entre o Leste e o Oeste, o Norte e o Sul. Por essa razão, tal área, primeiro dominada por Arpad e depois por Aleppo, confrontou a aspiração de qualquer governante que quisesse controlar o Norte da Síria. Desse modo, Salmanaser III dedicou várias campanhas para conquistá-la. As batalhas sangrentas entre o ISIS e o governo sírio também ocorreram nessa área. Portanto, a conquista de Arpad foi o primeiro teste das habilidades militares de Tiglate-pileser III.

Desde Adad-nirari III, os assírios permitiram que os governantes locais, como Mati-il, rei de Arpad, Manaém, rei de Israel, e outros, governassem seus reinos sem interferência. Como resultado dessa política assíria e da gestão hegemônica de Mati-il, Bit-Agusi, cuja capital era Arpad, tornou-se o reino arameu mais importante em 754-744 a.C. De acordo com o SAA II 2, o rei de Arpad, Mati-il, concluiu um tratado com o rei assírio Ashur-nirari V, datado provavelmente de 746 a.C. Esse tratado, no entanto, teve pouco impacto sobre o controle assírio da região. Como resultado dessa constelação política, se os assírios quisessem expandir seu controle sobre o Oeste, eles teriam que enfrentar Bit-Agusi e sua capital Arpad, governada por um rei capaz, Mati-il.

Mati-il, sentindo a ameaça incumbente de um novo e ambicioso rei, Tiglat-pileser III, juntamente com o rei urartiano Sarduri II e outros reis sírios e anatólios, criou um poderoso bloco antiassírio. No entanto, os assírios derrotaram a coalizão. Primeiro, os assírios atacaram Arpad. Enquanto sitiavam Arpad, os assírios souberam de um contra-ataque urartiano. Eles não foram pegos de surpresa e derrotaram as tropas urartianas. O rei urartiano, Sarduri, escapou e o exército assírio invadiu o território urartiano. Tendo estabelecido Urartu, os assírios cercaram Arpad por três anos e a transformaram em uma nova província assíria (RINAP 1 35 i 21'-43'). Essa campanha permitiu que os assírios se apoderassem da região estrategicamente importante de Bit-Agusi e, assim, controlassem o acesso à Anatólia e ao Sul da Síria.

Israel e Assíria

3.2.2 Situação em Israel e Judá

A Bíblia não registra essa etapa da expansão assíria, mas a conquista da coalizão antiassíria de Arpad é mencionada na Bíblia como um exemplo do poder irresistível da Assíria (cf. 2Rs 18,34; 19,13; Is 10,9).

Em Judá, Azarias, também conhecido como Uzias (785-733 a.C.), sucedeu seu pai Amazias. Foi um período de estabilidade dinástica; seu reinado foi o mais longo da história de Judá. No final de seu reinado, o rei ficou doente e o poder real passou para as mãos de seu filho Jotão (759-743 a.C.). Nenhum evento especial pode ser rastreado até o período de seu reinado. O controle de Azarias e Jotão era limitado a Judá e Benjamim. Foi essencialmente um período de estagnação.

Por outro lado, nesse período Israel foi mergulhado em uma guerra civil e despedaçado por vários golpes. Israel floresceu econômica, política e religiosamente durante o reinado de Jeroboão II (cerca de 788-747 a.C.). Com Zacarias (cerca de 747 a.C.) a glória da dinastia nimshida desapareceu completamente. Zacarias foi assassinado em uma conspiração orquestrada por Salum. O usurpador Salum desfrutou da glória do trono apenas por um mês. Manaém, um novo usurpador (cerca de 747-737 a.C.), assassinou Salum e depois atacou a cidade de Tifsa. Não há fontes extrabíblicas documentando o reinado de Manaém antes de 738 a.C. De acordo com 2Rs 15,14, a revolta de Manaém teve origem em Tirza. Os autores bíblicos, enfatizando Tirza (Tell el Far'ah Norte) como ponto de partida tanto da revolta de Manaém (2Rs 15,14) quanto de sua campanha para o Leste (2Rs 15,16), conectaram à antiga capital Tirza uma nova, embora curta, dinastia (1Rs 15,33; 16,8.15.23). Quando Tirza foi incendiada durante um cerco, Omri mudou sua capital para Samaria, e Tirza desapareceu do relato bíblico. As escavações de Tirza (Tell el-Far'ah Norte) mostraram que uma cidade florescente (Stratum VIIb) foi destruída no início do séc. 9º a.C. (cerco de Omri; 1Rs 16). Então, a cidade ficou deserta por um tempo. O Stratum VIId testemunha o ressurgimento da vida urbana em Tell el-Far'ah North. Esse estrato corresponde ao período de Manaém. Os estratos de Tirza, datados da metade do séc. 8º a.C., tinham um palácio e três casas patrícias, o que significa que nessa época a cidade havia recuperado sua proeminência, com um edifício principal comparável em tamanho aos edifícios em Megido e Hazor. O renascimento de Tirza despertou as tensões que se originaram, cem anos antes disso, entre a antiga capital de Tirza e a nova capital, Samaria. Parece que Manaém aproveitou essas tensões para organizar seu golpe. Depois de derrubar o governo, ele se aproveitou da distância assíria e das enfraquecidas cidades-estados arameias na Síria para expandir seu reino. Seu reinado, no entanto, foi um dos regimes mais violentos que Israel já conheceu. Ele não hesitou em cometer os crimes de guerra mais violentos para eliminar a oposição, como rasgar os corpos de mulheres grávidas (2Rs 15,16). Esse regime sangrento trouxe "estabilidade" por mais de uma década dentro de uma era muito turbulenta.

3.2.3 A nova "burguesia" e o nascimento de uma nova corrente profética

A paisagem e a agricultura das regiões ao redor de Samaria determinaram a geopolítica da Idade do Ferro. O cultivo em terraços implantado no início da Idade do Ferro I manteve-se como a forma de agricultura dominante na Idade do Ferro II. Os pedaços de terra eram propriedades importantes, e o controle da terra determinava o suprimento de alimentos para a Samaria. Alguns estudiosos argumentam que é impossível falar sobre um governo centralizado na Samaria. A análise dos óstracos samaritanos mostrou que eles não representam taxas impostas por um sistema estatal complexo. No séc. 8º a.C., a sociedade israelita ainda era principalmente um sistema rural de poderosos grupos consanguíneos agrupados em torno da residência real. Embora os reis samaritanos tivessem que levar em conta esses grupos, nada indica que os reis controlassem efetivamente as áreas dos clãs. Assim, na metade do séc. 8º a.C., na área fortemente circunscrita entre a Samaria e Shemesh, propriedades ricas eram controladas por poderosos barões da terra. A política assíria introduzida por Adad-nirari III e continuada por seus sucessores permitiu que alguns indivíduos fortes, tanto no palácio quanto nas províncias, concentrassem poder e riqueza em suas mãos. O controle econômico e comercial samaritano provavelmente incluiu trechos significativos das rotas comerciais que passavam pela área. Esse desenvolvimento, sem dúvida, revitalizou os estreitos contatos comerciais da Samaria, se não até uma real relação de pacto, com Tiro e outras cidades-estados fenícias.

O crescimento econômico, a estabilidade política e as vitórias militares fizeram com que o rei e seus partidários acreditassem que sua fidelidade a *yhwh* havia trazido a bênção divina do bem-estar material. "Os benefícios concedidos a Israel e Judá, as bênçãos que choveram sobre eles de um céu benevolente, eram prova adequada não apenas do favor divino, mas do mérito moral de Israel" (ANDERSEN, 1983, p. 31). No final do reinado de Jeroboão II e nos anos seguintes, era natural que convicções religiosas pessoais como essas apoiassem a ideologia real, mas a prosperidade da Samaria e a concentração de riqueza nas mãos de alguns indivíduos andavam de mãos dadas com vícios morais, sincretismo religioso e injustiça social, que os ricos e poderosos mantinham fora da vista e da mente. Assim, na segunda metade do séc. 8º a.C., uma nova corrente profética, tipificada por Oseias e Amós, surgiu para desafiar os profetas e clérigos da corte estabelecida. Os movimentos proféticos que se originaram nesse período chamaram a atenção para o outro lado da moeda. Oseias e Amós criticaram a liderança estabelecida e o culto em Israel por injustiça social, abuso cultual e idolatria escondida. Essas palavras e atos proféticos não apenas iluminaram o lado sombrio do bem-estar material como também criaram um novo gênero literário, que foi desenvolvido em coleções literárias importantes e únicas, como Oseias, Amós etc. Com essas composições literárias, a língua hebraica e a literatura atingiram um novo patamar de qualidade. Elas também estabeleceram o contexto religioso e cultural do período tumultuado que estava por vir.

3.2.4 Segunda etapa – a conquista do norte da Síria (738-734 a.C.)

Em 739 a.C., Tiglat-pileser III derrotou Ulluba (RINAP 1 37), localizado na fronteira com Urartu, certificando-se de que os urartianos não atacariam as forças assírias pela retaguarda, enquanto travavam guerra na Síria. Essa medida de segurança permitiu que ele se expandisse mais profundamente na região de Unqi/Patina, nas profundezas da Síria. Nessa campanha (738 a.C.), Tiglat-pileser III conquistou Kullani, a bíblica Calane (Is 10,9), localizada a oeste de Arpad. Comparando os textos existentes de uma estela do Irã (RINAP 1 35) e os anais de Kalhu (RINAP 1 11-15; 26-28; 30-32), é possível reconstruir a seguinte sequência de eventos.

- *Fase I:* Tutammu, rei de Unqi/Patina, violou a aliança que havia feito com a Assíria. Tiglat-pileser III ficou furioso (RINAP 1 12:4'), conquistando a cidade real de Kullani no decorrer de uma campanha (738 a.C.) e tornando a região uma nova província assíria (RINAP 1 12:11'-12'). A conquista das cidades de Kullani e Arpad e sua plena incorporação ao sistema de províncias assírias permitiram que os assírios controlassem duas grandes rotas para o sul: Kullani fica no início da estrada costeira que vai para Biblos, Tiro, Gaza e para o Egito, seguindo ao longo do rio Orontes, que desce por Qarqar até Hama. Arpad controla a estrada nas margens do deserto sírio, que passa por Halab até Hamat, Damasco e a Transjordânia. A localização geográfica de Kullani fez com que a região sempre fosse um centro de conflitos. Ninguém poderia obter controle sobre o Noroeste da Síria sem subjugar essa região também. Assim, o gênio tático de Tiglat-pileser III passou nesse segundo teste importante, e Kullani foi levada para a órbita assíria.

- *Fase II:* O controle de duas estradas estratégicas permitiu que os assírios fizessem um ataque rápido ao longo da costa até Biblos (RINAP 1 35 ii 22'-23'). A submissão de Azriyau (*Azrī-Iāu*; RINAP 1 13:2; 31:7), que controlava várias cidades na região de Hamat, provavelmente data dessa época. Embora sua identidade seja difícil de estabelecer, ele não deve ser identificado com o rei de Judá, Azarias. Nessa fase, todo o Norte da Síria foi anexado à Assíria e governado por governadores provinciais assírios.

Pouco depois da conquista de Kullani, vários reis, entre os quais também Rezin, rei de Damasco, e Manaém, rei da Samaria, trouxeram presentes a Tiglat-pileser III e começaram a pagar tributos regulares. Os anais assírios (RINAP 1 13-14 e 26-27) registram que, após a conquista, Tiglat-pileser III não apenas reorganizou a estrutura administrativa do Norte da Síria como também iniciou uma realocação maciça dos habitantes. O reassentamento da população foi uma estratégia para controlar os territórios recém-adquiridos, introduzidos por Tiglat-pileser III. A deportação em massa desenraizou os rebeldes e fez mudanças significativas na demografia do Norte da Síria. A deportação de habitantes locais, a importação de grupos étnicos e o estabelecimento de novas províncias assírias no Norte da Síria (Bit-Agusi, Unqi/Patina, Hatarikka, Kashpuna) criaram uma base firme para o controle assírio da região. Ela nunca mais se rebelou contra a Assíria. As regiões recém-assimiladas desfrutaram da *Pax Assyriaca* e floresceram economicamente. Por essas razões, essa região permaneceu pró-assíria mesmo após a queda de Nínive, em 612 a.C.

3.2.5 Situação em Israel e Judá

Fontes bíblicas e assírias confirmam que, embora Manaém fosse implacável e brutal na batalha, ele era um diplomata astuto e bem-sucedido. Vendo a conquista assíria do norte da Síria, Manaém, juntamente com outros governantes levantinos, prestou homenagem a Tiglat-pileser III (RINAP 1 32:1).

A Bíblia também documenta a prontidão de Manaém para substituir a guerra pela diplomacia: "Manaém deu a Pul mil talentos de prata, para que o ajudasse a confirmar seu domínio do poder real" (2Rs 15,19; NRSV). H. Tadmor argumentou de forma convincente que um tributo tão alto se destinava a garantir o apoio de uma potência estrangeira para um usurpador ou um rei cujo domínio do poder fosse perturbado por uma agitação doméstica. O cenário histórico mais provável para o pagamento de Manaém é durante a Fase II, ou seja, logo após a conquista de Kullani, em 738 a.C. Quando os poderes menores concordavam em se render a um poder maior, os vassalos traziam presentes (*tāmartu*, derivado do verbo "ver") e concordavam em pagar *biltu* e *maddattu*, tributos e impostos, em horários regulares. É possível que o relato bíblico se refira ao primeiro tipo de pagamento, enquanto as inscrições assírias falam do pagamento de um tributo ou imposto contínuo. Ao submeter-se à Assíria, Manaém conseguiu permanecer no poder dentro de Israel, eliminando não apenas a oposição ao seu reinado como também a oposição à autoridade da Assíria. Enquanto o israelita mantivesse a paz com a Assíria, Tiglat-pileser III estava disposto a ignorar a crueldade e a violência do reinado de Manaém sobre seu próprio povo.

De acordo com os relatos bíblicos, o rei judaico Jotão (759-743 a.C.), filho de Azarias/Uzias, foi credenciado para atividades de construção em Jerusalém; em particular, a construção do portão superior do templo (2Rs 15,35). De acordo com 2Rs 15,37, Jotão não tinha ambições expansionistas, na maioria das vezes, mas desempenhou o papel de um observador passivo dos eventos no Norte. 2Cr 27,5-7 afirma que Jotão conquistou Amon, que caiu com a esfera de influência do Reino do Norte. Nesse caso, Jotão deve ter aproveitado a instabilidade após a rebelião de Peca para invadir Amon e subjugá-lo por um tempo. No entanto, os estudiosos discutem se 2Cr 27,5-7 é historicamente confiável.

3.2.6 Terceira fase – a derrota da coalizão Siro-Efraimita (734-732 a.C.)

Depois de 738 a.C., Tiglat-pileser III consolidou o controle do Norte da Síria, que ele dividiu em quatro províncias sob a autoridade de governadores assírios. Uma deportação em massa dos habitantes originais mudou a demografia da região, e o resto dos principais reis siro-palestinos se submeteu a Tiglate-pileser III e pagou tributos. A paz não durou muito. Damasco organizou outra coalizão antiassíria composta por Rezin, rei de Damasco, Hiram, rei de Tiro, Peca, rei da Samaria, Hanunu,

rei de Gaza, e Samsi, rainha dos árabes. Essa coalizão controlava a Síria-
-Palestina e o deserto da Arábia. Tiglat-pileser III precisou de três anos
para derrotar os rebeldes (734-732 a.C.). Uma estratégia simples, mas
eficaz, foi colocada em ação. Tiglat-pileser decidiu não atacar Damasco,
epicentro fortificado da rebelião, ou a Samaria, localizada em terras altas
inacessíveis. O controle de Kullani e Byblos permitiu que ele se movesse
rapidamente para o Sul, ao longo da costa do Mediterrâneo. Ele primeiro
atacou Tiro, o elo mais fraco da coalizão. Antes que Damasco pudesse
vir em socorro de Tiro, o rei Hiram se rendeu. A rendição de Tiro abriu
a estrada ao longo da costa do Mediterrâneo. Os assírios imediatamente
enviaram carros velozes e cavalaria para o Sul, ao longo da costa filisteia. Uma cidade após a outra se rendeu; Hanunu, rei de Gaza, o mais importante rei antiassírio na Filisteia, fugiu para o Egito. Quando as tropas
assírias chegaram à fronteira egípcia, montaram um bloqueio na estrada
costeira entre o Egito e Gaza. Em um ano, a coalizão antiassíria perdeu
duas figuras importantes, Hiram, rei de Tiro, e Hanunu, rei de Gaza.
Como Judá e os reinos transjordanianos eram vassalos de Tiglat-pileser
III, a Assíria conseguiu bloquear as estradas entre o Levante e o Egito,
impedindo assim que o faraó egípcio viesse em socorro. No ano seguinte
(733 a.C.), os assírios se aproximaram de Damasco. Eles derrotaram as
tropas de Rezin em uma batalha campal, saquearam a região e cortaram
as tamareiras. Embora eles não tenham conquistado a cidade de Damasco, eles a tiraram da luta: "Eu o prendi [Rezin] [lá] como um pássaro
em uma gaiola" (RINAP 1 20:11'). Os assírios então se moveram ao
longo da "estrada" real da Transjordânia e infligiram uma pesada derrota
aos árabes no deserto (RINAP 1 20:18'). Assim, a coalizão antiassíria
perdeu outro jogador-chave, quando a rainha árabe, Samsi, e as duas
cidades rebeldes restantes, Samaria e Damasco, ficaram isoladas umas
das outras. Depois de romper a coalizão no ano seguinte (732 a.C.), Tiglat-Pileser atacou diretamente Damasco. A cidade caiu rapidamente,
Rezin foi executado e Damasco tornou-se a sede de uma nova província
assíria. Durante sua rápida marcha através de Israel, Samaria se rendeu, e
o resto dos rebeldes, como Rukibtu, rei de Ashkelon, rendeu-se (RINAP

1 21:12'-16'). Como nas etapas anteriores, também nesse caso uma deportação e saques em massa se seguiram à derrota da coalizão (RINAP 1 20:13'-14'; 48:24'-25'). Os reinos mais afetados foram os de Damasco, Israel e os árabes.

3.2.7 A situação em Israel e Judá

O filho de Manaém, Pecaías (738-736 a.C.), deu continuidade à política pró-assíria de seu pai. A divisão interna do reino aumentou e um novo usurpador, Peca, derrubou a dinastia de Manaém logo após as tropas de Tiglate-Pileser III deixarem o Norte da Síria. Peca juntou-se à coalizão antiassíria. A Bíblia relata os eventos em um estilo analítico conciso (2Rs 15,24).

A unidade da coalizão antiassíria levantina era uma questão de vida ou morte para Damasco e Samaria. No entanto, os reinos menores, como Judá, Moab e Amon, fizeram um cálculo diferente. Eles sabiam que o Egito era fraco demais para se opor à Assíria. Os jogos políticos e as incursões de Samaria e Damasco não inspiravam confiança. Consequentemente, reis locais menores pediam ajuda não do Egito, que era mais próximo, mas da Assíria, mais distante. Assim, por exemplo, o rei moabita enviou um pedido de ajuda à Assíria, quando foi atacado pelos quedaritas. O rei judaico Acaz estava em situação semelhante. Ele teve que escolher entre aderir à coalizão antiassíria ou submeter-se à Assíria. A Bíblia relata que ele optou pelo último. Evidentemente, os organizadores da resistência antiassíria, o rei israelita Peca e o rei arameu Rezim, não podiam se dar ao luxo de ter esse incômodo a seu lado e atacaram Judá. As campanhas de Aram e Israel contra Judá são chamadas de "guerra Siro-Efraimita". Tiglat-pileser III aceitou de bom grado o convite de Peca para suprimir os rebeldes antiassírios. A coalizão antiassíria foi derrotada e Samaria se rendeu. Remanescentes dos anais assírios relatam a derrota de Israel (RINAP 1 42:15'-19'; 44:17'-18'). A Bíblia também relata esses eventos (2Rs 15,29-30).

Os resultados das invasões de Tiglat-pileser III foram desastrosos para Damasco e Samaria. Rezin foi executado. Damasco deixou de existir e tornou-se uma província assíria governada por um governador assírio. Numerosas cidades de Damasco e Israel foram saqueadas, arrasadas e abandonadas até o período persa. Os habitantes de regiões inteiras foram deportados e o território, repovoado. Pouco depois de 732 a.c., Megido foi separada da Samaria e tornou-se outra província assíria governada por governadores assírios. Nenhuma fonte menciona a destruição da Samaria, mas que somente ela foi deixada livre (RINAP 1 44:18'). Duas lajes quebradas mencionam a morte de Peca, embora o texto não deixe claro quem o matou. O sujeito do verbo poderia ser "eu", ou seja, Tiglat-pileser, ou, mais provavelmente, "eles", ou seja, os habitantes de Samaria (RINAP 1 42:17'; 44:18'). De qualquer forma, um novo rei, Oseias, tornou-se um fantoche sob o controle de seu senhor assírio. À luz da destruição que Damasco e Israel sofreram, a profecia de Isaías (cap. 9) tinha que soar como um sonho impossível para as pessoas que viram as cidades queimadas de Galileia, Zabulon, Neftali, a devastação do reinado de Samsi (Transjordânia) e o rompimento da estrada costeira (Is 9,1-2).

Em vista desses eventos, a decisão de Acaz de ficar do lado da Assíria provou ser uma excelente escolha política. Ele permaneceu no trono e desfrutou da proteção assíria. Nenhuma cidade judaíta foi saqueada ou destruída, e seu povo não foi deportado. O compromisso de Acaz salvou seu país dos traumas que Damasco e Israel sofreram. No entanto, o profeta Isaías condenou com veemência a aliança que Acaz forjou com a Assíria (Is 7,1-17), prevendo a infeliz consequência de se submeter a ela. Em 701 a.C., a Assíria, a salvadora de Acaz, tornou-se a destruidora de Judá.

3.3 Uma nova onda de expansão assíria sob Salmanaser V e Sargão II

Salmanaser V (727-722 a.C.) era bem versado nas políticas militares e administrativas de seu pai, Tiglat-pileser III, por meio das quais abordou os problemas da parte ocidental de seu império. Embora os documentos existentes sejam incompletos, sabemos que Salmanaser realizou algumas campanhas militares, entre as quais uma contra Samaria no final de sua vida, por volta de 722 a.C. A conquista de Samaria, Sam'al e Que, que transformou esses centros em novas províncias assírias, foi um passo importante na conquista assíria do Oeste.

O sucessor de Salmanaser, Sargão II (722-705 a.C.), provavelmente usurpou o trono de seu irmão, Salmanaser V. Durante seu reinado, o Império cresceu e ficou mais organizado. Em 720 a.C., Sargão II suprimiu rebeliões na Babilônia e derrotou a coalizão antiassíria liderada por Hamat. Graças a uma rede de inteligência bem organizada, ele recebeu informações oportunas sobre a derrota do rei urartiano Ursa, no norte da Anatólia. Aproveitando o momento de confusão e fraqueza em Urartu, ele conquistou o mais importante santuário urartiano, Musasir, em 714 a.C. A partir desse momento, Urartu não foi capaz de se opor à Assíria como antes. O maior feito militar de Sargão II foi a conquista da Babilônia. Depois de uma rebelião maciça organizada por Merodach-baladan II (Marduk-apla-iddina II), Sargão exerceu forte pressão psicológica sobre as tribos caldeias e arameias para que se rendessem; seus esforços foram parcialmente bem-sucedidos. Então, ele isolou os rebeldes uns dos outros e finalmente atacou a Babilônia. Durante esse período, Sargão II tinha centenas de espiões operando no que hoje é o Iraque, que lhe forneceram informações precisas que ele usou em suas operações militares e táticas psicológicas. Sua morte trágica durante uma campanha na Anatólia, em 705 a.C., foi considerada um sinal da ira divina e desencadeou uma série de rebeliões que marcaram os primeiros anos do reinado de Senaqueribe. Além de seus sucessos militares, Sargão II construiu uma nova capital, Khorsabad, que deu ao Império um centro de administração mais eficaz. A decoração e as esculturas da cidade ainda são celebradas como obras-primas artísticas.

3.3.1 Queda da Samaria

O reino israelita governado a partir da Samaria deixou de existir durante os reinados de Salmanaser V e Sargão II. Esse evento traumático teve consequências de longo alcance. Tanto os textos acadianos quanto os bíblicos refletem sobre o significado do falecimento de Israel. Uma análise epigráfica recente das Crônicas Babilônicas n. 1, feita por P. Dubovský e E. Frahm, na qual mencionam Salmanaser V, em fragmentos recentemente publicados e ordenados cronologicamente, referentes à repressão da rebelião na Síria-Palestina por Sargão II, pode esclarecer algumas das questões não resolvidas sobre a queda da Samaria, que foram discutidas acaloradamente nos últimos escritos acadêmicos.

A submissão da Samaria à Assíria e a posse de Oseias como rei por Tiglat-pileser III afetaram profundamente a corte real e a vida cotidiana em Israel. Oseias era um rei fantoche, completamente dependente da Assíria e forçado a pagar um pesado tributo à Assíria, como punição por se voltar contra a Samaria. Os tributos foram recolhidos de todas as classes da sociedade, tornando a vida extremamente difícil. Como mostram os anais assírios, em muitos casos os altos tributos esmagavam as famílias, causando desespero e levando a uma nova onda de resistência nos últimos anos do reinado de Oseias. A Bíblia relata que Oseias parou de pagar tributos e até empreendeu negociações secretas com o Egito. Ambos os atos eram contrários ao tratado que o rei assírio havia imposto a Israel e foram severamente punidos. Salmanaser V embarcou em uma campanha contra a Samaria. A reconstrução dos documentos remanescentes do reinado de Salmanaser V confirma que sua maior conquista foi a Samaria. Por volta de 725 a.C., as tropas assírias sitiaram a cidade e, por volta de 722 a.C., "ele [Salmanaser V] devastou a cidade de Samaria" (ABC 1 i 28). Como não há evidências arqueológicas de que a cidade tenha sido destruída, parece que ao final do cerco de três anos a cidade se rendeu e foi saqueada. Salmanaser V removeu Oseias do trono e transformou a Samaria em uma nova província assíria. Três séculos após seu nascimento, o reino de Israel deixou de existir.

A problemática morte de Salmanaser V e a incerteza que Sargão II se manteria no trono, em 722 a.C., levantaram muitas dúvidas sobre o futuro do Império, e muitos governadores, vassalos e povos súditos acreditavam que esse poderia ser o momento certo para se libertar dos opressores assírios. O Império foi ferido por uma série de insurreições.

As duas revoltas mais sérias eclodiram na Babilônia e na Síria. Esta última foi organizada por Yau-bi'di, de Hamat. Algumas províncias assírias recém-estabelecidas, juntamente com alguns vassalos remanescentes, como Simirra, Arpad, Damasco e Samaria, juntaram-se às rebeliões. Os documentos mais antigos, escritos por volta de 720 a.C., mostram que Sargão II não interveio contra a Babilônia ou a Síria durante seus dois primeiros anos no trono. Ele provavelmente estava ocupado eliminando a oposição em Nimrud. Somente depois de garantir seu trono ele poderia lançar um contra-ataque. A reconstrução de E. Frahm, da Estela de Tel Asharneh, demonstrou que Sargão II liderou um exército contra os rebeldes babilônicos enquanto seus generais supervisionavam as operações na Síria. Ambos os compromissos militares ocorreram em 720 a.C. A batalha decisiva da campanha contra a coalizão sírio-palestina ocorreu no rio Orontes, perto de Qarqar, ou seja, na mesma região onde Salmanaser III lutou contra seus inimigos. A coalizão foi derrotada, Yau-bi'di foi esfolado e os territórios rebeldes, incluindo a Samaria, voltaram ao controle assírio. Os anos seguintes testemunharam uma expulsão em massa dos israelitas e um influxo de árabes. Essas realocações foram concluídas por volta de 715 a.C. A Samaria tornou-se, assim, uma nova entidade controlada pela mão firme de um governador assírio e povoada por um novo povo importado principalmente de tribos do deserto, que se misturaram com alguns israelitas remanescentes. Essa paisagem social e política permaneceu no território, até a queda da Assíria.

Os textos compostos no final do reinado de Sargão II mudaram sua retórica. Sargão II foi creditado com o cerco e a conquista da Samaria, que teria ocorrido durante o primeiro ano de seu reinado, ou seja, o ano da morte de Salmanaser V. Uma vez que os documentos anteriores estabeleciam que Sargão II não conduzira nenhuma campanha em seus dois primeiros anos, esses documentos posteriores podem ser corretamente tratados como uma propaganda régia típica, em que a conquista dos predecessores do rei e a nomeação de novos generais ou governadores eram atribuídas ao rei reinante. Assim, a edição final dos anais atribui tanto a conquista de Samaria por Salmanaser V quanto a vitória dos generais assírios sobre a coalizão liderada por Hamat, incluindo Samaria, a Sargão II.

3.3.2 Lealdade da Judeia à Assíria

Desde o séc. 8º a.c., Judá, embora estivesse longe da frente assírio-arameia, teve que se posicionar do lado da Assíria ou contra ela. A aliança de Acaz com a Assíria durante a guerra Siro-Efraimita continuou até 701 a.c. Logo após a derrota de Sargão II e de Yau-bi'di, o líder da coalizão antiassíria, as tropas assírias avançaram para o Sul e chegaram a Gaza. Acaz continuou do lado da Assíria, então Sargão II listou Judá como um dos territórios subjugados, localizados nas margens da tela do radar assírio. Apesar da conquista e do reassentamento de Israel por Salmanaser V e Sargão II, os reis costeiros ainda não estavam dispostos a aceitar senhores assírios. Yamani, rei de Ashdod, rebelou-se contra a Assíria; por volta de 711 a.c., ele tentou atrair Judá para a rebelião antiassíria, mas Ezequias se recusou a se juntar à coalizão, mantendo a postura pró-assíria de seu pai, Acaz. Sargão II pôs fim à revolta em 712 a.C. Yamani escapou e encontrou refúgio no Egito. O fato de dois reis judaítas, Acaz e Ezequias, estarem dispostos a ser vassalos assírios trouxe paz e bem-estar a Judá.

3.4 De Senaqueribe a Assurbanipal

O filho primogênito de Sargão II, Senaqueribe (705-681 a.C.), estava bem preparado para assumir o reino após a morte inesperada de seu pai. As rebeliões que ameaçavam virar o Império de cabeça para baixo foram rapidamente reprimidas, e Senaqueribe consolidou seu reinado em poucos anos. Sua maior conquista foi "a solução" do problema babilônico. Ele conduziu algumas campanhas contra os rebeldes babilônicos, o que levou à eliminação sangrenta de seus oponentes. Finalmente, ele se fez rei da Babilônia e destruiu vários santuários antigos. A Babilônia estava em cinzas e foi incapaz de resistir por muitos anos. Senaqueribe entendeu que não era suficiente vencer algumas batalhas dispersas contra a Babilônia, mas que ele precisava quebrar Elam, a espinha dorsal da resistência babilônica. Esse reino iraniano aproveitou todas as oportunidades para fomentar elementos antiassírios na Babilônia. De fato, uma estratégia semelhante havia sido usada pelos egípcios contra Israel e Judá e pelos urartianos, em seu conflito com Shubria e Mannea. Senaqueribe não conseguiu conquistar Elam, mas suas incursões militares no coração elamita foram suficientes para impedir que Elam apoiasse os rebeldes babilônicos, por enquanto. Senaqueribe também suprimiu uma nova coalizão antiassíria com os reis filisteus, organizada pelo rei judaíta, Ezequias, em 701 a.C. Ele era tão ambicioso quanto seu pai. Assim como Sargão II havia transferido a capital de Nimrud (Kalhu) para Dur Sharrukin (Khorsabad), Senaqueribe transferiu a capital para Nínive, que permaneceu o centro do Império até cair em 612 a.C. Ele construiu um "palácio sem rival". Apesar dessas realizações, ele foi assassinado por seus irmãos, um dos quais era Arda-Mulišši, conhecido como Adramelec na Bíblia (2Rs 19,37).

Assaradom (681-669 a.C.) era o filho mais novo de Senaqueribe. Depois de eliminar a oposição dentro de sua família, ele derrotou os rebeldes restantes na Babilônia, incluindo a tribo arameia Gambulu e a tribo caldeia Bit-Dakkuri, completando assim a conquista da Babilônia iniciada por seu pai. Então, ele voltou sua atenção para o Oeste. Perdendo a paciência com a infidelidade de seus vassalos fenícios, Assaradom atacou Sidon e a transformou em porto assírio, o que lhe deu o controle de boa parte do comércio mediterrâneo. Ele mobilizou o primeiro corpo militar de camelos e pôs fim às incursões árabes nos territórios assírios e pró-assírios. A submissão das cidades fenícias e filisteias, a eliminação da resistência árabe e a lealdade dos reinos de Judá e da Transjordânia fizeram com que ele se sentisse confiante de que também poderia conquistar o Egito. A primeira campanha falhou miseravelmente em 673 a.C. No entanto, a segunda foi mais bem-sucedida. Em 671 a.C., ele conquistou Tebas, forçando o faraó Taharqa a fugir. Ele morreu durante sua terceira campanha contra o Egito. Essa foi a primeira vez na história que um rei da Mesopotâmia conquistou o Egito. Como seu pai havia feito, Assaradom construiu vários novos palácios e reconstruiu santuários na Babilônia.

O último grande rei assírio foi Assurbanipal (668-627? a.C.), o filho mais novo de Assaradom. A fim de agradar seu irmão mais velho, Shamash-shuma-ukin, Assurbanipal o fez rei da Babilônia. A paz na Ba-

Israel e Assíria

bilônia permitiu que Assurbanipal completasse a campanha que seu pai havia iniciado contra o Egito. A invasão assíria do Egito por Assaradom e Assurbanipal, entre 673-663 a.C., foi uma das principais conquistas assírias. A 25ª dinastia, conhecida como dinastia Kushita, sofreu as consequências da invasão assíria, agravadas pelo fato de que o Baixo Egito nunca reconheceu a dinastia Kushita como os verdadeiros governantes do Egito. Assim, por volta de 672 a.C., ou seja, após a primeira invasão de Assaradom, Necho I (672-664 a.C.) foi proclamado rei com a ajuda da Assíria. Os assírios exploraram a tensão entre a dinastia Kushita (25ª), nativa do Alto Egito, e a dinastia Saíta (26ª), do Baixo Egito. Em 667 a.C., Assurbanipal invadiu o Egito. Embora Necho e Taharqa tenham deixado de lado suas reivindicações conflitantes e se aliado contra Assurbanipal, eles foram derrotados. As lutas internas no Egito continuaram até que o filho de Taharqa, Tanutamon, o último rei da dinastia Kushita, ganhasse o controle sobre o Egito. Psammetichus I, rei da dinastia Saite, fugiu para a Assíria. Assurbanipal respondeu a esses eventos imediatamente e derrotou Tanutamon em 664 a.C.

Assurbanipal não pôde desfrutar de muita paz. Seu irmão, Shamash-shuma-ukin, aliou-se a Elam contra ele em uma sangrenta e ruinosa guerra civil. Shamash-shuma-ukin morreu durante a guerra, provavelmente cometendo suicídio, deixando Elam continuar a guerra sozinho. Em 653 a.C., as tropas assírias e elamitas se encontraram em Til-Tuba. Os assírios decapitaram o rei elamita Teumman e desfilaram sua cabeça na Assíria como troféu de guerra. Mas somente em 647 que Assurbanipal capturou o último rei elamita, Humban-haltash III, que se escondeu e finalmente extinguiu a resistência elamita. Nesse ponto, a Assíria era o único poder efetivo no AOP. Todos os reinos e cidades-estados maiores e menores, de uma forma ou de outra, se submeteram à Assíria. Três grandes reinos, Urartu, Egito e Elam, foram conquistados por tropas assírias. Embora o Egito não estivesse totalmente subjugado, o rei assírio, com direito, se nomeava o grande rei, o rei forte, rei do mundo, rei da Assíria, rei dos quatro cantos (do mundo), levantado por (o deus) Aššur e a deusa Mullissu.

3.4.1 Judá mudando de alianças

A postura pró-assíria de Acaz e Ezequias teve impacto positivo sobre o bem-estar de Judá. Visto que Judá era um estado para-choque entre a Assíria e o Egito, os assírios apoiaram alegremente os reis de Jerusalém, desde que fossem leais à Assíria. Como resultado, a cidade de Jerusalém aumentou de cerca de 5 para 60 hectares. Novos bairros foram construídos e uma parte do túnel de Siloé foi construída. As escavações em vários locais de Judá mostraram que o reino também florescia economicamente. Tanto a evidência arqueológica quanto os textos bíblicos revelam que Acaz e Ezequias também fizeram importantes reformas religiosas. Uma parte dessa reforma foi a renovação do templo e de seus móveis.

A posição pró-assíria de Ezequias mudou após a morte inesperada de Sargão II. O fato de o corpo de Sargão II não ter sido encontrado foi interpretado como um castigo divino. Os assírios imploraram a seus deuses que lhes mostrassem como Sargão os ofendera. Os infortúnios da Assíria foram uma boa razão para vassalos e inimigos pensarem que os deuses decidiram punir a Assíria e acabar com o Império. Essa interpretação da morte de Sargão II encorajou os babilônios e o Levante sulino a se libertarem do jugo assírio. Essa foi a primeira e última vez que Judá se juntou a uma insurreição antiassíria. Ezequias tornou-se um dos principais líderes da coalizão antiassíria, com apoio e incentivo do Egito. Como Padi, rei de Ecrom, permaneceu pró-assírio, Ezequias se comportou como Peca trinta anos antes. Ezequias atacou Ecrom, capturou Padi, aprisionou-o em Jerusalém e, assim, eliminou o incômodo do lado deles. A coalizão era impressionante e tinha expectativas razoáveis de que prevaleceria. O rei de Sidon bloqueou a costa fenícia, o rei de Ascalon liderou a resistência filisteia e o rei de Judá controlou as colinas da Judeia. No caso, Senaqueribe precisou de apenas um ano para reprimir a rebelião, repetindo a estratégia de Tiglat-pileser III. Ele primeiro atacou Sidon, colocando o rei em fuga. Então, moveu-se rapidamente para o Sul e conquistou a Filisteia. Finalmente, voltou-se contra Judá, sitiando

Laquis. Nesse ponto, o Egito interveio, e as tropas assírias e egípcias se encontraram pela primeira vez na história em Eltekeh. Os egípcios sofreram uma pesada derrota, causando o colapso da coalizão. Laquis foi capturada e destruída. Ezequias foi confinado a Jerusalém. A. Fuchs observou que, mesmo durante a terceira campanha de Senaqueribe, os assírios não desperdiçaram tempo nem dinheiro para manter um cerco prolongado contra Jerusalém, preferindo devastar muitas cidades menores. As escavações arqueológicas trouxeram à luz inúmeras camadas de destruição datadas de finais do séc. 8º a.C., época da terceira campanha de Senaqueribe. Ezequias foi obrigado a pagar um pesado tributo, e uma parte da mobília do templo foi dada como presente a Senaqueribe. Padi foi resgatado de Jerusalém e reinstalado em Ekron. Por sua lealdade à Assíria, Senaqueribe o fez rei sobre partes do antigo reino judaico. Então Senaqueribe partiu para a Assíria. Desse momento em diante, Judá permaneceu um vassalo leal (talvez com exceção de um episódio relatado em 2Cr 33,10-17, mas a historicidade da passagem é duvidosa). Os reis judaítas continuaram pagando tributos regulares na forma de metais preciosos e cavalos. Eles estavam sob supervisão de vários oficiais assírios instalados em locais judaítas e israelitas, um deles sendo Ramat Rachel, a uma curta distância de Jerusalém. Uma vez que Assaradom conquistou o Egito, não havia esperança de que o destino de Judá mudaria.

O controle assírio também trouxe alguns benefícios positivos para Judá. Primeiro, algumas cidades foram restauradas e protegidas pela Assíria, como Tel Beer-Sheba. Depois que a paz foi restaurada, a cidade mudou significativamente, sendo reconstruída e tornando-se mais populosa, com melhores defesas. Os artefatos desenterrados no local indicam que a cidade lucrava com as trocas comerciais entre Egito, costa mediterrânea, Judá e Arábia. Aconteceu também uma importante mudança de realeza. Depois de 701 a.C., houve um grande número de selos *lmlk*, especialmente em Ramat Rachel e outros centros comerciais. Isso aponta para um novo sistema administrativo em Judá após a invasão de Senaqueribe. Quanto mais centralizado era Judá, mais fácil era para os assírios o controlarem.

3.5 Vivendo sob o império

A criação do primeiro império mundial não significou apenas a perda da independência para os outros impérios como também a mudança radical da administração do poder, da vida cotidiana das pessoas simples e do conceito teológico dos deuses locais. Algumas das dinâmicas descritas nos parágrafos a seguir podem ilustrar o que significava viver sob o Império Assírio.

3.5.1 Reassentamentos

Os assírios adotaram a realocação de pessoas como uma de suas estratégias mais eficazes para esmagar a oposição local. Parece que eles realocaram cerca de 4,5 milhões de pessoas. A reconstrução das rotas de deportação parece ser circular, movendo-se do Oeste (Samaria, Hamat) para o Norte da Síria (região de Habur), depois para o coração da Assíria e, finalmente, para o Leste, até o Irã, e de volta ao Oeste. As escavações arqueológicas no vale de Cizre (leste da Turquia) mostraram que um dos objetivos da realocação era estabelecer centros agrícolas para fornecer recursos alimentares para o Império. Assim, o vale de Cizre foi transformado em um importante centro agrícola sob o Império Assírio. Isso obviamente beneficiou os reassentados e toda a região. Além disso, os assírios muitas vezes forçavam cativos adequadamente fortes ou qualificados a trabalhar em terras estrangeiras em benefício da administração assíria, de projetos de construção, da indústria metalúrgica e do exército. Para esse grupo de especialistas, sua experiência de deportação pode não ter sido puramente negativa, mas também tê-los ajudado a subir na escala social e econômica. Esses "deportados" foram contados "entre o povo da terra de Ashur". A análise de K. Radner dos nomes mostrou que as pessoas realocadas de Samaria eram combatentes altamente treinados, escribas e estudiosos, e artesãos de todos os tipos. Os assírios parecem ter tomado decisões cuidadosas sobre quem deveria ser enviado para o exílio e quem deveria permanecer em sua própria pátria. Os documentos encontrados nos sítios mencionados em 2Rs 17,6 contêm nomes com a terminação *yhwh*, e alguns documentos legais os chamam explicitamente de "samaritanos".

Apesar do lado positivo dos reassentamentos, também houve um grande trauma. As pessoas foram desenraizadas e muitas vezes se mudaram para climas diferentes. Além dos efeitos práticos do reassentamento, houve também uma importante consequência política: as regiões reassentadas raramente se rebelaram contra a Assíria.

O resultado do reassentamento de Samaria também trouxe bons resultados. Algumas pessoas, entre as quais sacerdotes e eruditos, foram forçadas a deixar Israel, enquanto outras permaneceram. Da mesma forma, os samaritanos foram incorporados em diferentes regiões, e os árabes de diferentes regiões foram misturados com os habitantes deixados em Israel. Essa política foi uma das razões pelas quais Samaria nunca mais se rebelou contra a Assíria.

No Norte de Israel, o reassentamento não visava ao desenvolvimento econômico. Na província de Megido, vários sítios destruídos pelos assírios permaneceram em ruínas. No entanto, os assírios escolheram cuidadosamente alguns centros que rapidamente se recuperaram e começaram a prosperar. Esses centros serviram para controlar a região, garantir a lealdade das regiões e fornecer apoio militar às campanhas assírias. Tel Dan pode ser considerada uma das cidades que se beneficiaram da ocupação assíria.

3.5.2 Estrutura administrativa assíria

Viver sob o Império Assírio significava, acima de tudo, entrar em acordo com as estruturas administrativas assírias. O centro governante do Império estava localizado ao redor de Nínive e das províncias vizinhas. As unidades mais integradas eram as províncias assírias. A administração do palácio nas províncias foi modelada na administração central. O estudo de B. J. Parker sobre vestígios arqueológicos e textuais mostrou que é melhor considerar o Império Assírio como uma rede em vez de um território. Os assírios não tentaram transformar todos os reinos súditos em províncias assírias, mas permitiram três tipos diferentes de cooperação com a Assíria. As mais independentes eram as áreas neutras, que criavam uma zona de amortecimento entre a Assíria e seus inimigos.

Essas zonas não tinham estrutura política viável e estavam sob constante pressão para serem leais à Assíria. O próximo nível era composto de estados para-choque, em que um monarca local normalmente jogava um jogo duplo, uma vez que estava exposto à pressão vinda de ambos os lados. Essa era a situação de Judá, pois se localizava entre as regiões controladas pelo Egito e pela Assíria. A maneira pela qual Ezequias ficou do lado ou contra a Assíria era típica das estratégias usadas pelos estados para-choque, independentemente de terem entrado ou não em um relacionamento formal de vassalo com a Assíria. Estados para-choques poderiam ter sido facilmente transformados em reinos vassalos. Enquanto as tropas assírias estavam longe, muitos reis locais calcularam o que seria melhor para eles. Submeter-se à Assíria significava pagar impostos, fornecer apoio durante as campanhas assírias e relatar tudo o que vissem e ouvissem. Caso contrário, os reis eram livres para fazer o que quisessem dentro de seu próprio domínio, e os assírios toleravam de bom grado os excessos do rei, desde que ele permanecesse leal a eles. Se o rei participasse de uma rebelião contra a Assíria, sua liberdade soberana estava circunscrita, mesmo que ele mantivesse as armadilhas e os títulos da realeza. Ele tinha que pagar impostos mais altos e era vigiado de perto. Alternativamente, quando os assírios conquistavam um território rebelde, o rei assírio muitas vezes nomeava um novo rei com muito pouca liberdade de ação, que era supervisionado por oficiais assírios especiais e que estava sobrecarregado com impostos muito altos. Até que ponto um reino vassalo seria transformado em uma província ou não dependia em grande parte de sua posição estratégica. Por essa razão, os assírios trataram Israel e Judá de forma diferente.

A importância econômica e estratégica da Samaria havia exposto o reino israelita à pressão assíria desde 738 a.C. Essa pressão impediu o desenvolvimento de uma frente unificada pró ou antiassíria. Durante o reinado de Manaém, Israel era um vassalo voluntário da Assíria, e Manaém, embora leal, tinha liberdade suficiente para agir como um verdadeiro rei que não hesitava em cometer crimes de guerra sem precedentes. Com Peca, a situação mudou, e Israel foi transformado em um reino vassalo mais controlado pela Assíria e teve que pagar tributos mais altos. Quando Peca se rebelou e Tiglat-pileser III o substituiu por Oseias, o rei israelita perdeu a maior parte de seu poder executivo. Os pesados impostos drenaram a economia israelita e enfraqueceram suas forças armadas. Os desacordos sobre as relações internacionais tornaram-se mais complicados pelos conflitos sobre assuntos internos (cf. 2Rs 15). Dos sete golpes de Estado no reino de Israel registrados pela Bíblia, quatro ocorreram durante o período assírio. Todo o reino foi abalado por conspirações e revoltas que ocorreram tanto no campo quanto em Samaria. As intrigas e assassinatos chegaram até a torre de menagem do palácio real, que deveria ser o lugar mais seguro do reino. Os frequentes ataques à autoridade, as rebeliões e conspirações desestabilizaram seriamente o reino. A instabilidade foi aumentada ainda mais pelas tensões entre as tribos das terras altas e da Transjordânia e entre a Samaria e a antiga capital Tirza. Como resultado dessas dinâmicas externas e internas, a queda da Samaria e sua plena incorporação na órbita administrativa assíria foi um passo lógico. Comparando a situação na Samaria com outras partes do Império, parece que a pressão imperial gerou dinâmicas semelhantes em Arpad, Elam, Egito etc. A desestabilização gradual de um reino normalmente precedia seu colapso e integração plena no Império Assírio. A decisão de transformar a Samaria em província dependia de sua localização estratégica. A província assíria de Samerina controlava um importante corredor comercial.

Judá também foi exposto à pressão assíria. No primeiro estágio, Judá era um importante estado para-choque que separava o Egito da Assíria. Portanto, a colaboração de Acaz e Ezequias foi estrategicamente importante para o controle assírio da região. Depois que Ezequias se rebelou, ele foi autorizado a ser um rei vassalo, mas a relação dele e de Manassés com a Assíria mudou. A importância estratégica de Judá diminuiu quando a Assíria conquistou o Egito. Judá perdeu seu papel de estado para-choque e passou a ser cercado por um vassalo pró-assírio e pelas províncias assírias. Além disso, não havia esperança de apoio do Egito. Assim, a colaboração de Manassés e Amon com a Assíria era a única opção para Judá. A Assíria não tinha interesse nos assuntos internos do reino, desde que os reis pagassem tributo e não se rebelassem. As tábuas assírias existentes confirmaram que Judá preenchia esses requisitos, o que permitia aos reis judaítas sentar-se no trono em Jerusalém e perpetuar a dinastia davídica. No entanto, os redatores posteriores, usando critérios deuteronomistas típicos, criticaram fortemente Manassés e Amon por cooperarem com a Assíria e exaltaram Ezequias por se rebelar contra a Assíria.

3.5.3 Sob o "olho do *Big Brother*" – rede de inteligência assíria

O Império Assírio, em seu auge, cobriu mais de 100 mil km². A maioria das regiões conquistadas considerava os assírios como invasores e inimigos. Embora alguns reis e governadores lucrassem com o regime assírio, as constantes rebeliões eram um sinal claro de que muitas das nações subjugadas faziam o possível para se livrar do jugo assírio o mais rápido possível. Conspirações, assassinatos de colaboradores pró-assírios, evasão de impostos e negociações secretas com inimigos assírios ocorreram não apenas nas periferias como também na corte real. A fim de controlar territórios subjugados e impedir a derrubada de seus vassalos, os assírios precisavam de relatórios oportunos e precisos. Com esse objetivo, Tiglat-pileser III e seus sucessores estabeleceram a primeira rede de inteligência da história mundial. Cerca de 2 mil tabuinhas vindas de Nínive e Nimrud ilustram como os assírios coletavam informações, as processavam e as checavam duas vezes. Os detalhes que os assírios sabiam sobre seus vassalos e inimigos são surpreendentes, pois, interceptando mensagens secretas entre os vassalos e os inimigos assírios, descobriam os movimentos dos reis e suas tropas. Espiões assírios relataram o que estava acontecendo nos templos e o que uma profetisa em Harã havia profetizado. Os assírios tinham seus agentes dentro de um exército inimigo e entre o pessoal do templo, e uma espiã assíria operava na corte de um chefe babilônico. Os assírios coletaram detalhes sobre o terreno e o próprio clima das regiões mais distantes, o que lhes permitiu fazer preparativos adequados de campanha até mesmo nas partes mais

Israel e Assíria

remotas do Império. Os serviços de inteligência assírios também descobriram redes de contrabando de bronze e armas.

Os reis assírios não estabeleceram uma estrutura de inteligência separada, mas transformaram, como a maioria dos regimes totalitários, seus escritórios administrativos e militares em centros de coleta e processamento de inteligência. Guardas nas fronteiras, cobradores de impostos, comandantes de fortalezas assírias, governadores de províncias e seus funcionários subsidiários eram obrigados a enviar relatórios regulares a Nínive. Um sofisticado sistema de denúncia, combinado com dupla e até tripla checagem de informações, não deixou aos agentes assírios outra opção senão fazer relatórios oportunos e precisos a Nínive sobre tudo o que viram e ouviram. Não fazer isso tinha sérias consequências e poderia levar à execução. Não apenas o pessoal administrativo e militar assírio como também os do estado vassalo tinham que enviar relatórios regulares a Nínive. Os reis assírios obrigaram-se a denunciar parte dos tratados vassalos. Se isso fosse transgredido, o rei assírio estava autorizado a remover o rei vassalo ou enviar tropas para impor o cumprimento.

As informações enviadas a Nínive não eram usadas apenas para fins administrativos e militares, mas também em negociações e para exercer pressão psicológica sobre inimigos e vassalos. Se a guerra psicológica não fosse suficiente, os agentes assírios não hesitavam em realizar ações encobertas, como o assassinato de inimigos, o sequestro do filho de um vassalo recalcitrante etc.

Depois que Samaria e Megido se tornaram províncias assírias, tornou-se parte inseparável do trabalho de seus governadores relatar de maneira precisa e oportuna a situação em Israel e Judá. Além disso, os reis pró-assírios, como Padi, e provavelmente também Manassés e Amon, estavam vinculados a um tratado semelhante, como foi o caso da maioria dos reis vassalos. Pelo menos dez locais em Israel e na Transjordânia que abrigavam tropas ou oficiais assírios foram escavados. Os oficiais que serviam nesses locais eram obrigados a relatar tudo o que tinham ouvido e visto. Como resultado, as invasões de Tiglat-pileser III, Sargão II e Senaqueribe foram bem apoiadas por dados de inteligência. Depois de 701 a.C., Judá e Israel estavam sob estreita vigilância pela rede de inteligência assíria. O rei assírio "onisciente" e seus espiões, numerosos informantes e colaboradores, davam a impressão de que Nínive sabia tudo o que estava acontecendo em Israel e Judá, na corte e no templo, e mesmo as negociações diplomáticas secretas não eram segredos para a Assíria. Parece que a frustração com a dominação por agentes assírios está por trás de 2 Rs 18–19, embora os editores desses textos transmitissem uma mensagem teológica que deveria atrair um tipo de público posterior e muito diferente.

3.5.4 Profecia e novas correntes teológicas

Os lucros da agricultura e das indústrias metalúrgicas e têxteis não eram suficientes para cobrir as despesas do Império Assírio. O crescimento econômico assírio não se baseava em uma produção autárquica e autossuficiente de bens, mas na exploração de regimes derrotados ou submissos. Impostos, tributos e espólios sustentavam a máquina administrativa, militar e religiosa da Assíria. As incursões militares com o objetivo de saquear, juntamente com um sofisticado sistema de impostos e tributos, tornaram-se condutores de sustentação da viabilidade econômica do Império Assírio. Tirar a riqueza dos cativos não era novidade, mas os assírios transformaram a pilhagem em grande escala em um motor que alimentava o Império.

Os assírios associavam suas campanhas vitoriosas e o acúmulo de riqueza com o favor divino, como a maioria dos reinos do AOP fazia. Enquanto nos séculos anteriores as conexões entre o favor divino e os sucessos materiais, incluindo vitórias militares, eram limitadas aos reinos locais, os assírios reivindicavam domínio sobre o mundo inteiro. Consequentemente, os deuses assírios não eram mais considerados deuses regionais, mas adorados como deuses superiores a qualquer deus local. A conquista dos mais importantes centros culturais e econômicos foi uma prova visível de que os deuses assírios eram mais fortes do que aqueles deuses que não conseguiram proteger seus reis e seus territórios das mãos dos assírios. Então, também era verdade para *yhwh*? A versão nortista do *yhwh*-ismo murchou depois que a conquista de Israel pela Assíria provou que Ashur era de fato mais forte que o deus de Israel. O rápido fim da independência sob Ezequias adicionou combustível ao fogo. Então *yhwh* estava subordinado a Ashur e outras divindades assírias? Essas questões foram refletidas em numerosos estratos pré-exílicos de 2Reis e profetas. O momento de profunda crise religiosa suscitou uma nova reflexão teológica. Isaías e seus discípulos propuseram que Deus é o Senhor da história. Nessa perspectiva teológica, não foi Ashur quem fez os assírios terem sucesso, mas o Deus judaico, *yhwh*, que usou os assírios como uma ferramenta divina para punir os pecados de seu povo. Os profetas pregaram que os assírios estavam cheios de arrogância e que, uma vez que tivessem cumprido a missão dada a eles por *yhwh*, *yhwh* levantaria outra nação para punir a arrogância dos assírios. Essa convicção, que se originou com o próprio Isaías e foi desenvolvida por seus discípulos, encontra-se no Livro de Isaías e atingiu um ápice no Livro de Naum. A teologia de Isaías e seus discípulos foi a primeira versão do monoteísmo em Judá. Além de minar a teologia da soberania de Ashur, essa forma de monoteísmo explicava a queda de Samaria como uma punição justa pelo pecado. Os escribas judaítas usaram as técnicas de reversão e telescopagem para virar a propaganda assíria contra a Assíria. Dessa forma, os judaítas puderam salvar sua fé na onipotência de seu deus. Sua reflexão sobre o conflito entre Ezequias e Senaqueribe não apenas trouxe à tona as deficiências que acabariam por causar a queda do Império Assírio como também provocou importantes discussões teológicas internas e desafios externos. Esse modelo ajudou as gerações posteriores a manter a fé em Deus durante os tempos de opressão babilônica, helenística e romana.

A ascensão do Reino do Norte de Israel no século IX AEC, vista a partir de três sítios-chave: Samaria, Megiddo e Jezreel

Norma Franklin*

1. Preâmbulo

1.1 Existiu um reino unido de Israel?

A Bíblia apresenta a ideia de um reino unido de Israel, que teria sido fundado pelo rei Davi e transformado em reino poderoso sob o governo de Salomão. No entanto, não temos textos ou inscrições daquela época que possibilitem estabelecer uma datação para confirmar a existência desses monarcas nem do reino unificado que eles governaram. Graças a duas inscrições compostas aproximadamente duzentos anos após o proposto período de Davi, algumas evidências surgiram sobre o que pode ter sido uma dinastia em Judá, conhecida como "Casa de Davi" (*beit David*). O mais antigo desses dois textos é a estela moabita do rei Mesha, datada do IX AEC. Na linha 31 encontra-se uma referência quase ilegível e ainda disputada de *bt[d]wd* (LEMAIRE, 1994; FINKELSTEIN; NA'AMAN; ROMER, 2019). A outra é a estela arameia de Tel Dan, datada do século VIII AEC, com uma possível leitura de "Casa de Davi" na linha 9 (SCHNIEDEWIND, 1996, para discussão e referências). No entanto, nenhuma delas apresenta uma data para a fundação da "Casa de Davi" ou ofereça provas seguras de que o homônimo Davi tenha realmente existido, e até hoje nenhuma referência extrabíblica a Salomão foi encontrada.

---

* Pesquisadora Associada do Instituto Zinman de Arqueologia – Universidade de Haifa, Israel.

Uma solução para o dilema de situar Davi e Salomão em um contexto histórico específico foi fornecida pelo fragmento de uma estela egípcia recuperada de Megiddo. Essa estela aparentemente foi esculpida em Megiddo pelo faraó Shoshenk I, da 22ª dinastia, que governou entre os anos 945 e 920 AEC e fez campanha no Antigo Israel em 925 AEC. Infelizmente, o fragmento dessa estela não foi encontrado no próprio local, mas sim como material reutilizado em uma construção comum. Aparentemente essa pedra foi encontrada e descartada pela primeira equipe que escavou Megiddo, de 1903 a 1905 (SCHUMACHER, 1908). Ela só foi reconhecida como uma inscrição importante no final de 1925, pela segunda equipe de escavadores (FISHER, 1929, p. 60-61), e seu valor como um marcador cronológico foi reduzido, pois não se sabe exatamente onde nem em qual fase da cidade a estela foi originalmente encontrada. Todavia, o faraó Shoshenk I é identificado com Sisaque/Sesaque de 1 Reis 14,25, que sitiou a terra cinco anos após a morte de Salomão: "No quinto ano do rei Roboão, Sesaque, rei do Egito, atacou Jerusalém".

.וַיְהִי בַּשָּׁנָה הַחֲמִישִׁית לַמֶּלֶךְ רְחַבְעָם עָלָה שׁוּשַׁק שִׁישַׁק מֶלֶךְ־מִצְרַיִם עַל־יְרוּשָׁלָ͏ִם

Essa correlação também fornece uma data para a desintegração da suposta monarquia unida por volta de 930 AEC.

A crença na existência de uma monarquia unida sob governo de Salomão no século X AEC tem sido desafiada nas últimas três décadas, e a dependência das fontes bíblicas começou a desmoronar (VAN SETERS, 1983); enquanto isso, alguns pesquisadores, notavelmente Israel Finkelstein, tem convincentemente defendido uma baixa cronologia (FINKELSTEIN, 1996, p. 177-187), o que diretamente também afeta a nossa percepção tanto do ambiente histórico quanto da narrativa bíblica. Isso significa que os estratos que evidenciavam manifestações políticas concretas, que tinham sido datados no século X AEC, foram associados ao século IX AEC mais recentemente, e a emergência de um reino forte em Israel não é o reino de Davi ou Salomão, mas o reino do fundador de uma dinastia, Omri, no norte de Israel. Esse é o reino do norte, governado pela dinastia Omrida, por volta do século IX AEC, e depois pela dinastia Ninsida, no século VIII AEC, foco de parte significativa da minha pesquisa.

No sentido de entender o reino do norte de Israel, este texto se concentrará em três sítios importantes da Idade do Ferro II: Samaria, a capital real situada nas terras altas centrais; Megiddo, o centro comercial situado na estrada internacional conhecida como o "Caminho do Mar"; e Jezreel, um lugar de recrutamento também localizado na estrada internacional, no entroncamento com a estrada para Samaria. Esses três locais nos fornecem o retrato arqueológico e histórico da ascensão, do auge e do ocaso do reino do norte de Israel.

1.2 A "Casa de Omri"

Omri, o fundador da dinastia Omrida (*beit Omri*), do reino do norte, é apresentado em 1 Reis 16,16 como um comandante militar israelita: "Todo Israel, na mesma hora, no acampamento, proclamou rei de Israel Omri, chefe do exército".

וְגַם־הָקֵה אֶת־הַמֶּלֶךְ וַיַּמְלִכוּ כָל־יִשְׂרָאֵל אֶת־עָמְרִי שַׂר־צָבָא עַל־יִשְׂרָאֵל בַּיּוֹם הַהוּא בַּמַּחֲנֶה.

A existência de Omri também é confirmada por três fontes extrabíblicas independentes, todas elas parcialmente coincidentes com a narrativa bíblica. Uma é a inscrição de monólito de Salmanaser III, que comemora a Batalha de Qarqar, ocorrida por volta de 853 AEC. A primeira inscrição contemporânea que menciona um rei israelita com nome Acabe, filho de Omri, aparece nas linhas 91 e 92. A inscrição também destaca que o reino nortista de Israel era uma grande potência militar, uma parte importante da coalisão de resistência contra a Assíria (GRAYSON, 1996, p. 11-24).

Outra fonte, quase contemporânea, é a Estela de Mesha, produzida pelo Rei Mesha de Moabe, em Dibon, no período tardio do século IX AEC. A estela registra uma revolta vitoriosa de Mesha contra o reino de Israel, que ocorrera aproximadamente quarenta anos após a morte de Omri: "Omri foi rei de Israel, e ele oprimiu Moabe muitos dias porque Camos estava zangado com a terra dele. E o filho [de Omri] o sucedeu" (SURIANO, 2014, p. 9).

A terceira fonte está nos fragmentos de uma estela aramaica, produzida em Tel Dan por Hazael de Arã, por volta de 841 AEC. Nas linhas 7-8 há referência ao assassinato de dois reis, Jorão, filho de Acabe, e Acazias, filho de Jeorão (da Casa de Davi) (SCHNIEDEWIND, 1996, p. 77).

2. A arqueologia de três sítios-chave: Samaria, Megiddo e Jezreel

2.1 Samaria

A pergunta que devemos fazer é por que Omri escolheu Samaria como capital, ao invés de um local já existente, como o centro tradicional em Siquém ou Tirza, cidade usada como capital temporária por seu antecessor? Uma resposta provável seria a de que, por ele ser o fundador de uma nova dinastia, ou seja, um usurpador, ele pode ter sentido necessidade de estabelecer sua base de poder em algum lugar longe dos empregados do antigo regime. Talvez a resposta seja a oferecida por último por Benjamin Mazar (1989, p. 215-219), a de que Omri tinha uma conexão familiar com Semer, que lhe vendera a terra e inspirou o nome da cidade. Omri deve ter considerado o terreno como parte de uma propriedade familiar.

O que o texto bíblico diz é que Omri "comprou de Semer o monte Samaria por dois talentos de prata; construiu sobre ele uma cidade a que deu o nome de Samaria, por causa do nome de Semer" (1 Reis 16,24).

וַיִּקֶן אֶת־הָהָר שֹׁמְרוֹן מֵאֵת שֶׁמֶר בְּכִכְּרַיִם כָּסֶף וַיִּבֶן אֶת־הָהָר וַיִּקְרָא אֶת־שֵׁם הָעִיר
אֲשֶׁר בָּנָה עַל שֶׁם־שֶׁמֶר אֲדֹנֵי הָהָר שֹׁמְרוֹן

Se Omri tinha vínculos familiares com Semer, talvez ele estivesse copiando seu poderoso contemporâneo, Assurbanipal II, que havia estabelecido sua nova capital, Nínive, em uma terra ancestral (MALLOWAN, 1966, p. 74-75). Isso significa que Samaria pode ter sido escolhida como nova capital por razões ancestrais, e não por motivos estratégicos. Outra razão pode ter sido, provavelmente, o grande potencial agrícola da terra. Omri fornecia alimentação para seus soldados, além dos grãos e ração para os cavalos das carruagens. O interior de Samaria era privilegiado por ser terra boa para agricultura, com fontes de água abundantes. Há uma série de pistas a respeito da fecundidade agrícola de Samaria: uma é a dos reservatórios subterrâneos para grãos, vinho e azeite, e outra é a presença de mais de sessenta óstracos do século VIII AEC, que detalham a produção local – retornarei a estas pistas adiante. A localização de Samaria, afastada da estrada principal, isolada no planalto central do país, também reduzia a possibilidade dessa produção cair nas mãos dos inimigos.

2.1.1 Escavações em Samaria

As primeiras escavações em Samaria foram lideradas pela Expedição de Harvard, ocorrida entre 1908 e 1910 (REISNER; FISHER; LYONS, 1924). Contrastando com muitas outras cidades da Idade do Ferro construídas sobre montes existentes, a Samaria israelita foi fundada sobre uma matricial, o que acabou auxiliando na identificação de sua arquitetura mais antiga, de proporções monumentais (REISNER; FISHER; LYONS, 1924). Os exploradores de Harvard queriam identificar a cidade de Omri, por isso concentraram suas escavações na metade ocidental da cidade, por ser naturalmente a parte mais alta da elevação. As técnicas de escavação que usavam eram bem diferentes das empregadas atualmente; eles basicamente seguiram as principais mudanças arquitetônicas, mas, ao fazerem isso, perderam muitos dados estratigráficos importantes. Isso fez com que as duas fases arquitetônicas, identificadas com as mais antigas, fossem denominadas respectivamente como "Palácio de Omri" e "Palácio de Acabe". Embora estes nomes tenham sido usados como os termos mais convenientes, estes rótulos acabaram se tornando determinantes cronológicos confusos.

A segunda expedição arqueológica foi um esforço conjunto ocorrido de 1931 a 1935 e liderada por J. W. Crowfoot, tendo Katheleen Kenyon como a responsável pelas escavações do cume da montanha (CROW-FOOT; KENYON; SUKENIK, 1942). Eles mantiveram a divisão estratigráfica e cronológica estabelecida por Harvard, mas renomearam seus rótulos, respectivamente para "Período de Construção I" e "Período de Construção II". Ambas as expedições negligenciaram a investigação do lado leste do cume. Elas investigaram superficialmente apenas as encostas mais baixas que rodeiam o monte, portanto, grande parte da cidade ainda permanece sem ser escavada.

2.1.2 Samaria no século X AEC: Período de Construção 0

Na década de 1990, Laurence Stager, da Universidade de Harvard, sugeriu que teria existido uma fase mais antiga, pré-Omrida, correspondendo a uma pré-construção, isto é, anterior ao primeiro período, que ele preferiu chamar de "Período de Construção 0". Ele datou o Período 0 nos séculos XI e X AEC e o associou à propriedade agrícola de Semer, mencionada em 1 Reis 16,23 (STAGER, 1990).

A propriedade agrícola de Semer não era uma fazenda familiar de pequeno porte, mas um grande centro de abastecimento e comércio. Há uma centena de depósitos subterrâneos em forma de sino,[1] trinta e seis deles no cume e sessenta e quatro logo abaixo do cume. Eles foram usados como enormes silos subterrâneos para armazenamento de grãos, azeite e adegas para o vinho (STAGER, 1990, p. 97; FRANKLIN, 2018, p. 78). Inicialmente esses silos foram confundidos com cisternas, porque, de fato, alguns foram adaptados no período helenístico e romano

---

[1] N.T.: A expressão literal usada por Franklin é "Bell-shaped Pits". Trata-se de um sistema de poços construídos para armazenamento de grãos comumente encontrado na arqueologia e considerado um fenômeno global. Para imagens e aprofundamento, ver: RAILEY, Jim. The Digital Archeological Record. Bell-shaped Pits in American Southwesth. 2017. Disponível em: https://core.tdar.org/document/429273/bell-shaped-pits-in-the-american-southwest

para essa finalidade. Na borda do cume, no lado norte, há um grande lagar feito de rochas retangulares, medindo 5 x 10 metros, para prensar uvas. Ele foi escavado pela Expedição de Harvard, que, infelizmente, fora demasiadamente influenciada pela passagem em 1 Reis 22,38, que diz: "Eles lavavam as carruagens numa piscina em Samaria [...]"; por isso, o lagar foi erroneamente identificado com a "Piscina de Samaria". Na parte mais alta da rocha, onde o palácio foi posteriormente construído, há instalações de lagares menores, cortados dentro da rocha matriz (FRANKLIN, 2004, p. 192-193).

[וַיִּשְׁטֹף אֶת־הָרֶכֶב עַל בְּרֵכַת שֹׁמְרוֹן]

Os silos subterrâneos e as instalações para processamento do vinho e do azeite comprovam que Samaria foi uma propriedade agrícola de grande poder econômico e comercial antes mesmo de ser adquirida por Omri. A presença dessas instalações agrícolas, quando vistas posteriormente pelo óstraco de Samaria (século VIII AEC), confirmam que Semer vendeu a Omri uma fazenda muito próspera e não uma encosta estéril (STAGER, 1990; FRANKLIN, 2004, p. 194; FRANKLIN, 2018, p. 78-79).

2.1.3 Samaria no século IX AEC: "Período de Construção I"

Com a compra da propriedade por Omri, Samaria foi transformada de propriedade agrícola em uma capital. No entanto, o foco econômico subjacente permaneceu basicamente inalterado. A grande área de pisar uvas ainda era acessível, assim como a maioria dos silos subterrâneos. O novo palácio de Omri fora construído no cume rochoso da colina natural e, para enfatizar a importância do palácio, a base circundante da rocha foi cortada para que o palácio ficasse destacado no topo de uma plataforma rochosa de quatro metros de altura. A Expedição de Harvard escavou apenas as salas do sudoeste do palácio e grande parte do palácio permanece não explorada por estar coberta pelas ruínas do templo romano de Augusto. A escarpa de quatro metros de altura foi traçada ao norte do templo romano; ela termina imediatamente ao norte do altar romano e vira para leste, sua continuação ainda é desconhecida. A base rochosa ao norte e a oeste da plataforma do palácio foi nivelada, enquanto na extremidade sul o palácio ficava perto da borda do cume. A parte oriental do palácio foi escavada apenas parcialmente e, como exigido por lei, novamente enterrada. Infelizmente, a área escavada do palácio não estava conectada à área oriental escavada pela Expedição Conjunta.

Um segundo edifício monumental foi construído na plataforma inferior, a oeste do palácio. Muito pouco se sabe sobre esse edifício, infelizmente, pois a sua alvenaria de silhar[2] foi roubada e reutilizada na fase seguinte; por isso, existem poucas pistas sobre a sua extensão e nenhuma pista sobre a sua função. Entretanto, sabemos que algumas de suas paredes tinham 1,25 m de largura, evidenciando uma edificação substancial, até mesmo para padrões palacianos (FRANKLIN, 2004). A rocha foi cortada imediatamente a oeste do edifício monumental, para formar outra escarpa, e uma entrada para um túnel escalonado foi cortada na face rochosa da escarpa. A escavação era perigosa devido à queda de rochas e, temendo que os oitenta trabalhadores que trabalhavam confinados para limpar o túnel estivessem em perigo, ela foi interrompida. O túnel é bem semelhante aos túneis dos aquedutos que foram escavados mais recentemente e, provavelmente, faz parte de um sistema de água ainda desconhecido (FRANKLIN, no prelo).

2.1.4 Samaria: os túmulos reais

Cortados na face escarpada de quatro metros de altura do palácio, existem dois túneis de entrada que levam a duas câmaras descobertas pela Expedição de Harvard. Infelizmente os escavadores não entenderam completamente o que haviam encontrado e as chamaram de cisternas em um determinado nível; todavia, uma delas foi corretamente rotulada como "tumba". Ambas são definitivamente tumbas – tumbas reais. De acordo

---

[2] N.T.: Alvenaria de silhar é um termo técnico da engenharia que representa uma laje de pedra quadrada de face emparelhada.

com Isaías 14,18, "todos os reis das nações, repousam, cada um em sua própria casa" (כָּל־מַלְכֵי גוֹיִם כֻּלָּם שָׁכְבוּ בְכָבוֹד אִישׁ בְּבֵיתוֹ). A casa de um rei era seu palácio, ou seja, um rei era enterrado dentro de seu palácio (HURO-WITZ, 2000, p. 130-133). Além disso, apenas a realeza podia ser enterrada dentro de uma cidade e, de acordo com 1 Reis 16,28; 22,37 e 2 Reis 10,35; 13,9; e 14,16, os reis Omri, Acabe, Jeú, Jeoacaz, Joás e Jeroboão II foram todos sepultados em Samaria. Portanto, esses túmulos devem ser os túmulos dos reis de Israel, mas determinar qual tumba pertenceu a qual rei já é mais arriscado. O túnel que conduz a uma das tumbas é um túnel falso, cortado a partir de cima como uma trincheira e depois coberto com lajes de pedra plana. Esse método de construção indica que o túnel teve que ser cortado depois que a plataforma rochosa e a escarpa voltada para oeste foram cortadas, mas antes que o palácio fosse construído sobre a plataforma rochosa. Essa deve ser, provavelmente, a tumba mais antiga, preparada ao mesmo tempo que a construção do palácio, e é lógico supor que Omri tenha sido o construtor do palácio. Eu a rotulei como Tumba A. O túnel para a outra tumba, Tumba B, é um túnel autêntico, cortado na escarpa depois que o palácio foi construído e pode, muito bem, ser o túmulo de Acabe ou de um rei israelita tardio (FRANKLIN, 2003). Além disso, grande parte da escarpa do palácio ainda está escondida sob o templo romano do período posterior e mais tumbas devem permanecer desconhecidas, embora muito provavelmente tenham sido saqueadas na antiguidade, como ocorreu com as Tumbas A e B.

Minha análise revelou que o Período de Construção I foi um período multifásico de longa duração, estendendo-se por aproximadamente um século, que representa a cidade fundada por Omri, por volta de 880 AEC, a cidade de Acabe, e a cidade do usurpador Jeú continuou com pequenas alterações até o governo de Jeroboão II, em aproximadamente 780 AEC.

2.2 Megiddo

Os estratos arqueológicos de Megiddo, atribuídos aos séculos X e IX AEC, são o ponto de partida para qualquer discussão sobre a Idade do Ferro na cronologia bíblica. A primeira escavação foi liderada por Gottlieb Schumacher, de 1903 a 1905 (SCHUMACHER, 1908). A segunda expedição ocorreu dezessete anos depois, pelo Instituto Oriental de Chicago (OIC), e realizou escavações de grande escala no local de 1925 a 1939 (FISHER, 1929; GUY, 1931; LAMON; SHIPTON, 1939; LOUD, 1948). O trabalho no *tell* foi retomado no final da década 1960 e início dos anos 1970, quando Yigael Yadin, da Universidade Hebraica, liderou uma série de curtas temporadas de escavação (ZARZECKI-PELEG, 2016). O projeto mais recente de escavação, em andamento, é o da Universidade de Tel Aviv (TAU), no qual tive a honra de participar como membro sênior da equipe, desde o início da escavação, em 1992, até minha saída, para a codireção das escavações em Jezreel, em 2011.

2.2.1 Megiddo no século IX AEC: Estrato V

Os primeiros escavadores de Megiddo escavavam sempre muito ansiosos para estabelecer relação entre seus achados e a narrativa bíblica. Toda a alvenaria de silhar encontrada era imediatamente associada com a referência em 1 Reis 9,15 sobre as edificações salomônicas em Megiddo: "O rei Salomão organizou para construir o Templo de Iahweh, seu palácio, o Melo e o muro de Jerusalém, bem como Hasor, Meguido, Gazer […]".

וְזֶה דְבַר־הַמַּס אֲשֶׁר־הֶעֱלָה הַמֶּלֶךְ שְׁלֹמֹה לִבְנוֹת אֶת־בֵּית יְהוָה וְאֶת־בֵּיתוֹ וְאֶת־הַמִּלּוֹא וְאֵת חוֹמַת יְרוּשָׁלִָם וְאֶת־חָצֹר וְאֶת־מְגִדּוֹ וְאֶת־גָּזֶר

Essa dependência da narrativa bíblica fez com que muitos dos monumentos arquitetônicos construídos com alvenaria de silhar fossem atribuídos erroneamente ao século X AEC. Após as escavações da Universidade de Tel Aviv e minhas análises das ruínas do século IX AEC, a cidade de Megiddo, construída pela dinastia Omrida, pode ser identificada com o Estrato V (FRANKLIN, 2006). A cidade da fase anterior, a do Estrato VI, fora destruída pelo fogo, o que facilitou a diferenciação estratigráfica da cidade do Estrato V. A cidade de Omri perdurou e teve

A ascensão do Reino do Norte de Israel no século IX AEC

várias subfases. Embora a equipe da Expedição Conjunta (OIC) tenha dividido algumas das áreas escavadas no Estrato V em duas fases, após as escavações da equipe da TAU foi possível distinguir mais de seis fases em pelo menos uma dessas áreas (FRANKLIN, 2006, p. 102).

Não houve sinal de destruição durante as fases do Estrato V, e esta é uma das razões pelas quais foi difícil para a OIC esboçar o desenvolvimento estratigráfico minucioso da cidade do século IX AEC, apesar de a cidade ter sido exposta em aproximadamente 50% do *tell*. Uma única destruição foi observada em algumas edificações de depósitos estreitamente agrupadas: Edifício 10, incluindo Salas 6 e 7, e Edifício 51 (LAMON; SHIPTON, 1939, p. 7, fig. 6). Esses prédios foram violentamente destruídos durante uma conflagração localizada; sua destruição pelo fogo foi causada e possivelmente amplificada pelo fato de seus depósitos conterem recipientes cheios de grãos (LAMON; SHIPTON, 1939, p. 3-4, figs. 10 e 11) – produtos que podem entrar em combustão espontaneamente. Essas foram as três primeiras edificações escavadas pela OIC entre 1925 e 1927, juntamente com o Edifício 1A. Os edifícios 10 e 51 não eram monumentais, mas ricos em cerâmica. Essa cerâmica se tornou um marcador cronológico importante sobre o século X, inicialmente e mais tarde, quando a tipologia e a cronologia da cerâmica foram refinadas para o século IX AEC. Uma característica-chave do Estrato V são os numerosos edifícios com pilares ou casas de quatro cômodos, como os Edifícios 1A e 1706, típicos do século IX AEC; edifícios domésticos que são um marco para esse período no antigo Israel. Um dos edifícios, com pilares do Estrato V, era de 2081 AEC (LOUD, 1948, p. 43-46, fig. 99-103); embora nenhuma medida exata tenha sido dada, um homem adulto mostrado ao lado dos pilares no relatório da OIC sugere que estes possuíam aproximadamente 1,60 m de altura. Esses pilares construídos foram todos removidos pela OIC para atingir os níveis mais antigos, e hoje o único edifício de pilares ainda visível no local é o Edifício 1A (FRANKLIN, 2006). Associados ao Estrato V, mas infelizmente nem sempre encontrados *in situ*, estão os aparatos como incensários e outros apetrechos de culto, testemunhando a rica herança cultural do século IX.

Há duas edificações monumentais associadas ao Estrato V e ao século IX AEC. O mais antigo é o Palácio 1723, escavado pela OIC, e o outro é o Palácio 6000, revelado pela primeira vez nas escavações de Yadin (ZARZECKI-PELEG, 2016) e posteriormente escavado pela TAU (CLINE, 2006; CLINE; SAMET, 2013). Embora ambos os palácios fossem inicialmente associados às atividades de construção de Salomão no século XAC, sabemos agora que ambos são edifícios do período omrida do século IX, e o Palácio 1723, em particular, fornece um *link* único para as edificações omridas em Samaria, o que discutiremos a seguir.

2.3 O século IX AEC: Palácios omridas em Samaria e Megiddo

Existem duas características das edificações exclusivas dos palácios do século IX AEC. Aquelas mais facilmente discerníveis são marcas inscritas por pedreiros nos silhares talhados de maneira bruta, nas lajes da fundação de ambos os palácios.

Em Megiddo estão registrados cinquenta e dois silhares inscritos com marcas de pedreiros (SCHUMACHER, 1908, Tafel XXXe; LAMON; SHIPTON 1939, p. 13, figs. 16, 20, 26, 25, e 32; FRANKLIN, 2001, p. 108). Dezenove deles foram descobertos *in situ*, todos encontrados nas fundações do Palácio de 1723 do Estrato V. O restante dos silhares inscritos e de uso secundário foi encontrado em edifícios posteriores, nos Estratos IV, III e II.

Em Samaria foram registrados vinte silhares inscritos com marcas típicas de pedreiros (REISNER; FISHER; LYONS, 1924, p. 119-120, fig. 47, pls. 90e, 90f; CROWFOOT; KENYON; SUKENIK, 1942, p. 34-35). Infelizmente, apenas dois deles foram descobertos *in situ*, na fundação do palácio do Período de Construção I. Os demais silhares inscritos foram encontrados como material reaproveitado em edificações do Período de Período II e na arquitetura posterior (FRANKLIN, 2004, p. 201).

Isso significa que há um total de setenta e dois silhares inscritos de maneira variada, com dezessete marcas diferentes, oito das quais aparecem em ambos os locais (FRANKLIN, 2001, p. 110-111, fig. 1;

FRANKLIN, 2005, p. 319). As marcas só aparecem nos silhares lisos, talhados de maneira rústica, ou seja, são os blocos de construção tipicamente usados pelos construtores do Período I (Samaria) e do Estrato V (Megiddo).

Embora a Expedição de Harvard tenha observado que algumas das marcas em Samaria se assemelhavam ao hebraico antigo (SUKENIK, 1957), a correspondência mais próxima das marcas dos pedreiros é com o alfabeto cariano (FRANKLIN, 2001). Os carianos, que derivam seu nome de uma área no sudoeste da Turquia, adquiriram seu alfabeto (ou, mais precisamente, alfabetos locais) a partir de algum sistema de escrita semítico arcaico, pois possui elementos de escritos semíticos do norte e do sul (SHEVOROSHKIN, 1991-1992, p. 117-134). No entanto, o uso dessas "marcas alfabéticas assemelhadas às marcas carianas" pode significar uma ligação vocacional ao invés de étnica, pois marcas de pedreiro semelhantes reapareceram por um longo período em outras edificações monumentais no sudoeste da Anatólia, nos contextos egípcios e persas (FRANKLIN, 2001).

A outra semelhança é a utilização do "côvado curto" de 0,45 m, também conhecido como côvado egípcio, como a unidade de medida nas fundações dos palácios de Samaria e Megiddo (FRANKLIN, 2005, p. 319). Quando lidamos com o *layout* de um edifício, as medidas externas são as cruciais (MIROSCHEDJI, 2001). Por exemplo, a parede norte da fundação do palácio de Megiddo tem marcas de "arranque" riscadas nas lajes mais externas da fundação (LAMON; SHIPTON 1939, p. 20, fig. 29). Felizmente, as fundações do palácio foram bem preservadas, pelo que se conhece da planta completa do edifício, e o côvado curto, de 0,45 m, é facilmente reconhecido. Por exemplo, as paredes sul e oeste do palácio têm 48 côvados curtos e a parede norte possui 50 côvados curtos (LAMON; SHIPTON 1939, p. 18, nota 10). Uma plataforma se projeta a partir do palácio por 16 côvados curtos, e também há medidas de 16, 10 e 8 côvados curtos.

O palácio de Samaria também foi construído usando o côvado curto, em múltiplos de 6, 8, 10, 12 e 16. Embora a maior parte da alvenaria de silhar não tenha sobrevivido, o fato de o palácio ter sido construído sobre uma plataforma rochosa preparada artificialmente possibilita a medição, pelo menos, da parte ocidental do palácio (FRANKLIN, 2004). A parte exposta da longa parede ocidental da plataforma do palácio tem 60 côvados curtos de comprimento, mas provavelmente teve 100 côvados curtos, pois pode ter continuado até a borda norte da plataforma do palácio. Os 40 côvados propostos estão soterrados pela arquitetura posterior. A plataforma do palácio se projeta para fora da linha principal do edifício, com intervalos de 12 e 16 côvados curtos.

Esses dois palácios, em Samaria e Megiddo, parecem ser únicos, no que diz respeito tanto ao uso do côvado egípcio de 0,45 m quanto das marcas dos pedreiros assemelhadas ao alfabeto cariano. Seu uso pode significar que Omri usou mão de obra estrangeira, talvez artesãos qualificados ou prisioneiros de guerra, pois prisioneiros de guerra que eram usados na Assíria também em projetos de construção (ZACCAGNINI, 1983, p. 260).

2.3.1 Jezreel

O sítio arqueológico de Jezreel compreende dois *tells*:[3] o superior é Tel Jezreel e, o inferior, Tel 'Ein Jezreel. O primeiro *tell* foi escavado conjuntamente de 1990 a 1996 pela Universidade de Tel Aviv e pela Escola Britânica de Arqueologia em Jerusalém (USSISHKIN; WOODHEAD 1992, 1994, 1997). Em 2012, uma nova expedição foi formada, a Jezreel Expedition, em nome da Universidade de Haifa, que dirijo juntamente com Jennie Ebeling da Universidade de Evansville. Conduzimos o escaneamento a *laser* (LiDAR) e realizamos um levantamento que incluiu tanto os *tells* quanto a área circundante (EBELING; FRANKLIN; CIPIN, 2012). Desde então escavamos cinco partes diferentes da área de escavação maior, concentrada no *tell* mais baixo, o Tel 'Ein Jezreel.

---

[3] Nota do editor: um *tell* ou *tel* é uma característica topográfica artificial, uma espécie de monte, que consiste em detritos estratificados do lixo acumulado por gerações de pessoas que antes formaram um assentamento e moraram no mesmo local.

2.3.2 Jezreel no século IX AEC

A escavação de Ussishkin e Woodhead revelou ruínas modestas do que parece ter sido um grande recinto fortificado retangular. Eles o atribuíram ao século IX AEC e à dinastia Omrida, baseados na narrativa bíblica de 2 Reis 9–10 (USSISHKIN; WOODHEAD, 1992, p. 53; USSISHKIN, 2000, p. 248), que narra a batalha com Hazael, rei de Arã.

וַיָּשָׁב יְהוֹרָם הַמֶּלֶךְ לְהִתְרַפֵּא בְיִזְרְעֶאל מִן־הַמַּכִּים אֲשֶׁר יַכֻּהוּ אֲרַמִּים בְּהִלָּחֲמוֹ אֶת־חֲזָאֵל (2 Reis 9,15)

Mas a datação no século IX AEC foi contestada (FRANKLIN, 2008; BEN-TOR, 2000, p. 9-16), e minha análise, juntamente com uma próxima publicação ASOR sobre a cerâmica, refuta essa data para o recinto, que agora deve ser atribuído ao século VIII, o que será tratado no meu próximo artigo.

Infelizmente, ainda sabemos muito pouco sobre a Jezreel do século IX AEC, pois as fases anteriores foram apenas parcialmente pesquisadas e os resultados não estão totalmente publicados. Existem vestígios arquitetônicos que evidenciam que a parte superior de Jezreel foi ocupada no século IX AEC, mas não temos ideia do *layout* do local.

Essas ruínas na parte inferior de 'Ein Jezreel também se mostraram mal preservadas, mas, com base na cerâmica e em pequenos achados, há evidências de ocupação ininterrupta no local, incluindo os séculos IX e VIII AEC. Apesar da ausência de bons resíduos estratigráficos do século IX AEC, é válido supor que Tel Jezreel e Tel 'Ein Jezreel tiveram uma importância estratégica conjunta e significativa durante o século IX. Jezreel estava localizada em uma interseção onde se cruzavam a estrada principal que ligava o leste com o oeste, o "Caminho do Mar", e uma estrada local ao sul de Samaria. A capital israelita, Samaria, localizada na região montanhosa central, era mais facilmente acessível pelo norte por essa estrada local que saía de Jezreel. Jezreel também estava situada no ponto mais estreito do vale de Jezreel, em frente à cidade bíblica de Suném. Isso significa que a localização estratégica de Jezreel permitia controlar o acesso a Samaria e tinha condições de impedir que uma incursão inimiga vinda do norte ou nordeste alcançasse a capital. Em suma, Jezreel era um centro militar estratégico e valioso que funcionava como local de convocação para o exército israelita. Infelizmente, como mencionado anteriormente, temos poucos vestígios arquitetônicos escavados do século IX AEC; por enquanto, o papel estratégico da Jezreel omrida se baseia na sua localização, que continuou valiosa nos séculos seguintes, até o século 20 EC.

2.3.3 A vinha de Nabote em Jezreel

Jezreel talvez seja mais conhecida pela narrativa, em 1 Reis 21,1, sobre a vinha de Nabote, localizada perto do "palácio" de Acabe: "Algum tempo depois, houve um incidente envolvendo um vinhedo pertencente a Nabote, o jezreelita. A vinha estava em Jezreel, perto do palácio de Acabe, rei de Samaria".

וַיְהִי אַחַר הַדְּבָרִים הָאֵלֶּה כֶּרֶם הָיָה לְנָבוֹת הַיִּזְרְעֵאלִי אֲשֶׁר בְּיִזְרְעֶאל אֵצֶל הֵיכַל אַחְאָב מֶלֶךְ שֹׁמְרוֹן

A palavra hebraica originalmente usada na passagem bíblica é *hekhal*, que em outros lugares traduz-se como "grande edifício" e é frequentemente usada para descrever um edifício com função militar. Somente nesta passagem, tratando da história de Nabote, é que que a palavra *hekhal* foi traduzida como "palácio". Em assírio há uma palavra assemelhada, *ekallum*, um grande edifício ou salão frequentemente usado para fins militares, como *ekal māšarti*. Com o reconhecimento da localização estratégica e da importância militar de Jezreel, a ligação entre o *hekhal* de Acabe em Jezreel e um *ekal māšarti* assírio, quando vista comparativamente com a narrativa de 1 e 2 Reis, pode ser plenamente apreciada. Jezreel era um *ekal māšarti* ou *hekhal* e a vinha de Nabote era adjacente ao *hekhal* de Acabe, mas não ao seu palácio.

Minha equipe da Expedição Jezreel fez uma descoberta recente que exemplifica a famosa história de 1 e 2 Reis: a saber, uma instalação vinícola cujo tamanho e localização ilustram a narrativa bíblica sobre o desejo de Acabe de comprar um vinhedo de propriedade de Nabote, em 1 Reis, e a narrativa posterior sobre o assassinato do último rei omrida, Jorão, por Jeú, em 2 Reis. Jeú cavalgou em direção a Jezreel vindo de Ramot Gilead, onde havia lutado contra os arameus. Jorão, acompanhado por Acazias de Judá, saiu em seus carros ao encontro de Jeú, que imediatamente matou Jorão e feriu Acazias mortalmente; um evento também descrito na Estela de Tel Dan, mas sem o nome do assassino ou o local do ato. No entanto, quando a narrativa bíblica é lida em paralelo à Estela de Dan, podemos deduzir que Jeú conspirou com os arameus para derrubar Jorão e tomar o trono. A Bíblia coloca esse duplo assassinato ocorrendo do lado de fora de Jezreel, e o corpo morto de Jorão foi jogado no campo que pertenceu a Nabote. Jeú chegou pelo leste, portanto, a vinha de Nabote devia estar a leste de Jezreel, perto da estrada internacional. Em 2013, a Expedição Jezreel escavou uma grande instalação vinícola imediatamente a leste de Jezreel. Durante o período bíblico, as instalações de processamento de vinho estavam localizadas junto à vinha, e a parcela agrícola, junto à adega escavada, é o único campo próximo que possui um solo adequado para viticultura. Será que encontramos a vinha e a adega de Nabote? Talvez! (FRANKLIN et al., no prelo). O assassinato de Jorão por Jeú marcou o fim da Casa de Omri e a ascensão do reino do norte.

A descoberta de duas inscrições de Tel Rehov que mencionam o nome Ninsi, possivelmente o nome do pai e/ou avô de Jeú (1 Reis 19,17; 2 Reis 2,14; 2 Crônicas 22,7), ou mais provavelmente o nome da família (AHITUV; MAZAR, 2014, p. 44), podem significar que a cidade natal de Jeú era Rehov, a leste de Jezreel e à beira do vale do Jordão. Dito isso, enquanto a Dinastia Omrida colocou Israel no mapa internacional do antigo Oriente Próximo, a ascensão da Dinastia Ninsida anunciou um período de calamidade para Israel, pois perdeu grande parte de seus territórios da planície para o reino arameu de Damasco e muitas cidades e vilarejos foram devastados (FINKELSTEIN, 2017, p. 266). Esse período será tratado no meu próximo artigo.

Referências

AHITUV, S. and MAZAR, A. The Inscriptions from Tel Rehov and Their Contribution to the Study of Script and Writing during Iron Age IIA. In: ESHEL, E. and LEVIN, Y., eds. *"See, I Will Bring a Scroll Recounting What Befell Me" (Ps 40:8): Epigraphy and Daily Like from the Bible to the Talmud. Dedicated to the Memory of Professor Hanan Eshel* (Journal of Ancient Judaism Supplements 12). Göttingen, 2014, p. 39-68.

BEN-TOR, A. Hazor and the Chronology of Northern Israel: A Reply to Israel Finkelstein. In: *Bulletin of the American Schools of Oriental Research*, 2000, n. 317, p. 9-15.

CLINE, E. H. Area L: The 1998-2000 Seasons. In: FINKELSTEIN, I., USSISHKIN, D., and HALPERN, B., eds. *Megiddo IV: The 1998-2002 Seasons* (Monograph Series of the Institute of Archaeology 24). Tel Aviv, 2000, p. 104-123.

CLINE, E. H. and SAMET, I. Area L. In: FINKELSTEIN, I., USSISHKIN, D., and CLINE, E. H., eds. *Megiddo V: The 2004-2008 Seasons* (Monograph Series of the Institute of Archaeology 31). Tel Aviv, 2013, p. 275-285.

CROWFOOT, J. W., KENYON, K. M., and SUKENIK, E. L. *The Buildings at Samaria* (Samaria-Sebaste No. 1). London, 1942.

EBELING, J., FRANKLIN, N., and CIPIN, I. Jezreel Revealed in Laser Scans: A Preliminary Report of the 2012 Survey Season. In: *Near Eastern Archaeology*, 2012, n. 75(4), p. 232-239.

FINKELSTEIN, I. The Archaeology of the United Monarchy: An Alternative View. In: *Levant* 1996, n. 28, p. 177-187.

FINKELSTEIN, I. A Corpus of North Israelite Texts in the Days of Jeroboam II? In: *Hebrew Bible and Ancient Israel*. 2017, n. 3(6), p. 262-289.

FINKELSTEIN, I.; NA'AMAN, N., and ROMER, T. Restoring Line 31 in the Mesha Stele: The "House of David" or Biblical Balak? In: *Tel Aviv*, 2019, n. 46(1), p. 3-11.

FISHER. C. S. *The Excavation of Armageddon* (Oriental Institute Communications 4). Chicago, 1929.

FRANKLIN, N. Masons' Marks from the 9th century BCE Northern Kingdom of Israel: Evidence of the Nascent Carian Alphabet? In: *Kadmos* 2001, n. 40, p. 107-116.

FRANKLIN, N. The Tombs of the Kings of Israel. In: *Zeitschrift des deutschen Palästina-Vereins.* 2003, n. 119, p. 1-11.

FRANKLIN, N. Samaria: From the Bedrock to the Omride Palace. In: *Levant.* 2004, n. 36, p. 189-202.

FRANKLIN, N. Correlation and Chronology: Samaria and Megiddo Redux. In: LEVY, T. E. and HIGHAM, T., eds. *The Bible and Radiocarbon Dating: Proceedings of a Conference at Yarnton Manor, Oxford.* London, 2005, p. 310-322.

FRANKLIN, N. Revealing Stratum V at Megiddo. In: *Bulletin of the American Schools of Oriental Research* 2006, n. 342, p. 95-111.

FRANKLIN, N. Jezreel: Before and After Jezebel. In: GRABBE, L. L., ed. *Israel in Transition: From Late Bronze II to Iron IIA (c. 1250-850 BCE)*, V. 1: *The Archaeology* (An Arts and Humanities Research Council Conference). New York and London, 2008, p. 45-53.

FRANKLIN, N. Exploring the Function of Bell-shaped Pits: With a View to Iron Age Jezreel. In: *Eretz-Israel* 2018, n. 33, p. 78-79.

FRANKLIN, N. (no prelo) The Water Systems of Samaria-Sebaste.

FRANKLIN, N., EBELING, J., GUILLAUME, P., and APPLER, D. In press. An Ancient Winery at Jezreel, Israel. *Journal of Eastern Mediterranean Archaeology and Heritage Studies.*

GRAYSON, A. K. *Assyrian Rulers of the Early First Millennium BC II (858-745).* Toronto, 1996.

GUY, P. L. O. *New Light from Armageddon: Second Provisional Report (1927-29) on the Excavations at Megiddo in Palestine* (Oriental Institute Communications 9). Chicago, 1931.

HUROWITZ, V. A. Burial in the Bible. In: *Beit Mikra.* 2000, n. 45, p. 121-145 (Hebrew).

LAMON, R. S. and SHIPTON, G. M. *Megiddo I: Seasons of 1925-34, Strata I-V* (Oriental Institute Publications 42). Chicago, 1939.

LEMAIRE, A. "House of David" Restored in Moabite Inscription. In: *Biblical Archaeology Revie.w* 1994, n. 20(3), p. 30-37.

LOUD, G. *Megiddo II: Seasons of 1935-39* (Oriental Institute Publications 62). Chicago, 1948.

MALLOWAN, M. E. L. *Nimrud and Its Remains*. London, 1966.

MAZAR, B. The House of Omri. *Eretz-Israel*. 1989, n. 20 (Yadin Volume), p. 215-219 (Hebrew).

MIROSCHEDJI, P. Notes on Early Bronze Age Metrology and the Birth of Architecture in Ancient Palestine. In: WOLFF, S., ed. *Douglas E. Esse Memorial Volume*. (SAOC). Chicago: 2001, p. 465-491.

REISNER, G. A.; FISHER, C. S., and LYONS, D. G. *Harvard Excavations at Samaria 1908-1910*, 2 vols. (Harvard Semitic Series). Cambridge, MA, 1924.

SCHNIEDEWIND, W. M. Tel Dan Stela: New Light on Aramaic and Jehu's Revolt. In: *Bulletin of the American Schools of Oriental Research* 1996, n. 302, p. 75-90.

SCHUMACHER, G. *Tell el-Mutesellim*, Band I: *Bericht über die 1903 bis 1905 mit Unterstützung Sr. Majestät des Deutschen Kaisers und der Deutschen Orient-Gesellschaft vom Deutschen Verein zur Erforschung Palästinas versanstalteten Ausgrabungen*. Leipzig, 1908.

SHEVOROSHKIN, V. V. On Carian Language and Writing. In: PEARSON, R., ed. *Perspectives on Indo-European Language, Culture and Religion: Studies in Honor of Edgar C. Polomé*, V. 1. McLean, VA, 1991-1992, p. 117-135.

STAGER, L. E. Shemer's Estate. In: *Bulletin of the American Schools of Oriental Research*, 1990, n. 277-278, p. 93-107.

SUKENIK, E.L. Masons' Marks. In: CROWFOOT, J. W., CROWFOOT, G. M., and KENYON, K. M., eds. *The Objects from Samaria* (Samaria-Sebaste Reports III). London, 1957, p. 34-35.

SURIANO, M. J. The Historicality of the King: An Exercise in Reading Royal Inscriptions from the Ancient Levant. In: *Journal of Ancient Near Eastern History*. 2014, n. 1(2), p. 95-118.

USSISHKIN, D. The Credibility of the Tel Jezreel Excavations: A Rejoinder to Amnon Ben-Tor. In: *Tel Aviv*, 2000, n. 27, p. 248-256.

USSISHKIN, D. and WOODHEAD, J. Excavations at Tel Jezreel 1990-1991: Preliminary Report. In: *Tel Aviv*, 1992, n. 19, p. 3-54.

USSISHKIN, D. and WOODHEAD, J. Excavations at Tel Jezreel 1992-1993: Second Preliminary Report. In: *Levant*. 1994, n. 26, p. 1-48.

USSISHKIN, D. and WOODHEAD, J. Excavations at Tel Jezreel 1994-1996: Third Preliminary Report. In: *Tel Aviv*, 1997, n. 24, p. 6-72.

VAN SETERS, J. *In Search of History: Historiography in the Ancient World and the Origins of Biblical History*. New Haven, CT, 1983.

ZACCAGNINI, C. Patterns of Mobility among Ancient Near Eastern Craftsmen. In: *Journal of Near Eastern Studies*. 1983, n. 42, p. 245-264.

ZARZECKI-PELEG, A. *Yadin's Expedition to Megiddo: Final Report of the Archaeological Excavations (1960, 1966, 1967, and 1971/2 Seasons)* (Qedem 56). Jerusalem. 2016.

O Reino do Norte de Israel no século VIII AEC, até sua queda em 720 AEC, visto a partir de três sítios-chave: Samaria, Megiddo e Jezreel

Norma Franklin [*]

1. O cenário

No final do meu capítulo anterior, eu mencionei que a ascensão de Jeú, filho de Ninsi, e o assassinato de Jorão marcam o fim da Casa de Omri. Jeú parece ter chegado ao poder como um aliado de Hazael, rei dos arameus, mas, aparentemente, esse relacionamento se desintegrou e muito cedo o reino do norte de Israel perdeu parte significativa dos territórios de baixada para o reino arameu de Damasco. A fim de entender a história de Israel na medida em que ela adentra o século VIII AEC, devemos examinar brevemente o que estava acontecendo na região nordeste de Israel, no reino de Arã e no Império Assírio. Hazael se tornara rei de Arã por volta de 842 AEC, após a morte de Ben-Hadad I, a quem ele parece ter servido como um oficial da corte. Esse evento é mencionado em 2 Reis 8,15: "Então Hazael o sucedeu como rei" (וַיָּמָת וַיִּמְלֹךְ חֲזָהאֵל תַּחְתָּיו).

A Estela de Tel Dan apresenta uma correlação entre Hazael e a fundação da dinastia Ninsida por Jeú. Infelizmente existe pouquíssima evidência arqueológica, arquitetônica ou em cerâmica que corrobora a dominação de Arã sobre Israel. Um sítio como o de Betsaida, ao norte do mar da Galileia, tem claras conexões com Arã, o que se constata a partir de uma estela arameia esculpida protegendo o portão da cidade (ARAV,

---

[*] Pesquisadora Associada do Instituto Zinman de Arqueologia – Universidade de Haifa, Israel.

2009). De acordo com os pesquisadores, essa deve ter sido a capital do reino arameu de Gesur. Então, embora não saibamos onde estava situada a fronteira entre Israel e Arã, esse local parece ter sido arameu antes das incursões de Hazael. Existe uma importante inscrição de parede aramaica de Tell Deir 'Alla, na terra de Gilead, situada a leste do rio Jordão, que pode ser um exemplo da ocupação arameia sobre um território que uma vez pertenceu ao reino do norte. Os escavadores atribuíram a essa inscrição o período entre 880 e 770 AEC (IBRAHIM; VAN DER KOOIJ, 1991), e o texto fornece uma reconhecida referência a Balaão, filho de Beor, que é apresentado em Números 22,5, confirmando que o personagem bíblico Balaão baseia-se em uma pessoa real bem conhecida, que falava aramaico (EHRLICH, 2018): "Mandou mensageiros para chamar Balaão, filho de Beor, em Petor, que está junto ao Rio, na terra dos filhos de Amaú. Disse-lhes: 'Eis que o povo que saiu do Egito cobriu toda a terra; estabeleceu-se diante de mim'" (Bíblia de Jerusalém).

וַיִּשְׁלַח מַלְאָכִים אֶל־בִּלְעָם בֶּן־בְּעוֹר פְּתוֹרָה אֲשֶׁר עַל־הַנָּהָר אֶרֶץ בְּנֵי־עַמּוֹ לִקְרָא־לוֹ לֵאמֹר הִנֵּה עַם יָצָא מִמִּצְרַיִם הִנֵּה כִסָּה אֶת־עֵין הָאָרֶץ וְהוּא יֹשֵׁב מִמֻּלִי

Apesar de tudo, os três sítios-chave do reino do norte, que são o foco dos meus estudos, Samaria, Megiddo e Jezreel, são arqueologicamente silenciosos a respeito desse período. O que deve ser lembrado é que, embora Samaria tenha sido escavada nos primeiros anos do último século, naquela época não havia nenhuma apreciação sobre a influência arameia; portanto, quando os escavadores dividiram o sítio nos diferentes períodos de construção, eles não deram a merecida atenção à presença arameia. Atualmente, as fases finais da cidade de Megiddo do Estrato V são associadas ao período da influência arameia; entretanto, parte massiva do Estrato V foi escavada no final da década de 1920, e até pouco tempo atrás se pensava que o Estrato V devia ser datado no princípio do século X AEC. Então, evidência de Megiddo ainda não foi divulgada. Jezreel, escavado na década de 1990, é o único local onde tem sido dada certa atenção na identificação da presença dos arameus. Nadav Na'aman

(1997) propôs que o local de Jezreel fora atacado e destruído pelos arameus, mas sua teoria dependia de uma análise imprecisa das fases do local feita pelos escavadores, junto com a ideia de que Jezreel tinha sido, de fato, destruída. Na atualidade, a evidência da incursão arameia em Israel tem sido vista pelo Projeto Internacional Minerva: "Pesquisa sobre Israel e Arã nos tempos bíblicos" (PIAB), dirigido por Aren M. Maeir da Universidade Bar-Ilan e por Angelika Berlejung da Universidade de Leipzig. Esperamos que isso nos permita mais facilmente identificar os arameus nos registros arqueológicos do Antigo Israel.

A Assíria parece ter dominado tanto Arã quanto Israel, e Salmanaser III fez campanha assíria contra Hazael em aproximadamente 841 AEC. Talvez, e surpreendentemente, Hazael tenha conseguido permanecer no poder, mas o reino de Israel governado por Jeú deixou de ser aliado de Arã (FREVEL, 2019, p. 352). Uma pista visual está contida no Obelisco Negro de Salmanaser III, mostrando Jeú ajoelhado diante do rei assírio, por volta de 825 AEC, bem como a relação das riquezas que Israel entregou aos assírios. O reino do norte de Israel tornou-se, então, um vassalo da Assíria e o período de influência arameia sobre Israel estava minguando.

As pegadas da Assíria no reino de Israel são facilmente identificáveis, especialmente durante o reinado do neto de Salmanaser, Adadnarari III. Ele finalmente derrotou Arã em 796 AEC, evento que está registrado na Estela de Saba'a (SIDDALL, 2013, p. 16-17; ASTER, 2016, p. 177). O contemporâneo de Adadnarari III foi o neto de Jeú, Joás, que pagou tributo à Assíria, que está registrado na Estela Teda al-Rimah (SIDDALL, 2013, p. 43; ASTER, 2016, p. 176). Entretanto, foi apenas durante a regência de quarenta e um anos de Jeroboão II, o filho de Joás, que o reino do norte foi bem-sucedido na recuperação das áreas apropriadas por Arã e até conseguiu ampliar seu território. O sucesso de Jeroboão II deveu-se a uma parceria em andamento, ainda que desigual, com a Assíria (EPH'AL, 1991; SIDDALL, 2013, p. 69-70; ASTER, 2016, p. 190), pois ele não foi um mero vassalo assírio; de fato, ele atuou como uma espécie de magnata, governando lealmente o território recuperado pela Assíria (ASTER, 2016, p. 191) e, como veremos, deixou um visível legado arquitetônico.

2. A arqueologia dos três sítios-chave: Megiddo, Samaria e Jezreel

2.1 Megiddo no século VIII AEC: Estrato V

Megiddo, no século VIII AEC, é representado pelos famosos estábulos do Estrato IV. Estabelecer uma data segura para o Estrato IV tem sido controverso, porque esses estábulos foram atribuídos originalmente às construções salomônicas no século X AEC. Em 1927, P. L. O. Guy dirigiu as escavações do Instituto Oriental de Chicago (OIC), em Megiddo. Guy era um experiente cavaleiro, por isso, quando uma série de edifícios tripartites foram revelados, ele imediatamente os reconheceu como estábulos e rapidamente anunciou que eram os "estábulos de Salomão". Ele estava correto sobre sua identificação com estábulos, mas a datação no século X baseava-se puramente em sua compreensão da passagem em 1 Reis 9,15: "Eis o que se refere à corveia que o rei Salomão organizou para construir o Templo de Iahweh, seu palácio, o Melo e o muro de Jerusalém, bem como Hasor, Meguido, Gazer".

וְזֶה דְבַר־הַמַּס אֲשֶׁר־הֶעֱלָה הַמֶּלֶךְ שְׁלֹמֹה לִבְנוֹת אֶת־בֵּית יְהוָה וְאֶת־בֵּיתוֹ וְאֶת־הַמִּלּוֹא וְאֵת

חוֹמַת יְרוּשָׁלָ͏ִם וְאֶת־חָצֹר וְאֶת־מְגִדּוֹ וְאֶת־גָּזֶר .

A datação por meio da tipologia da cerâmica estava nos seus primórdios, por isso os estratos arqueológicos não foram datados por sua cerâmica, como é feito hoje. Na verdade, em Megiddo, o oposto era verdade: a escassa cerâmica associada aos estábulos foi atribuída ao século X AEC, com base apenas na ideia equivocada de que os estábulos eram salomônicos. Quarenta anos depois, no início da década de 1970, com uma compreensão muito melhor da tipologia cerâmica, Yigael Yadin, da Universidade Hebraica, conduziu uma série de escavações de pequena escala em Megiddo. Yadin escavou mais unidades estáveis e as atribuiu a Acabe (YADIN, 1970; 1973; ZARZECKI-PELEG, 2016); assim, por cerca de vinte anos, a datação do Estrato IV e dos famosos estábulos foi atribuída ao século IX AEC, mas a datação do Estrato IV, incluindo os estábulos, foi alterada mais uma vez, quando a Universidade de Tel Aviv renovou escavações em Megiddo, em 1992. A cerâmica do Estrato IV escavada pelo OIC foi reavaliada e revisada em nova publicação (FINKELSTEIN; ZIMHONI; KAFRI, 2000, p. 316), e novas escavações em uma área onde o Estrato V estava intocado pela OIC forneceram uma data segura para o Estrato IV (FINKELSTEIN, 2006, p. 309-314; JOFFE, CLINE; LIPS-CHITZ, 2000). Esses novos achados colocaram a construção do Estrato IV e dos estábulos no início do século VIII AEC e a cerâmica, mesclada entre peças mais recentes e mais antigas, evidenciou um período de longa duração para o Estrato IV (FINKELSTEIN; ZIMHONI; KAFRI, 2000, p. 321-322; FINKELSTEIN, 2006, p. 310-313).

A cidade do Estrato IV, no século VIII AEC, era totalmente diferente da cidade do Estrato V do século IX. Essa transformação foi causada por um projeto de construção em massa que tinha em mente a sua utilização por cavalos e não por pessoas. Desde sua inicialização, com a construção do muro da cidade, houve um planejamento bem elaborado com pouco espaço para um crescimento orgânico. A primeira fase da construção incluiu o desmantelamento da arquitetura do Estrato V, com o reaproveitamento de sua alvenaria e a construção do muro da cidade. Na verdade, o muro da cidade era de contenção, com capacidade de acomodar uma vasta quantidade de entulho, necessária para aterrar a superfície do monte, produzindo uma grande área uniformemente nivelada. A segunda fase foi da construção do Complexo de Estábulos Sul, com seus dois pátios idênticos.

Um pátio (977) tinha cinco unidades de estábulos, alinhadas com o limite sul do monte, e o outro pátio (1693) possuía um edifício central, presumivelmente administrativo (1616), conectado ao resto da cidade por um portão de quatro câmaras (1567). Ambos os pátios possuíam um assoalho resistente e uniforme de cal batido, com um escalonamento gradual para permitir a drenagem da água. Na verdade, parece que esse amplo complexo de estábulos foi uma arena para treinamentos ou exibição de cavalos, pois coincide com todas as formas de uma arena equestre moderna. A superfície do piso de cal compactado se estendia para o leste, até um edifício monumental (338), construído sobre uma plataforma elevada, que Guy acreditava ter sido um depósito para as bigas líderes das forças militares de Megiddo (GUY, 1931, p. 32, fig. 22). Embora isso possa parecer uma ideia completamente fantasiosa, ele estava perto de acertar, como explicarei adiante. Todos esses elementos arquitetônicos estavam em uma parte uniformemente alta, destacada acima de todo o restante da cidade. A terceira fase era uma extensão do piso de cal batido, inclinada na direção do Complexo de Estábulos Norte, e uma larga estrada descia até o portão de seis câmaras (GUY, 1931, p. 30, figs. 17, 20; LAMON; SHIPTON, 1939, p. 45, fig. 49).

O Complexo de Estábulos Norte consistia em três ou possivelmente quatro edificações, cada qual com unidades de estábulos. As construções norte e sul continham cinco unidades de estábulos. Uma terceira edificação no lado leste, mais próxima dos dois edifícios anteriores, continha duas unidades de estábulos ligeiramente maiores, enquanto uma quarta edificação possuía apenas um pequeno estábulo, mais apropriado para burros (FRANKLIN, 2017). Cada estábulo individual continha um corredor central, com um piso de cal batido, delimitado por dois corredores laterais, com pisos de paralelepípedos; isso ajudava a endurecer os cascos dos cavalos (CANTRELL, 2006, p. 633).

Por que a cidade de Megiddo foi desenhada para cavalos? A resposta é simplesmente porque um cavalo, ou melhor, um cavalo de biga, treinado para a guerra, era a mercadoria mais cara no Antigo Oriente Próximo. Os registros sugerem que um cavalo da mais alta qualidade e treinado poderia custar até 230 shekels (CANTRELL, 2011, p. 46-48).[1] Devido à localização central na estrada mais importante, o "Caminho do Mar", Megiddo foi projetada para ser uma referência permanente de estábulos para adestramento e comércio de cavalos. Uma biga de combate

---

[1] N.T.: No momento em que este texto está sendo traduzido, 1 shekel corresponde a 0,31 dólares americanos, o que pode ser considerado um valor muito baixo para os dias atuais (230 shekels = 71 dólares), se compararmos com os valores de mercado para cavalos de alta qualidade; porém, é preciso considerar a grandeza desta informação para os parâmetros monetários do Antigo Oriente Próximo, entre os séculos X e VIII AEC, o que equivaleria a uma pequena fortuna.

era uma parte essencial tanto dos exércitos israelitas quanto dos exércitos assírios, e o cavalo mais cobiçado era o grande cavalo cuxita. Esses cavalos eram comprados em Cush, vendidos no Alto Egito e treinados e revendidos em Megiddo (CANTRELL, 201, p. 44-46 e 87-106).

Outra importante característica arquitetônica da cidade, que apareceu pela primeira vez no século IX AEC e se tornou mais comum no século VIII, é o portão de seis câmaras. Embora portões semelhantes geralmente possuam seis câmaras profundas, alguns possuem apenas quatro; eles também foram inicialmente atribuídos às construções salomônicas e ao século X AEC. Atualmente, a maior parte desses portões consegue ser datada com segurança no século VIII AEC e, de acordo com Deborah Cantrell, eles não serviam simplesmente como portões de entrada para a cidade, mas também eram usados como postos apropriados para engatar esses cavalos às suas carruagens (CANTRELL, 2011, p. 76-86). Além disso, textos assírios sugerem Megiddo como um posto comercial para os assírios, um *bīt kāri*, que parece ter sido estabelecido quando Israel era um estado cliente no tempo de Adadnarari III. Um posto comercial teria um *rab kāri*, e o edifício 338, localizado entre os dois complexos de estábulos, teria sido a residência perfeita para o chefe de um posto comercial. O comércio e a guerra andam de mãos dadas, e o *layout* de Megiddo, com dois pátios e estábulos construídos em uma plataforma elevada, também sugere um arsenal assírio, um *ekal māšarti* (FRANKLIN, 2019, p. 191).

2.2 Samaria no século VIII AEC: Período de Construção II

A acrópole de Samaria, no século VIII AEC, é representada pelo Período de Construção II. As cisternas e várias instalações agrícolas, cortadas por rochas, tinham finalmente caído em desuso e estavam entulhadas em um enorme aterro, preenchido com materiais de construções anteriores, reutilizados a fim de nivelar a área do cume, ampliando-a. Samaria deixara de ser um setor agrícola para se tornar um centro estritamente administrativo. Essas grandes transformações devem significar uma nova era, um novo regime, e, embora a edificação original do palácio tenha sido mantida, ela não mais dominava a topografia local. A plataforma do cume fora ampliada e contida por um sistema de parede dupla, conhecido como "parede de casamata". Essas paredes foram projetadas como muros de contenção que suportassem a pressão exercida pelo entulho trazido para o aterramento, estendendo e nivelando a plataforma do cume. Para criar uma superfície uniformemente nivelada, o aterro chegava a ter cinco metros de profundidade em alguns pontos. O aterramento recém-criado também significava que a superfície do piso do Período de Construção II tornara-se nivelada com o topo da plataforma da rocha matriz do palácio. Em outras palavras, a escarpa de quatro metros de altura do palácio ficou encoberta durante o Período de Construção II, coberta pelo aterro. O palácio, construído por Omri no século IX AEC, ainda estava em uso, embora não estivesse mais isolado no topo da plataforma da rocha matriz, mas tornou-se bem integrado a uma nova grande área administrativa, que se tornou o coração da cidade do Período de Construção II (FRANKLIN, 2004). Imediatamente a oeste do palácio, as câmaras subterrâneas tiveram que ser construídas para permitir o acesso aos dois túneis que levavam às tumbas dos reis (FRANKLIN, 2003, p. 4-7). O grande lagar para produção de vinho, do Período de Construção Zero, erroneamente identificado com a "Piscina de Samaria", mencionada em 1 Reis 16,23-24, foi mantido em uso durante o Período de Construção I, mas acabou soterrado pelo entulho, assim como todas as instalações construídas com rochas cortadas. Em suma, todos os elementos do Período de Construção I na acrópole, além do palácio, foram cobertos pelo aterro profundo, que acabou sendo preservado com as paredes de casamata.

O sistema de paredes de casamata foi o elemento essencial que precedeu todas as outras estruturas do Período de Construção II. Grandes trechos desse sistema foram desenterrados por Kathleen Kenyon, da Expedição Conjunta; no entanto, a data para sua construção só pôde ser fixada relativamente. Ou seja, até recentemente, a ideia errônea de que o Período Construção II era concomitante com o reino de Acabe continuou. Há, no entanto, uma importante edificação que fornece uma pista sobre a data do Período de Construção II: um edifício administrativo, conhecido como "Edifício Osorkon", fora construído na superfície recém-levantada, imediatamente a oeste do palácio. Essa estrutura estava no mesmo nível do palácio, portanto, só poderia ter sido edificada após a construção da plataforma do cume. Ela recebeu esse nome depois que uns poucos fragmentos de um jarro de alabastro, inscritos com o nome do faraó Osorkon II, foram encontrados nos fundamentos da edificação. Osorkon foi um faraó contemporâneo a Acabe, no século IX. O vaso quebrado significa que o "Edifício Osorkon" foi construído depois que o fragmento quebrado não tinha valor, o que só seria possível após a reconstrução do cume no Período de Construção II. Uma estrutura um pouco posterior, embora possa ter sido contemporânea (a estratigrafia não estava clara), é a "Casa dos Óstracos", nomeada em homenagem aos sessenta e três óstracos encontrados nela durante sua escavação. Esses óstracos tiveram um uso secundário, sendo misturados com o material usado na construção do piso da casa, e devem ser originais de uma fase anterior, demonstrando mais uma vez que o Período de Construção II de Samaria não poderia ter sido anterior à cidade do século VIII AEC (FRANKLIN, 2004). Paleograficamente, os óstracos datam do início do século VIII AEC, correspondendo provavelmente com o reinado do rei israelita Jeroboão II (ROLLSTON, 2018, p. 465).

2.3 Jezreel no século VIII AEC

A Jezreel do século VIII AEC foi demarcada por um grande recinto retangular, mas, quando esse recinto foi escavado na década de 1990, infelizmente foi atribuído de modo equivocado ao século IX e à dinastia Omrida, devido à estrita dependência da narrativa bíblica (USSISHKIN, 2000, p. 248). Uma análise das técnicas de construção arquitetônicas (FRANKLIN, 2008a), juntamente com uma avaliação do repertório de cerâmica (ZARZECKI-PELEG, 1997, p. 286; 2016; LONDON, no prelo), aponta para a datação do recinto no século VIII AEC. É uma plataforma grande e uniformemente nivelada, preenchida com o entulho trazido de outras edificações para o aterro de contenção do sistema de paredes de casamata. Infelizmente, as ruínas Tel Jezreel estão mal preservadas e os resultados da escavação dos anos 1990 foram publicados apenas parcialmente. Todavia, está claro que Jezreel desempenhou um papel importante no século VIII AEC. Sua localização na junção internacional entre o "Caminho do Mar" e a rota de descida norte-sul que leva à Samaria evidenciam que Jezreel controlava o acesso à capital, atuando como posto militar de Samaria. Jezreel está localizada em frente à cidade bíblica de Suném, na seção mais estreita do vale de Jezreel, e manteve sua importância estratégica no século VIII AEC, como um arsenal de pequeno porte e posto de recrutamento, um *ekal māšarti* (ASTER, 2012, p. 39; FRANKLIN, 2019, p. 197, 200).

3. Traços arquitetônicos do século VIII AEC

Os três locais, Megiddo, Samaria e Jezreel, foram totalmente transformados no século VIII AEC. A acrópole de Samaria e Jezreel foram ambas construídas em plataformas retangulares, com superfícies uniformemente niveladas de cal batido e sustentadas pelo sistema de paredes de casamata. Megiddo, com sua topografia local e forma circular, estabelecida na Idade do Bronze Médio anterior, estava agora cintada por uma parede que provocava um deslocamento, enquanto mantinha no lugar o consistente aterramento que possuía uma vasta superfície de cal prensado no acabamento. Nos três locais, a alvenaria de silhar das fases anteriores, em grande parte, foram roubadas. Qualquer arquitetura remanescente encontra-se escondida pelo aterro. Os silhares roubados dos estratos anteriores, quando necessários, foram reutilizados de modo intercalado para a construção de píeres, a fim de fortalecer as paredes construídas com outros tipos de pedras ou para reforço estratégico dos pilares de outras construções, ou seja, foram usados para melhorar a resistência das cidades recém-planejadas (FRANKLIN, 2006, p. 101; 2017, p. 89; 2019, p. 199-200). Para ajudar no correto alinhamento das paredes, uma margem era traçada, ou seja, uma moldura de três lados era desenhada *in situ*, a partir da margem traçada (FRANKLIN, 2005, p. 319). Outra correspondência constatada apenas em Megiddo e Samaria são as linhas desenhadas com pó de hematita vermelha, ainda visíveis em algumas das paredes da fundação; elas testemunham a utilização da linha de referência que auxiliava os pedreiros no uso do entulho para alinhá-lo (FRANKLIN, 2005, p. 319). Essas linhas são visíveis nas fundações de alvenaria do Edifício 338, no Portão da Cidade 2156, em Megiddo, e nas paredes das antessalas subterrâneas que levam aos túmulos reais, em Samaria (FRANKLIN, 2003, p. 7).

Portões de câmaras, essenciais para o rápido e eficiente engate de cavalos às bigas, foram encontrados em Megiddo, havendo um com seis câmaras e outro com quatro câmaras, que levam ao pátio do Complexo de Estábulos Sul para a cidade, enquanto em Jezreel também havia um portão de quatro câmaras que levava ao grande recinto (USSISHKIN; WOODHEAD, 1994, p. 7, fig. 5). A localização e o projeto dos portões da cidade de Samaria, dos século VIII e IX AEC, são desconhecidos; no entanto, embora a localização dos portões da acrópole seja conhecida, e também que podem ter servido como porta de entrada para a cidade, eles estão apenas parcialmente expostos abaixo dos portões do período helenístico e romano posteriores (REISNER; FISHER; LYONS, 1924).

A semelhança final é o uso do côvado curto de 0,495 m, conhecido como "côvado assírio", para definir a arquitetura monumental da Megiddo do Estrato IV e da Samaria do Período de Construção II (FRANKLIN, 2005, p. 320). O uso do côvado assírio é mais perceptível no plano terrestre de dois pátios do Complexo de Estábulos Sul em Megiddo; cada um media 120 x 120 côvados assírios, uma medida assíria para terrenos conhecida como *iku*. Além disso, os diferentes comprimentos de parede poderiam ser divididos em módulos de 2, 4, 8, 10, 12, 25, 30, 36, 40, 50, 60 e 120 côvados assírios (FRANKLIN, 2008b, p. 51).

Megiddo, mais bem preservada e escavada do que os outros dois locais, fornece a evidência mais clara da mudança nos hábitos de construção, pois ela teve um projeto de construção prodigioso patrocinado pelo Estado. Ou seja, a transformação simultânea desses três locais com elementos arquitetônicos tecnologicamente semelhantes significa uma nova era com influência estrangeira. Esses projetos monumentais de construção devem ser atribuídos ao reinado de Jeroboão II, no início do século VIII AEC, quando o reino do norte de Israel firmou uma nova aliança com a Assíria, ancorada em comércio e benefício mútuo. As evidências textuais são fornecidas pelas "Listas de Vinhos de Nimrud" e por documentos representativos do reino do norte de Israel, presentes na corte assíria em 796 AEC, referentes aos primeiros doze anos do reinado de Jeroboão II (EPH'AL, 1991, p. 39-40; ASTER, 2016, p. 189; FRANKLIN, 2017, p. 97).

4. O reino de Israel sob Jeroboão II

O governo de Jeroboão II foi um importante protagonista na rede de comércio internacional, e Kuntillet 'Ajrud, um posto avançado no nordeste do Sinai, longe do reino do norte de Israel, é um excelente exemplo da extensão dessa rede comercial. Foi construído no século VIII por Jeroboão II e serviu como um posto comercial internacional importante para o reino de Samaria (NA'AMAN, 2015, p. 39-45). Provavelmente serviu como posto de intermediação no comércio assírio com o Egito, pois os assírios evitavam qualquer contato direto com o Egito.

As pinturas das paredes, desenhos e inscrições encontradas em Kuntillet 'Ajrud também nos fornecem uma visão da vida e da decoração de interiores no reino do norte durante o século VIII AEC. Por exemplo, há um desenho de um rei sentado à entrada do Edifício A e outra figura sentada, desenhados em um caco de cerâmica. Há representações de guerra, por exemplo, em desenhos de uma biga (no Pithoi A) e de um arqueiro (no Pithoi B) (ORNAN, 2016). As inscrições também mencionam o nome do deus israelita, YHWH, e de uma possível contraparte feminina, Asherah.

5. O desaparecimento do reino do norte de Israel

Aproximadamente sessenta anos após o fim do reinado de Jeroboão, o usurpador Menaém tomou o trono do reino de Israel. Enquanto isso, na Assíria outro usurpador, Tiglate-Pileser III, também tinha tomado o poder. Israel já havia se tornado um estado vassalo pagando tributos à Assíria até então, mas por volta de 734 AEC o reino do norte se rebelou, marcando o início do ocaso do reino de Israel. O evento é brevemente registrado em 2 Reis 15,29: "No tempo de Faceia, rei de Israel, veio Teglat-Falassar, rei da Assíria, e tomou Aion, Abel-Ber-Maaca, Janoe, Cedes, Hasor, Galaad, Galileia e toda a terra de Neftali, e deportou seus habitantes para a Assíria" (Bíblia de Jerusalém).

עָלָיו עָלָה שַׁלְמַנְאֶסֶר מֶלֶךְ אַשּׁוּר וַיְהִי־לוֹ הוֹשֵׁעַ עֶבֶד וַיָּשֶׁב לוֹ מִנְחָה׃

וַיִּמְצָא מֶלֶךְ־אַשּׁוּר בְּהוֹשֵׁעַ קֶשֶׁר אֲשֶׁר שָׁלַח מַלְאָכִים אֶל־סוֹא מֶלֶךְ־מִצְרַיִם וְלֹא־הֶעֱלָה מִנְחָה לְמֶלֶךְ אַשּׁוּר כְּשָׁנָה בְשָׁנָה וַיַּעַצְרֵהוּ מֶלֶךְ אַשּׁוּר וַיַּאַסְרֵהוּ בֵּית כֶּלֶא

(2 Reis 17,3-4)

Isso se confirma na Inscrição Sumária de Tiglate-Pileser III, declarando que dezesseis distritos pertencentes ao reino de Israel foram capturados e a população, deportada (TADMOR, 1994). Na verdade, o reino de Israel não existia mais. Tiglate-Pileser o reduziu a apenas um estado inferior, composto por Samaria e seus arredores, governado pelo rei fantoche da Assíria, Oseias, embora a narrativa bíblica dê a Oseias crédito total por tomar o trono (FRANKLIN, 2019, p. 189-190): "Então Oseias, filho de Ela, conspirou contra Faceias, filho de Romelias, feriu-o mortalmente e tornou-se rei em seu lugar" (2 Reis 15,30 – Bíblia de Jerusalém).

וַיִּקְשָׁר־קֶשֶׁר הוֹשֵׁעַ בֶּן־אֵלָה עַל־פֶּקַח בֶּן־רְמַלְיָהוּ וַיַּכֵּהוּ וַיְמִיתֵהוּ וַיִּמְלֹךְ תַּחְתָּיו בִּשְׁנַת עֶשְׂרִים לְיוֹתָם בֶּן־עֻזִּיָּה

Ao contrário do destino de outros locais israelitas mais ao norte (GAL, 1992), originalmente a cidade de Megiddo, no Estrato IV, não foi destruída, mas, como um *ekal mašarti* regional e como um *bēt kāri*, se especializou no comércio e no treinamento de cavalos de biga durante o período em que Jeroboão II e Adadnarari tinham interesses mútuos; por isso, continuou sendo útil para os assírios. Ela foi transformada na capital administrativa de uma província recém-criada da fronteira assíria chamada *Magidû*. Embora não haja dúvida de que Megiddo deve ter sofrido algumas mudanças, foi somente após a derrota final de Samaria por Sargão II que Megiddo se tornou uma capital assíria provincial completa: essa é a cidade assíria do Estrato III (FRANKLIN, 2019, p. 204-206).

O papel de Jezreel até a incursão de Tiglate-Pileser III fora o de proteger a rota principal para a capital Samaria. Jezreel serviu como um local fortificado estratégico e como posto de recrutamento, um pequeno *ekal māšarti* ao longo dos séculos IX e XVIII AEC. Protegeu Samaria e controlou sua conexão com a estrada internacional, o "Caminho do Mar", e outras rotas comerciais locais mais ao litoral. Sob Tiglate-Pileser III, a função de Jezreel mudou, pois ficava localizada à margem do Império Assírio, em uma área instável, controlando o acesso de entrada e saída de Samaria para os assírios, sendo, de fato, um forte fronteiriço assírio e pode ter servido como um acampamento permanente, um *birtu* assírio (FRANKLIN, 2019, p. 206-207).

6. Samaria, a última reminiscência do reino do norte de Israel

O remanescente do reino de Israel consistia na capital Samaria e seu interior, mas não durou muito. Oseias, o rei vassalo da Assíria, rebelou-se por volta de 724 AEC. Ele havia se aliado com o rei So' do Egito, mais conhecido como rei Piankhy da 25ª Dinastia Cushita.

Salmanaser V, rei da Assíria, veio para atacar Oseias, que tinha sido seu vassalo e lhe pagava tributos. Mas o rei da Assíria descobriu que Oseias era um traidor, pois ele deixara de tributar ao rei da Assíria, como fizera ano após ano, e passou a enviar os tributos para So', rei do Egito. Assim, Salmanaser apreendeu o tributo e colocou Oseias na prisão. "Salmanaser, rei da Assíria, marchou contra Oseias e este se submeteu a ele, pagando-lhe tributo. Mas o rei da Assíria descobriu que Oseias o traía: é que este havia mandado mensageiros a Sais, rei do Egito, e tinha deixado de pagar o tributo ao rei da Assíria, como fazia todo ano. Então o rei da Assíria mandou encarcerá-lo e prendê-lo com grilhões" (Bíblia de Jerusalém).

עָלָיו עָלָה שַׁלְמַנְאֶסֶר מֶלֶךְ אַשּׁוּר וַיְהִי־לוֹ הוֹשֵׁעַ עֶבֶד וַיָּשֶׁב לוֹ מִנְחָה:

וַיִּמְצָא מֶלֶךְ־אַשּׁוּר בְּהוֹשֵׁעַ קֶשֶׁר אֲשֶׁר שָׁלַח מַלְאָכִים אֶל־סוֹא מֶלֶךְ־מִצְרַיִם וְלֹא ־אֵ־
הֶעֱלָה מִנְחָה לְמֶלֶךְ אַשּׁוּר כְּשָׁנָה בְשָׁנָה וַיַּעַצְרֵהוּ מֶלֶךְ אַשּׁוּר וַיַּאַסְרֵהוּ בֵּית כֶּלֶא

(2 Reis 17,3-4)

Naquela época, Piankhy governou apenas sobre os territórios cuxitas no sul do Alto Egito, mas ele foi o fundador da poderosa 25ª dinastia, que governou toda a Terra Alta e Baixa do Egito. Seus famosos cavalos cuxitas foram vendidos para Israel, hospedados, adestrados e comercializados a partir de Megiddo. O pedido de ajuda de Oseias não foi respondido e o rei da Assíria invadiu e derrotou aquela que era, então, um reino minúsculo: "No nono ano de Oseias, o rei da Assíria tomou Samaria e deportou Israel para a Assíria, estabelecendo-o em Hala e às margens do Harbor, rio de Gozã e nas cidades dos medos".

בִּשְׁנַת הַתְּשִׁיעִית לְהוֹשֵׁעַ לָכַד מֶלֶךְ־אַשּׁוּר אֶת־שֹׁמְרוֹן וַיֶּגֶל אֶת־יִשְׂרָאֵל אַשּׁוּרָה
וַיֹּשֶׁב אֹתָם בַּחְלַח וּבְחָבוֹר נְהַר גּוֹזָן וְעָרֵי מָדָי

(2 Reis 17,6)

O rei que derrotou Samaria não ficou identificado por nome e os registros assírios contam outra história. Aparentemente, na morte de Salmanaser, apesar de aparentemente Samaria não ter rei, ela conseguira se rebelar novamente, e dessa vez foi Sargão II quem deu o golpe final, extinguindo o reino do norte de Israel em 720 AEC.

De acordo com fontes assírias, 27.290 samaritanos foram deportados para Hala, Habor e Gozã. A derrota final de Samaria está retratada nos relevos na Sala V do palácio de Sargão, em Dur Sharruhen, hoje conhecida como Khorsabad. Uma série de registros duplos nas lajes desse salão documenta as campanhas de Sargão a oeste. Os registros superiores foram mal preservados, exceto pelos relevos nas Lajes 6, 8 e 9, preservados quase em sua altura máxima, mas o registro superior da Laje 7 está faltando. Os lados retos das lajes adjacentes parecem indicar que o registro foi removido intencionalmente. Isso é estranho, e, após minha análise das cenas da campanha, parece que o registro superior da Laje 7 narrava a queda da cidade de Samaria, o que é ainda mais estranho. As lajes 6, 8 e 9, no entanto, mostram cenas da última batalha, retratando a derrocada definitiva do reino do norte de Israel. Algumas torres são visíveis nas Lajes 6 e 8, presumivelmente as da cidade de Samaria, e soldados do reino do norte são mostrados defendendo sua cidade. Alguns deles foram pisoteados até a morte sob os cascos dos cavalos das carruagens assírias, enquanto outros empunhavam em vão uma espada curva distinta, um tipo único que vemos nos relevos que retratam os defensores judaicos de Laquis vinte anos depois (FRANKLIN, 2001b, p. 273, fig. 10.6, laje 6-U; p. 271, fig.7, lajes 8-U e 9-U).

A nova cidade de Sargão foi construída logo após a queda de Samaria, e muitos israelitas foram levados cativos para ajudar a construir e manter Dur-Sharrukin. No entanto, Sargão nunca viveu em sua nova cidade. Como ele fora morto em combate, seu corpo se perdeu no campo de batalha. Sua magnífica nova cidade foi abandonada e muitas vezes me pergunto se foram aqueles refugiados de Samaria que, para alívio, removeram o registro que mostrava sua cidade, uma lembrança amarga do reino do norte de Israel.

Referências

ARAV, R. Final Report on Area A, Stratum V: The City Gate. In: ARAV, R. and FREUND, R. A., eds. *Bethsaida: A City by the Northern Shore of the Sea of Galilee*, v. 4. Kirksville, 2009, MO, p. 1-122.

ASTER, S. Z. The Function of the City of Jezreel and the Symbolism of Jezreel in Hosea 1–2. *Journal of Near Eastern Studies*, 71, 2012, p. 31-46.

ASTER, S. Z. Israelite Embassies to Assyria in the First Half of the Eighth Century. *Biblica*, 2016, n. 97, p. 75-198.

CANTRELL, D. O. Stable Issues. In. FINKELSTEIN, I., USSISHKIN, D., and Halpern, B., eds. *Megiddo IV: The 1998-2002 Seasons*,

V. 2. (Monograph Series of the Institute of Archaeology of Tel Aviv University 24). Tel Aviv, 2006, p. 630-642.

CANTRELL, D. O. *The Horseman of Israel: Horses and Chariotry in Monarchic Israel (Ninth-Eighth Centuries BCE)* (History, Archaeology and Culture of the Levant 1) Winona Lake, IN, 2006.

EHRLICH, C. S. Balaam the Seer: From the Bible to the Deir 'Alla Inscription. In: *TheTorah.com*. 2018. Disponível em: <https://thetorah.com/article/balaam-the-seer-from-the-bible-to-the-deir-alla-inscription>. Acesso em: 21 jan. 2020.

EPH'Al, I. The Samarian(s) in the Assyrian Sources. In: COGAN, M. and EPH'AL, I., eds. *Ah, Assyria...: Studies in Assyrian History and Ancient Near Eastern Historiography Presented to Hayim Tadmor* (Scripta Hierosolymiana 33). 1991, Jerusalem, p. 36-45.

FINKELSTEIN, I. Iron Age Pottery: Levels L-5, L-3, H-5, and H-4. In: FINKELSTEIN, I., USSISHKIN, D., and HALPERN, B., eds. *Megiddo IV: The 1998-2002 Seasons*, V. 1 (Monograph Series of the Institute of Archaeology of Tel Aviv University 24). Tel Aviv, 2006, p. 303-314.

FINKELSTEIN, I., ZIMHONI, O., and KAFRI, A. The Iron Age Pottery Assemblages from Areas F, K, and H and Their Stratigraphic and Chronological Implications. In: FINKELSTEIN, I., USSISHKIN, D., and HALPERN, B., eds. *Megiddo III: The 1992-1996 Season*, V. 1 (Monograph Series of the Institute of Archaeology of Tel Aviv University 18). Tel Aviv, 2000, p. 244-324.

FRANKLIN, N. A Room with a View: Images from Room V at Khorsabad, Samaria, Nubians, the Brook of Egypt and Ashdod. In: MAZAR, A., ed. *Studies in the Archaeology of the Iron Age in Israel and Jordan*. Sheffield, 2001, p. 257-277.

FRANKLIN, N. The Tombs of the Kings of Israel: Two Recently Identified 9th Century Tombs from Omride Samaria. *Zeitschrift des Deutschen Vereins*, 2003, n. 119(1), p. 1-11.

FRANKLIN, N. Samaria: From the Bedrock to the Omride Palace. In: *Levant.* 2004, n. 36, p. 189-202.

FRANKLIN, N. Correlation and Chronology: Samaria and Megiddo Redux. In: LEVY, T. E. and HIGHAM, T. (Ed.). *The Bible and Radiocarbon Dating: Proceedings of a Conference at Yarnton Manor, Oxford.* London, 2005, p. 310-322.

FRANKLIN, N. Revealing Stratum V at Megiddo. In: *Bulletin of the American Schools of Oriental Research*, 2006, n. 342, p. 95-111.

FRANKLIN, N. (2008a). Jezreel: Before and After Jezebel. In: GRABBE, L. L., ed. *Israel in Transition: From Late Bronze II to Iron IIA (c. 1250-850 BCE)*, V. 1: *The Archaeology* (An Arts and Humanities Research Council Conference). New York and London. 2008, p. 45-53.

FRANKLIN, N. (2008b). Trademarks of the Omride Builders? In: FANTALKIN, A. and YASUR-LANDAU, A., eds. *Bene Israel: Studies in the archaeology of Israel and the Levant during the Bronze and Iron Ages Offered in Honour of Israel Finkelstein.* Leiden and Boston, 2008, p. 45-54.

FRANKLIN, N. 2017. Entering the Arena: The Megiddo Stables Reconsidered. In: LIPSCHITS, O., GADOT, Y., and ADAMS, M., eds. *Rethinking Israel: Studies in the History and Archaeology of Ancient Israel in Honor of Israel Finkelstein.* Winona Lake, IN, 2017, p. 87-101.

FRANKLIN, N. Megiddo and Jezreel Reflected in the Dying Embers of the Northern Kingdom of Israel. In: HASEGAWA, S., LEVIN, C., and RADNER, K., eds. *The Last Days of the Kingdom of Israel* (Beihefte zur zeitschrift fur die alttestamentliche Wissenschaft). Berlin, 2019, p. 189-208.

FREVEL, C. State Formation in the Southern Levant: The Case of the Arameans and the Role of Hazáel's Expansion. In: BERLEJUNG, A. and MAEIR, M. A., eds. *Research on Israel and Aram* (Orientalische Religionen in der Antike 34). Tübingen, 2019.

GAL, Z. *Lower Galilee during the Iron Age.* Winona Lake, IN.1992.

GUY, P. L. O. *New Light from Armageddon: Second Provisional Report (1927-29) on the Excavations at Megiddo in Palestine* (Oriental Institute Communications 9). Chicago, 1931.

IBRAHIM, M. M. and KOOIJ, G. van der. The Archaeology of Deir Alla Phase IX. In: HOFTIJZER, J. and KOOIJ, G. van der, eds. *The Balaam Text from Deir Alla Re-evaluated: Proceedings of the International Symposium Held at Leiden 21-24 August 1989.* Leiden, 1991, p. 16-29.

JOFFE, A. H., CLINE, E. H., and LIPSCHITZ, O. Area H. In: FINKELSTEIN, I., USSISHKIN, D., and HALPERN, B., eds. *Megiddo III: The 1992-1996 Season,* V. 1 (Monograph Series of the Institute of Archaeology of Tel Aviv University 18). Tel Aviv, 2000, p.142-150.

LAMON, R. S. and SHIPTON, G. M. *Megiddo I: Seasons of 1925-34, Strata I-V* (Oriental Institute Publications 42). Chicago, 1939.

LONDON, G. Forthcoming. *Excavations at Tel Jezreel* (ASOR Annual 73).

NA'AMAN, N. Historical and Literary Notes on the Excavation of Tel Jezreel. *Tel Aviv,* 1997, n. 24, p. 122-128.

NA'AMAN, N. A New Outlook at Kuntillet 'Ajrud and Its Inscriptions. *MAARAV,* 20(1) (2013), 2015, p. 39-51.

ORNAN, T. Sketches and Final Works of Art: The Drawings and Wall Paintings of Kuntillet 'Ajrud Revisited. *Tel Aviv,* 2016, n. 43, p. 1-26.

REISNER, G. A., FISHER, C. S., and LYONS, D. G. *Harvard Excavations at Samaria 1908-1910,* 2 vols. (Harvard Semitic Series). Cambridge, MA, 1924.

ROLLSTON, C. Scripture and Inscriptions: Eighth-Century Israel and Judah in Writing. In: FARBER, Z. I. and WRIGHT, J. L., eds. *Archaeology and History of Eighth-Century Judah (Oded Borowski Festschrift).* Atlanta, 2018, p. 457-473.

SIDDALL, L. R. The Reign of Adad-nūrārī III: An Historical and Ideological Analysis of an Assyrian King and His Times. Leiden. 2013.

TADMOR, H. *The Inscriptions of Tiglath-Pileser III King of Assyria. Critical Edition, with Introductions, Translations and Commentary.* Jerusalem, 1994.

USSISHKIN, D. The Credibility of the Tel Jezreel Excavations: A Rejoinder to Amnon Ben-Tor. *Tel Aviv.* 2000, n. 27, p. 248-256.

USSISHKIN, D. and WOODHEAD, J. 1994. Excavations at Tel Jezreel 1992-1993: Second Preliminary Report. *Levant*, 1994, n. 26, p. 1-48.

YADIN, Y. Megiddo of the Kings of Israel. *Biblical Archaeologist.* 1970, n. 33, p. 66-96.

YADIN, Y. A Note on the Stratigraphy of Israelite Megiddo. *Journal of Near Eastern Studies* 1973, n. 32, p. 330ss.

ZARZECKI-PELEG, A. Hazor, Jokneam and Megiddo in the Tenth Century BCE. *Tel Aviv*, 1997, n. 24, p. 258-288.

ZARZECKI-PELEG, A. *Yadin's Expedition to Megiddo: Final Report of the Archaeological Excavations (1960, 1966, 1967, and 1971/2 Seasons)* (Qedem 56). Jerusalem, 2016.

A história da chamada "arqueologia bíblica"

*José Ademar Kaefer**

Introdução

Querer apresentar sucintamente a história da chamada "arqueologia bíblica" é uma pretensão grande, mas necessária. Desde seu início, nas últimas décadas do século XIX, até o presente momento, a "arqueologia bíblica" acumula nada menos que um século e meio de história. Uma história muito intensa, de constantes novas descobertas, de calorosos debates internacionais, de notícias diárias, de publicação de um incontável número de artigos, livros etc. Uma história que envolveu várias nações, centros universitários, Igrejas, às vezes trabalhando conjuntamente, às vezes em disputa. Uma história de muito investimento econômico, de intrigas políticas, de lucros e perdas. Uma história, sobretudo, ideológica.

Por isso, diante desse panorama complexo e incitante, iremos nos apoiar em outras publicações que já se aventuraram nessa empreitada de contar a história da chamada "arqueologia bíblica". Nesse particular, apontamos as obras de Davis W. Thomas (2004) e Peter Roger Stuart Moorey (1991), entre muitas outras, como principais referências. Evidentemente, a apresentação será sempre parcial, com hermenêutica, conhecimento, adendos, ênfases em particularidades de

---

* Doutor em Sagradas Escrituras; professor titular de AT do Programa de Pós-graduação em Ciências da Religião – UMESP; pesquisador FAPESP; coordenador do grupo de pesquisa "Arqueologia do Antigo Oriente Próximo" (http://portal.metodista.br/arqueologia); e-mail: jademarkaefer@gmail.com.

interesse e experiências em escavações próprias. Uma limitação da qual nenhum/a autor/a tem como se eludir. Por isso, pedimos a compreensão do leitor e da leitora.

Por que arqueologia? Para o estudo bíblico, principalmente literário, não há necessidade da arqueologia. Aliás, essa tem sido a tendência da pesquisa no campo bíblico nas últimas três décadas. Existem muitas e boas obras bíblicas que não utilizam uma vez sequer a palavra "arqueologia". Por que, então, a arqueologia? Por causa da história! Por causa do interesse pelo contexto histórico em que surgiram os textos bíblicos e aquele a que suas narrativas se referem. Entende-se por contexto histórico não somente a economia, a política, a religião etc. de terminado período e local como também todo o entorno cultural, ritos, mitos, tradições, costumes de vários e diferentes povos ligados direta ou indiretamente ao mundo bíblico. A arqueologia ajuda a abrir, a estender o alcance do conteúdo bíblico. Ela ajuda a conhecer e a interagir com outras formas de transmissão cultural, como a iconografia, a epigrafia etc. Enfim, a arqueologia ajuda a libertar o texto bíblico do próprio texto bíblico.

Mas a arqueologia também pode fazer o movimento inverso, dependendo tudo de como se faz arqueologia e para que fim. Se foi o interesse pelo contexto histórico dos escritos bíblicos que levou a chamada "arqueologia bíblica" ao mais alto patamar, foi também o contexto histórico que causou sua queda. É o que veremos no decorrer desta apresentação.

1. Conceitos

Para poder se acercar melhor à trajetória da chamada "arqueologia bíblica" é necessário certo domínio dos conceitos relativos à história da região onde a Bíblia se formou. Por exemplo, "Terra Santa", um conceito criado pelo cristianismo bizantino, não se refere somente ao território que tradicionalmente é identificado com Israel e Judá (אֶרֶץ הַקּוֹדֶשׁ), mas

A história da chamada "arqueologia bíblica"

inclui toda a região do que hoje é a Jordânia. Ou mesmo quando nos referimos a Israel, de que Israel se está falando? Do Israel Norte, de antes da invasão assíria de 720/722 AEC, a *Bit Humri* (Casa de Omri), ou do Israel de depois da invasão assíria, quando Judá também se torna Israel (KAEFER, 2020, p. 391-409)? Quando nos referimos a Judá, estamos falando da Judá de antes do exílio (587-538) ou da Judá de depois do exílio, conhecida como a Judá persa (538-333), a *Jehud Parvak* (Província de Judá), ou ainda da Judá helenista e hasmoneia? Quando nos referimos à Palestina, ou mesmo à "arqueologia palestinense", de que região se está falando? Aliás, é muito comum ver nos livros de arqueologia publicados até mais ou menos a década de 1980 se referirem às escavações da Palestina. Hoje, os livros raramente falam de escavações na Palestina. Parece que se evita o uso do termo. Ou seja, houve uma grande mudança na linguagem, que, evidentemente, influencia no modo de pensar do leitor e da leitora.

O conceito empregado hoje para melhor se referir a toda a região que envolve direta ou indiretamente as terras da Bíblia é Levante. E será essa a terminação que iremos adotar em nossa apresentação.

2. Os primórdios da chamada "arqueologia bíblica"

Depois da guerra judaica (67-72/73), quando Jerusalém foi conquistada e o templo destruído pelo general e futuro imperador romano Tito (*Titus Flavius Caesar Vespasianus Augustus*), os judeus ficaram sem estado, fenômeno que é conhecido como a "segunda diáspora". Com a guerra, o fim do estado judeu e a migração, a identificação de muitos lugares na Palestina foi se perdendo. Somente com o edito de Constantino, em 313 da nossa era, que autorizou, entre outras coisas, a peregrinação à "Terra Santa", é que começa o retorno e a busca pelos "lugares sagrados". Porém, depois de três séculos, ninguém mais sabia com segurança onde ficava o quê. Evidentemente que a perda da identificação de muitos lugares abrange um processo histórico muito mais amplo e complexo, porém, a conquista romana de 70 e a consequente perda da terra do povo judaíta foram decisivas.

Após o edito de Constantino começa um forte movimento de peregrinação à "Terra Santa", principalmente de cristãos. Nessa leva, uma peregrina espanhola se destaca. Seu nome é Egeria (*Aetheria*). Ela escreveu uma espécie de diário de viagens, que consta ser do final do século IV EC, onde ela cita várias localidades por onde passou. Esse diário tem sido um auxílio na busca pela localização e identificação dos sítios pelos historiadores.

O maior movimento cristão para a "Terra Santa", com a construção de igrejas por toda parte, foi testemunhado no período da Palestina bizantina (séc. IV-VII). Por esse tempo, uma comunidade cristã em Mádaba, atual Jordânia, confeccionou um impressionante mapa da Terra Santa no piso de sua igreja. Cerca de treze séculos depois, precisamente em 1894, outra comunidade, essa da Igreja ortodoxa, começou a fazer a restauração da igreja de São Jorge, construída sobre as antigas ruínas da igreja bizantina. Ao escavar o subsolo, os trabalhadores deram com o antigo mapa bizantino. Parte do mapa havia sido destruída, acredita-se que pelos muçulmanos que reinaram sobre a Jordânia a partir do século VII EC. Outra parte foi destruída pelos trabalhadores, antes de se darem conta do achado. O que resta do mapa é todo confeccionado com mosaicos, com caracteres bizantinos e inscrições em grego.

O mapa está orientado do oeste para o leste, e não do sul para o norte, como os mapas modernos. A ausência de edifícios após 470 EC autoriza a situar o mapa, com boa probabilidade, por volta do ano 450 EC. É, por conseguinte, o mapa mais antigo da Terra Santa de que se tem conhecimento. Ele serviu não só para a orientação dos peregrinos à Terra Santa como também aos historiadores e arqueólogos para localizar diversos sítios. Portanto, o diário da peregrina Egeria e o mapa de Mádaba foram as duas principais fontes que auxiliaram os primeiros historiadores a localizar determinados lugares.

A história da chamada "arqueologia bíblica"

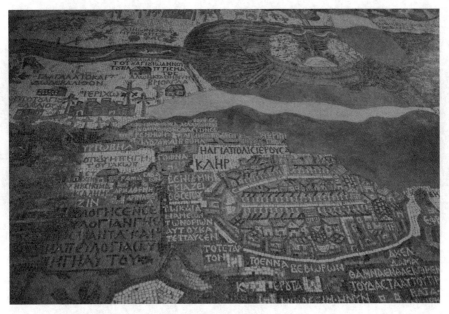

Mapa do subsolo da igreja de São Jorge, em Mádaba (gentileza de María Luján Manzotti). Atente para os peixes subindo e descendo o rio Jordão.

2.1 Edward Robinson e a identificação dos primeiros sítios

Foi exatamente a localização de cidades e sítios, na década de 1840, a tarefa do primeiro "arqueólogo bíblico". Seu nome: Edward Robinson (1794-1863). Na verdade, mais que arqueólogo, Edward Robinson foi uma espécie de geógrafo. É ele o responsável pela identificação de grande parte dos sítios arqueológicos da Palestina. Como a sua formação foi no campo da linguística, Robinson era mestre em associar os nomes das aldeias antigas. E era assim, conversando com antigos moradores e associando o nome moderno com a raiz da forma antiga do nome do vilarejo, que ele chegava às suas conclusões. Boa parte dos sítios identificados por Robinson se encontra no norte da Palestina, no Planalto Central da antiga Canaã, como Gibeon (*el-Jib*), que era a região mais distante dos grandes centros. Em alguns casos houve equívocos, como o caso de Ai (*Et-Tell*), que ele afirmou ser Khirbet Haijah, e Gibeah (*Tell el-Full*). Ainda assim, acredita-se que Robinson tenha identificado corretamente em torno de 50 a 55 sítios (DAVIS, 2004); identificação essa ainda aceita até hoje pelos arqueólogos.

As expedições de Robinson tiveram apoio da realeza inglesa, que via em seu trabalho uma espécie de mapeamento do território palestino, o que beneficiava o interesse inglês em desenvolver o comércio no Levante. O trabalho de Robinson ajudou para que, em 1849, duas expedições, uma inglesa e outra estadunidense, mapeassem pela primeira vez todo o Jordão e o mar Morto. Foi então que se confirmou o nível de depressão do mar Morto. Conta-se que os ingleses, ao esquentar a água para o chá, perceberam que ela demorava muito para entrar em ebulição. Concluíram, então, que a causa só poderia ser o nível de depressão abaixo do mar (400 metros).

Edward Robinson nasceu em 1794, em uma família tradicional e religiosa. Seu pai era pastor, de quem recebeu uma formação clássica. Licenciou-se em gramática hebraica e se especializou no campo da linguística. Tornou-se amigo do famoso professor alemão Wilhelm Gesenius, de quem publicou sua gramática hebraica para o inglês. Contudo, Robinson tinha um grande interesse pela geografia, em particular pela geografia bíblica. Interesse esse que o levou em 1837 ao Cairo, onde se dedicou ao estudo da geografia e da localização de sítios. No ano seguinte (1838) viajou para Jerusalém, onde passou um tempo estudando a estrutura da cidade (DAVIS, 2004, p. 4-11). Na sua permanência em Jerusalém, identificou o que hoje é conhecido como o "Arco de Robinson", um arco de pedra construído por Herodes o Grande, na parte sudeste do muro da Jerusalém antiga, onde se encontra atualmente o cemitério palestino. O arco foi construído para dar acesso ao templo por essa entrada da cidade. A base do arco ainda pode ser facilmente identificada hoje em dia, quando vista a partir do alto do monte das Oliveiras. No mesmo ano (1838), Robinson identificou o famoso Túnel de Ezequias, construído na revolta contra a Assíria para trazer água da fonte de Gion para dentro da cidade (2Rs 20,20; 2Cr 32,2-4.30; Eclo 48,17); túnel que hoje em dia continua aberto para visitas (KAEFER, 2012, p. 11). Robinson só não encontrou a inscrição dentro do túnel, que relata o encontro dos dois grupos de escavadores. A inscrição foi descoberta mais tarde.

A história da chamada "arqueologia bíblica"

Arco de Robinson.

Edward Robinson era um estudioso com fortes princípios fundamentalistas da religião. Homem de fé, para ele a Bíblia era uma fonte histórica segura. Seu interesse de se dirigir à Palestina foi para comprovar essa verdade, ainda que, como homem estudioso, a disparidade entre os fatos narrados na Bíblia e as evidências encontradas em sua pesquisa pudessem causar certo desconforto para a sua fé. Mas como seu interesse principal era a localização dos sítios, isso não conflitava muito com a sua visão bíblica conservadora. Afinal, local não significa evidências dos fatos e datação, para as quais a arqueologia ainda não tinha critérios definidos nem o auxílio das ciências modernas.

Enfim, pode-se dizer que com Edward Robinson nasce o que se convencionou chamar de "arqueologia bíblica", cujo interesse principal visa à fundamentação da verdade da Bíblia. Ele é o protótipo do arqueólogo bíblico. E não só isso. Com Robinson, a arqueologia ganha força, pois ela se mostra uma ferramenta importante na guerra contra as críticas da ciência, particularmente contra o darwinismo (1809-1882). Ainda que estejamos em ambiente inglês, também a Igreja Católica Romana via a nascente arqueologia com bons olhos para a defesa de suas verdades. É nesse ambiente de embate entre as verdades das ciências contra as verdades da teologia que acontece o Concílio Vaticano I, do Papa Pio IX (1869-1870). Daí que, poucos anos depois, em 1893, o Papa Leão XIII publica a encíclica *Providentissimus Deus*, que objetiva proteger a interpretação católica da Bíblia contra os ataques da ciência racionalista. Curiosamente, cinquenta anos depois, em 1943, o Papa Pio XII publica a encíclica *Divino afflante Spiritu*, a qual, ao contrário, visa defender a interpretação católica que utiliza a ciência contra os ataques de uma corrente "espiritual", surgida na Itália, defensora de uma interpretação não científica (PONTIFÍCIA COMISSÃO BÍBLICA, 1994). Na carta encíclica, o sumo pontífice incentiva a tradução da Bíblia para línguas vernáculas, o estudo da crítica textual e o uso do Método Histórico Crítico.

O trabalho de Edward Robinson foi profundamente valorizado pela sociedade tradicional inglesa, a ponto de ser premiado com uma medalha de ouro pela Real Sociedade de Geografia da Inglaterra: "Antes de Edward Robinson, a geografia na Palestina se resumia a contos e boatos de viajantes; depois de Robinson ela entrou no caminho de se tornar uma ciência" (DAVES, 2004, p. 12).

Edward Robinson (1794-1863).

3. A "arqueologia bíblica" cria forma –
Até a Primeira Guerra Mundial

Depois de Robinson, a arqueologia se desenvolve rapidamente, mas não exatamente como Robinson imaginava. Em vez de ampliar a busca por sítios na Palestina, os arqueólogos foram em direção à Mesopotâmia, onde se encontravam os passados grandes impérios da Assíria, Babilônia, Pérsia, ou para o Egito, Grécia e Fenícia. Isto é, mais que fins acadêmicos ou religiosos, o interesse era a busca de riquezas e artefatos de grande valor histórico para abastecer os museus da Europa. Foi assim a primeira fase da arqueologia, em que muitos sítios foram destruídos na busca por riquezas. Centenas de homens eram usados, com ajuda de máquinas para agilizar a escavação, sob a direção de somente um ou dois arqueólogos, com mínima técnica e pouca metodologia. O objetivo era escavar todo o *tel* o mais rápido possível para chegar às camadas que registravam o período de maior desenvolvimento econômico do Império e, assim, dar retorno financeiro às instituições que financiavam os projetos. Quase se poderia dizer que, em vez de fazer arqueologia, se fazia cavação.

Foi nessa primeira etapa que sítios famosos, como Nínive (Kuyunjik), Kalhau (Nimrud), Dur-Sharrukin (Khorsabad) etc., na Assíria, foram escavados. Grandes e inéditos achados foram feitos, como a famosa biblioteca de Ashurbanipal, com milhares de tabletes, o relevo assírio de 27 metros da conquista de Laquis por Senaquerib, que, aliás, dado ao seu tamanho, foi necessário cortá-lo em partes para poder transportá-lo até o museu de Londres, onde se encontra hoje em dia. No Egito, entre tantas descobertas fantásticas, convém mencionar a descoberta das cartas de Tell el-Amarna (1889-1892), por William Matthew Flinders Petrie (KAEFER, 2020). Tiro, Sidônia e Biblos, cidades da região costeira, são escavadas pelos franceses, cujos arqueólogos tiveram livre acesso depois de a França invadir o Líbano em 1860. A Inglaterra, que em 1880 invadiu o Egito, por sua vez, tinha maior acesso à Palestina, com particular interesse em Jerusalém. Ou seja, a política e a disputa pelo controle de territórios por parte das potências europeias, principalmente entre França e Inglaterra, também se estendeu para o campo da arqueologia. Isto é, países europeus, depois também os EUA, criam-se no direito de tomar conta do Antigo Oriente Próximo e explorar sua riqueza cultural histórica. William Albright, em um artigo publicado em 1921, afirma que: "A Terra Santa e suas antiguidades são posses do mundo inteiro, e todos deveriam colaborar em sua recuperação e compartilhar sua propriedade" (ALBRIGHT, 1921, p. 10. Tradução do autor).

3.1 A fundação da PEF (Fundo para a Exploração da Palestina)

O grande êxito do trabalho de Edward Robinson foi convencer a realeza inglesa da importância da arqueologia. A rainha inglesa percebeu que a arqueologia seria um braço importante não só para questões religiosas e defesa de suas tradições culturais, como também também para mapeamento, ocupação e controle territorial, e consequente desenvolvimento comercial da Palestina. Porém, fazer arqueologia teve desde o início um custo econômico alto. Cientes disso, três poderes da sociedade inglesa se uniram a fim de criar um fundo para escavar a Palestina: a monarquia, pelo interesse político; a Igreja, pela fundamentação da religião; e os grandes industriais, pelo desenvolvimento comercial. Essa tríade, realeza (rainha Vitória), Igreja de York e grandes industriais de Londres, fundou em 1865 a PEF (Fundo para a Exploração da Palestina). Começa, então, aos poucos, uma nova etapa da arqueologia palestinense, mais científica e metodológica, com auxílio da geografia, da geologia, da história natural etc., com experiências adquiridas na escavação de grandes sítios na Mesopotâmia, no Egito e na costa mediterrânea. Em termos de "arqueologia bíblica", contudo, o objetivo continuava o mesmo: fundamentar e ilustrar os fatos da Bíblia diante da crítica das ideias iluministas.

Os responsáveis da PEF por conduzir as escavações em Jerusalém eram oficiais da engenharia real. O primeiro foi o engenheiro Charles Wilson, que mais tarde foi substituído por outro engenheiro, Charles Warren. Uma vez que a arqueologia ainda estava engatinhando, o traba-

A história da chamada "arqueologia bíblica"

lho desses engenheiros foi muito criticado por arqueólogos posteriores. Por exemplo, para essa época, ninguém ainda dava valor à cerâmica, cujo potencial informativo foi descoberto só mais tarde, por Petrie, em escavações no Egito, como veremos mais adiante. Ou seja, muitos artefatos arqueológicos foram descartados por se desconhecer sua importância. Os engenheiros da realeza teriam destruído mais informações do que fornecido. Por isso, começar em Jerusalém, o local para onde todos os olhos estavam voltados, teria sido um erro (DAVIS, 2004, p. 13).

3.2 A fundação da PES (Sociedade para a Exploração da Palestina)

Apesar das críticas futuras, contudo, a arqueologia estava em franca ascensão, não só na Inglaterra como também em toda Europa e, principalmente, nos Estados Unidos. De tal forma que em 1870 foi fundada nos Estados Unidos a PES (Sociedade para a Exploração da Palestina). Ainda que muito próximas, a PES se diferenciava da PEF. Por trás da última havia um forte interesse político do império inglês. Aqui, talvez, encontremos certa semelhança com o início da arqueologia do futuro estado de Israel, a partir dos anos 1960, cujos primeiros arqueólogos financiados pelo estado serão militares. A PES, por sua vez, concentrou-se mais no propósito religioso, na defesa das verdades da Bíblia. Na "guerra" contra as ciências, as descobertas arqueológicas eram recorrentemente utilizadas para confirmar o que dizia a Bíblia. Por trás de toda essa preocupação se encontrava o embate entre as verdades das ciências, particularmente o darwinismo (1809-1882), e as verdades da teologia (Igreja).

Havia grande preocupação em que os arqueólogos que trabalhassem na PES tivessem forte identificação com a Bíblia. Ou seja, a questão da política territorial e comercial não era preocupação da PES, como o eram da PEF; essa era uma das diferenças entre elas. No entanto, não havia disputa entre ambas, ao contrário, elas eram aliadas. De tal forma que os ingleses deram total abertura para que os arqueólogos estadunidenses escavassem na Transjordânia (Jordânia). Em síntese, com a PES, em sintonia com os ideais do pioneiro Edward Robinson, a "arqueologia bíblica" vai sendo configurada. Todo esse arcabouço político e religioso anticiência apontado acima será a base sobre a qual será edificada a "arqueologia bíblica".

3.3 A SBA (Sociedade de Arqueologia Bíblica)

Apesar da demanda crescente por dinheiro que a arqueologia exigia, o que levou as associações PEF e PES às crises, a "arqueologia bíblica" estava em plena ascensão. O interesse pelas novas descobertas aumentava cada vez mais. As escavações traziam muitas e novas informações, que precisavam ser depuradas. Essa demanda faz surgir a Sociedade de Arqueologia Bíblica (SBA), que foi fundada em Londres, em 1870. Ou seja, como diz seu nome, a "arqueologia bíblica" se institucionaliza, enfim. Como não podia ser diferente, a SBA deu grande impulso à "arqueologia bíblica", com maior rigor científico nas escavações, com novos métodos, com aumento de publicações etc. Com isso, pouco a pouco, a arqueologia deixa de ser uma caça a tesouros para ser uma disciplina de investigação científica.

Com a arqueologia aumentou o interesse pela história do Antigo Oriente Próximo. A partir da arqueologia e da história aumentou também o interesse pelo estudo da Bíblia, no âmbito da filologia, da linguística, da epigrafia etc. Se a Bíblia foi um propulsor da arqueologia, esta, vice-versa, impulsionou o estudo bíblico.

3.4 A arqueologia e a crítica literária da Bíblia

Ainda que com a SBA houvesse um avanço para uma compreensão mais ampla e aberta do estudo bíblico, a SBA não se desvencilhou do fundamentalismo científico no qual fora gestada. O próprio nome "Sociedade de Arqueologia Bíblica" definia o limite de sua compreensão da arqueologia e da Bíblia. Se na Inglaterra o fundamentalismo bíblico ganhava novo vigor, avivado pela crise da Igreja Vitoriana, na Alemanha crescia o estudo da crítica literária da Bíblia, que rejeita a historicidade literal da Bíblia. Uma das principais referências da crítica literária eram as ideias do filósofo alemão George Wilhelm Friedrich Hegel (1777-1831).

Mas quem melhor sintetizou as novidades da crítica literária foi Julius Wellhausen (1844-1918). Foi ele quem deu corpo à teoria dos documentos das quatro fontes do Pentateuco, que foi mais tarde foi mais bem organizada pelo também alemão Gerhard Von Rad (1901-1971).

Julius Wellhausen (1844-1918)

O embate entre as ideias conservadoras da "arqueologia bíblica" inglesa e estadunidense e as ideias liberais alemãs vai pouco a pouco minando o campo acadêmico. Archibald Sayce, presidente da SBA, publicou uma série de contestações às teses de Wellhausen, em que ele utiliza as descobertas arqueológicas, como as cartas de Tell el-Amarna, escritas em acádico, para, por exemplo, defender que era perfeitamente possível que no tempo de Moisés escribas hebreus tivessem acesso à escrita para a composição do Pentateuco (DAVIS, 2004, p. 23-26).[1]

---

[1] Suas obras de referência na contestação às teses de Wellhausen são: *The "Higher Criticism" and the Verdict of the Monuments*; e *Patriarchal Palestine* (1895). Por exemplo, Sayce rejeita o uso do termo "filisteus" no livro de Gênesis (Gn 10,14; 21,32.34; 26,1.8.14.15.18), pois estava convencido de que os filisteus não tinham presença tão cedo na Palestina.

Ironicamente, o que sucede, em síntese, é que a "arqueologia bíblica" nasce com o objetivo de auxiliar o estudo bíblico na luta contra as ideias iluministas, que desafiavam as verdades da Bíblia e da teologia. No entanto, a crítica literária alemã, que se caracteriza pelo rigor exegético, associa-se às ideias das ciências modernas liberais (iluminismo), o que vai gerar uma forte crise entre a "arqueologia bíblica" e a exegese bíblica. Esse conflito entre ambas vai fazer com que cada uma busque seu próprio caminho, atitude que, em nossa visão, não irá favorecer o estudo bíblico nas décadas seguintes.[2]

3.5 William Matthew Flinders Petrie e a descoberta da cerâmica

O interesse pelas grandes cidades históricas da Mesopotâmia, Egito, Grécia etc., em busca de tesouros, foi de certa forma benéfica para a arqueologia palestinense. Com isso, os arqueólogos foram adquirindo experiência e desenvolvendo novas técnicas, que serão mais tarde utilizadas na Palestina, praticando uma arqueologia menos destrutiva. Foi o caso de William Matthew Flinders Petrie, um egiptólogo nascido em Charlton, Inglaterra, que se tornou um marco para o estudo da estratigrafia. Flinders Petrie iniciou sua exitosa carreira de arqueólogo escavando importantes sítios na Inglaterra, como o Stonehenge. Mas sua grande atividade foi no Egito, onde coordenou as escavações de importantes e grandes monumentos em Memfis, Tebas etc. Foi Flinders Petrie que escavou a maior parte das famosas cartas encontradas em Tell el-Amarna (Aketaton), a cidade de Akenaton.

Flinders Petrie foi o primeiro diretor do Fundo de Exploração Egípcia (EEF), criado em 1883 pela Inglaterra para a exploração do Egito. A grande contribuição de Petrie foi no estudo da classificação dos estratos arqueológicos (estratigrafia). Foi ele quem descobriu a importância da cerâmica para as datações. Ao escavar um cemitério pré-histórico em

---

[2] Curiosamente, hoje os defensores da denominada "arqueologia bíblica", também denominados de "maximalistas, aferram-se em defender a teoria das fontes de Wellhausen, considerada já superada pela moderna crítica literária.

A história da chamada "arqueologia bíblica"

Diospolis Parva, no Alto Egito, Petrie percebeu as grandes diferenças nos potes de cerâmica junto aos restos mortais nas tumbas. Através da análise da cerâmica, Petrie conseguiu datar a sequência cronológica dos diferentes tipos/estilos de potes. Sua análise da sequência tipológica se fixou prioritariamente no estilo/forma da alça dos potes de cerâmica. Essa foi a grande revolução de Petrie, prática ainda muito utilizada hoje na arqueologia. O sítio na Palestina onde Petrie pôs em prática seus métodos desenvolvidos no Egito foi o Tell el-Hesi, localizado a sudoeste de Gat, no sul da Palestina; escavação essa que virou referência para a futura arqueologia palestinense.

3.6 Tel Gezer e o sensacionalismo da "arqueologia bíblica"

O método introduzido por Petrie na Palestina será logo adotado por vários arqueólogos. É o caso de Frederick Bliss, que continuaria as escavações no Tell el-Hesi, quando Petrie retorna à Inglaterra. Mas a nova técnica de Petrie não impediria a mentalidade sensacionalista de muitos "arqueólogos bíblicos". É o caso, por exemplo, de Robert Alexander Stewart Macalister, que escavou a famosa Gezer, de 1902 a 1909. O Tel Gezer é um sítio arqueológico de 33 acres, um dos maiores sítios da Palestina. Além do tamanho, Gezer era muito cobiçada por sua importância histórica. Sua localização perto da Via Maris lhe dava um papel preponderante para o controle da região. Por isso, ela consta em vários registros egípcios, como o do templo de Karnak, que relata a conquista de Gezer por Tutmosis III, em 1466 AEC, ou a conquista na famosa estela do faraó Mernepta, no final do século XIII AEC (KAEFER, 2012, p. 23-25). De Gezer também são encontradas várias cartas em Tell el--Amarna, escritas pelo então governante de Gezer, Milkilu (KAEFER, 2004, p. 127-134). Mas Gezer também é importante por sua menção na Bíblia, como tendo sido reconstruída por Salomão (1Rs 9,15-17). Usando o sistema de corte transversal em valas, Macalister queria ter uma visão total do sítio. Mas isso se fez difícil, devido ao tamanho do *tel*. Trabalhando em média com duzentos homens, sob a coordenação de um só arqueólogo, os trabalhos foram mais destrutivos do que produtivos, causando sérios danos para a classificação da estratigrafia, que, dada à longa história de ocupação do sítio, era bastante complexa. A escavação de Macalister causou grandes danos ao *tel*, dificultando em muito as escavações para as gerações futuras.

Macalister fez de Gezer uma referência para a propaganda sensacionalista da "arqueologia bíblica", a ponto de o sítio se tornar parada obrigatória para o turismo religioso. Extraordinariamente chamativas eram as dez enormes *mazebot* (estelas), algumas chegando a medir sete metros de altura, que ali foram escavadas. Divulgava-se que ali existia um enorme santuário dos abomináveis ritos cananeus. Ao se escavar alguns esqueletos perto do local, bastou para comprovar os sacrifícios humanos que ali eram praticados. Mas também se dizia que seria possível que as *mazebot* fossem uma referência a gigantes filisteus que teriam vivido na região, a exemplo de Golias (1Sm 17) (DAVES 2004, p. 34). Certo ou errado, Gezer era fundamental para obter fundos para a arqueologia, e isso, em última instância, era o que importava.

As *mazebot* de Gezer, gastas pelo tempo, mas ainda impressionantes (Foto: autor).

3.7 A escavação alemã e francesa na Palestina

A participação alemã na escavação da Palestina pré-primeira guerra mundial deu-se particularmente através da boa relação do Kaiser

A história da chamada "arqueologia bíblica"

Wilhelm com o governo otomano. As primeiras escavações alemãs, no entanto, aconteceram na Grécia, na década de 1870. Um dos arqueólogos de referência foi Gottlieb Schumacher, um engenheiro de família alemã, nascido nos EUA e formado em Stuttgart. Schumacher, depois de participar em escavações na Jordânia, participou com E. Sellin da escavação do Tell Ta'annak. Após o Tell Ta'annak, Sellin levou o arqueólogo Carl Watzinger, que também tinha escavado em Olímpia, para escavar Jericó (Tell es-Sultan), de 1907 a 1909 e 1911. Com ele veio uma considerável equipe de arquitetos, para não repetir os erros anteriores, de pouca gente. O sítio criara muita expectativa. Usando o método de valas, uma grande estrutura foi encontrada em Jericó. Mas também aqui a datação não era precisa, como o caso da enorme torre situada no período neolítico, 6 mil AEC, e das famosas muralhas atribuídas à conquista de Josué (Js 6). Depois de Ta'annak, Schumacher escavou Megiddo (Tell el-Mutesillim), de 1903 a 1905. Usando o mesmo método, Schumacher escavou uma vala de 20 a 25 metros de profundidade que cruzava todo o *tel* de norte a sul (USSISHKIN, 2018). A crítica a Schumacher em Megiddo se assemelha à de Gezer, de querer escavar todo um enorme sítio, de ocupação milenar, com centenas de escavadores, sob a coordenação de um só arqueólogo. Depois de 1905, a escavação de Megiddo foi interrompida e somente retomada após a Primeira Guerra Mundial, com a grande escavação financiada pela Universidade de Chicago.

A participação francesa na escavação da Síria se deu mais intensamente após a Primeira Guerra Mundial, como na escavação de Biblos, em 1921, e de Ugarit, em 1929, como se verá mais adiante. No entanto, foram os franceses os primeiros a estabelecer um instituto científico bíblico-arqueológico na Palestina. Em 1890, a congregação dominicana fundou no convento St-Étienne, em Jerusalém, a École Biblique (*École Pratique d'Études Bibliques*), sob a coordenação do padre e filólogo Marie-Joseph Lagrange. Depois de Lagrange, várias gerações de arqueólogos e linguistas se seguiram, como Rondald de Vaux, que conduziu as escavações de Khirbet Qumrã, descobertas em 1947.

José Ademar Kaefer

3.8 George A. Reisner e a escavação de Samaria (Sebastia)

Como visto acima, o interesse pela "arqueologia bíblica" estava em plena ascensão nos EUA, o que levou, no início do século XX (1900), à fundação da ASOR (American Schools of Oriental Research). Com o apoio da SBL (Society of Biblical Literature), fundada duas décadas antes, a filosofia da ASOR era por uma pesquisa mais crítica, independente e menos apologética em relação aos institutos que a precederam. Contudo, apesar do avanço, a dependência da Bíblia e da teologia, que regia as diretrizes das escolas e das igrejas nos EUA, continuou bem manifesta na ASOR.

A escavação de Sebastia (Samaria), em 1908, com o financiamento da Universidade de Harvard, foi a primeira grande escavação estadunidense na Palestina. Sob a coordenação inicialmente de David Lyon, a escavação começou em 1908, com o objetivo de escavar o sítio na íntegra e em busca de grandes monumentos e ricos achados. A partir de 1909, a escavação passou para a supervisão de George A. Reisner, arqueólogo de Harvard, que tinha larga experiência em escavações no Egito. Além da experiência, Reisner trouxe um grande número de escavadores do Egito. Centenas de pessoas escavavam diariamente a Sebastia, entre elas vários profissionais (DAVIS, 2004, p. 42-43; DE MENDONÇA, 2020, p. 86-89). Reisner introduziu duas grandes novidades na arqueologia. Uma foi a escavação de áreas, em vez de trincheiras, método que ele havia aprendido de Clarence S. Fisher (CLINE, 2017, p. 209), que havia escavado em Nippur, e o qual Reisner adaptou em Sebastia. Outra novidade foi a importância dada ao material orgânico encontrado nas escavações. Segundo Reisner, um *tel* é produto de atividades humanas, por isso a necessidade de se analisar tudo o que foi produzido e deixado pela presença humana no *tel* (REISNER; FISHER; LYON, 1924). Isso colocou Reisner à frente dos demais arqueólogos de seu tempo. Sua metodologia consistia na escavação por áreas, para a classificação mais precisa da estratigrafia, e na pergunta pelas atividades humanas. A tudo isso se somava um sistema de relatório, com registros diários, feito pelos profissionais que acompanhavam a escavação. Devido à contribuição de

A história da chamada "arqueologia bíblica"

Fisher, o método ficou conhecido como Fisher-Reisner. A escavação por área e a atenção aos detritos humanos ainda é fortemente seguida nas escavações hoje em dia.

O início da Primeira Guerra Mundial obrigou a interromper não somente as atividades arqueológicas como também as publicações e produções conjuntas entre escolas alemãs, inglesas, francesas, estadunidenses etc. No pós-guerra, os arqueólogos encontrarão uma nova configuração geopolítica dos territórios do Levante, que afetará direta ou indiretamente a "arqueologia bíblica".

4. A "arqueologia bíblica" após a Primeira Guerra – O protagonismo de Albright

Depois da Primeira Guerra Mundial, os franceses e ingleses dividiram entre si o império otomano. Os franceses ficaram com a Síria e os ingleses, com a Mesopotâmia e a Palestina. O mandato francês durou de 1920 a 1943 e o inglês de 1920 a 1948.

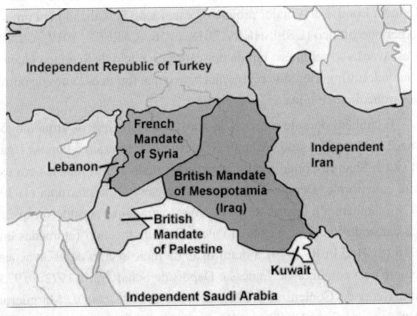

Território do mandado francês (Síria) e do mandado inglês (Mesopotâmia e Palestina).

117

Essa nova configuração geopolítica repercutiu sobremaneira nas escavações do Levante. Se a mudança do domínio otomano para o domínio francês e inglês foi benéfica para a população local, é assunto a ser discutido. Porém, para a arqueologia, parece que sim. Sítios arqueológicos são desapropriados, permitindo acesso irrestrito à escavação. Para o bem ou para o mal, esse fator favoreceu o desenvolvimento da arqueologia. É a chamada "idade de ouro" da "arqueologia bíblica", que vai de 1925 a 1948 (MOOREY, 1991, p. 54). Grandes projetos arqueológicos começam a ser desenvolvidos. O melhor exemplo é Megiddo (*Tell el-Mutesellim*), que havia sido escavado pela Sociedade Alemã para a Exploração da Palestina, com Gottlieb Schumacher (1903-1905), graças à boa relação do governo alemão com o então governo otomano. Depois da guerra, Megiddo passa para o controle inglês, que cede os direitos de escavação ao Instituto Oriental de Chicago. A expedição de Chicago escavou o Tell Megiddo por treze sucessivos anos, de 1925 a 1938. A gigantesca escavação de Megiddo se deu em três etapas, sob a direção de três diferentes arqueólogos: de 1925 a 1927, com Clarence Stanley Fisher; de 1927 a 1935, com Philip Langstaffe Ord Guy; de 1935 a 1938, com Gordon Kenneth Loud. Foi o maior projeto de escavação já realizado em um *tel* do período bíblico (USSISHKIN, 2018, p. 56; KAEFER, 1919, p. 129). A escavação só foi interrompida por causa do início de Segunda Guerra Mundial. Enfim, Megiddo representa bem o que foram os "anos de ouro" da "arqueologia bíblica".

É também durante a época de ouro, em 1929, que os arqueólogos franceses Rene Dussaud e Claude Schaeffer encontraram a famosa Ugarit (Rash Shamra), onde foram descobertos mais de mil tabletes em escrita cuneiforme. Depois de dez anos de escavação ininterrupta (1929-1938), também ali, Ugarit, as escavações tiveram que ser interrompidas por causa do início de Segunda Guerra Mundial, sendo retomadas em 1948 (SCHAFFER, 1979). Foram mais de meio século de escavações, sempre pela comunidade francesa. Depois de Schaffer, de 1972 a 1973, com Henri de Contenson (1992); de 1975 a 1976 com J. Margueron (1983); e a partir de 1978 com Marguerite Yon (2006). Os resultados das

A história da chamada "arqueologia bíblica"

escavações de Ugarit mudaram a compreensão que se tinha da cultura religiosa do Levante, principalmente de Israel e Judá.

Um arqueólogo que se destacará nesse período de ouro da "arqueologia bíblica" será William Foxwell Albright (1891-1971).[3] Segundo Feinman, Albright pode, sem temor, ser chamado de o pai da "arqueologia bíblica" (FEINMAN, 2004). É com Albright que a "arqueologia bíblica" começa a adquirir sua plena identidade. Até Albright, portanto, até a Primeira Guerra Mundial, a arqueologia na Palestina pode ser identificada em geral como aventureira: identificações dos locais e caça por ricos artefatos etc.

A primeira escavação de Albright foi em Asquelon, coordenada por Garstang e Phythian-Adams (1920-1922). Depois se seguiram outras. Em 1922-1923 escavou o Tell el-ful (Gibeah de Saul), sítio onde, em 1964, o rei Hussein da Jordânia queria construir um palácio de verão. De 1924 a 1932, Albright escavou o Tell Beit Mirsim (MOOREY, 1991, p. 54-78). A escavação do Tell Beit Mirsim foi uma mais longas de Albright. Nela, participaram dois alunos de Albright, que seriam conhecidos mais tarde: o alemão Nelson Glueck e o estadunidense John Bright (DAVIS, 2004, p. 68). Ainda que John Bright fosse mais historiador bíblico que arqueólogo, ambos se tornaram uma espécie de representantes do que viria a ser a futura "arqueologia bíblica".

O Tell Mirsim, pela história de suas sucessivas destruições, foi muito importante para o estudo de Albright, em especial para a classificação da cerâmica. Em suma, Albright adaptou na escavação do Tell Mirsim o método Fisher-Reisner, de escavação por área (Fisher), e o sistema de relatório/registro (Reisner). Albright acrescentou a este método um minucioso estudo da cerâmica. A análise da cerâmica e dos artefatos encontrados, do mais simples ao mais complexo, era cuidadosamente registrada. Para isso era necessário cada vez mais um maior número de profissionais especializados em diferentes áreas. Ou seja, lentamente novas ciências

---

[3] Nascido em Coquimbo, no Chile. Filho de pais missionários metodistas dos EUA, Albright realizou seus estudos na Johns Hopkins University.

vão sendo acrescidas à arqueologia, que foi uma das novidades introduzidas por Albright, prática em plena ascensão na arqueologia moderna. Enfim, Albright era capaz de enxergar mais longe porque sabia se colocar nos ombros de Fisher (áreas), Reisner (registro) e Petrie (cerâmica).

Albright visava desenvolver a análise de uma tipologia própria da cerâmica do sul da Palestina. E o Tell Mirsim, por ter sofrido sucessivas destruições, tinha uma excelência estratigráfica apropriada para esse fim. Foi assim que ele conseguiu estabelecer uma sequência tipológica da cerâmica para o final do Bronze Médio, Bronze Tardio e Período do Ferro (ALBRIGHT, 1954): "Sobre a rocha da tipologia da cerâmica, Albright construiria o edifício da arqueologia bíblica" (DAVIS, 2004, p. 73). Os princípios da análise da cerâmica da Palestina, estabelecidos por Albright, ainda são válidos até hoje (MARTIN et al., 2020).

Outro aspecto relevante no modo de fazer arqueologia de Albright era que, para ele, a arqueologia da Síria e da Palestina deveria ser entendida e abordada como uma unidade. Além disso, Albright se interessava pelo contexto social, político e religioso do povo, tanto no campo da arqueologia quanto no do texto bíblico. Daí sua conclusão de que o monoteísmo de Israel é oriundo do politeísmo cananeu, como mostrado em sua obra "Javé e os deuses de Canaan" (1968). De certa forma, a abordagem bíblico-arqueológica de Albright bebe da Teoria das Fontes, ao mesmo tempo em que a critica.

Em 1955 Albright foi eleito para a Academia Nacional de Ciências dos EUA.

4.1 O pós-Segunda Guerra Mundial e a crise da "arqueologia bíblica"

Com o início de Segunda Guerra Mundial, a arqueologia no Antigo Oriente Próximo entra novamente em declínio, ainda que a crise já viesse se instalando com a grande crise econômica mundial de 1930. Os investimentos em grandes escavações, como Megiddo e Bet Shean, tiveram que ser reduzidos. Mas, mesmo durante a Segunda Guerra Mundial, alguns

A história da chamada "arqueologia bíblica"

projetos continuavam ativos. É o caso, por exemplo, de Tell el-Kheleifeh (1938-1940), onde escavou Nelson Glueck.

Além da crise econômica, o embate entre a "arqueologia bíblica" e a alta crítica literária, que se havia instaurado com Wellhausen, visto acima, vinha se intensificando. Inclusive dentro do próprio modo de fazer arqueologia, uma vez que a visão crítica faz parte de todo "autêntico" cientista. No mundo da arqueologia não poderia ser diferente. Vozes cada vez mais dissonantes vão aumentando.

Albright, que não dependia do financiamento dos museus para os seu projetos, tinha certa liberdade para o estudo e a análise de artefatos, que não necessariamente eram importantes para exposições, mas relevantes para a pesquisa. Isso lhe dava certa autonomia. Contudo, Albright não ficou livre dos impulsos de interesses bíblicos que cercavam a arqueologia na Palestina. Em último caso, o que chamava a atenção da sociedade em geral era se a descoberta arqueológica tinha ou não alguma relação com a história bíblica. De certa forma, nenhum arqueólogo ficou isento disso. Albright, pela autoridade que representava no campo da arqueologia, tinha especial notoriedade. De como a Bíblia ditava seu interesse arqueológico pode ser visto em suas publicações. Por exemplo, seu livro *Arqueologia da Palestina e a Bíblia*, publicado em 1932. Ou seja, apesar de sua visão liberal, Albright não conseguiu separar a Bíblia da arqueologia.

Mas não há como negar que Albright deu um passo bastante avante no modo de fazer "arqueologia bíblica". Inclusive, ele preferia se referir a ela como "arqueologia palestinense".

O passo que Albright havia dado para frente, seus seguidores mais próximos deram para trás. Um deles foi seu aluno e rabino Nelson Glueck (1900-1971), que havia participado como estudante da escavação do Tell Beit Mirsim, com Albright. Glueck, que também se especializou em cerâmica, tinha uma visão muito mais fundamentalista que seu professor. Seu trabalho maior foi a escavação de sítios na Jordânia, onde mostrou que durante o Bronze Médio e Tardio, pelo menos o norte e centro da Jordânia, eram urbanizados com um sistema da cidades-estados. Quando escavou Tell el-Kheleifeh, em Ezion-Geber (1938-1940), encontrou uma estrutura que identificou como um centro de fundição de cobre, que sua visão fundamentalista atribuiu a Salomão. Chamou a cidade de porto do império salomônico (GLUECK, 1959), hipótese contestada nas escavações futuras (PRATICO, 1985; FINKELSTEIN, 2014, p. 105-136).

Outro seguidor próximo de Albright e um dos maiores representantes e continuadores da "arqueologia bíblica" foi o pastor presbiteriano George Ernest Wright (1909-1974). Wright usou a arqueologia para construir sua versão da história de Israel. Formou-se em arqueologia na Universidade Johns Hopkins, EUA, e foi professor de Antigo Testamento. Wright participou da escavação do Tell Balath (Siquém) e Gezer. A união entre a arqueologia e o estudo bíblico está bem expressa em seu livro *Arqueologia bíblica*, lançado em 1962. A visão de Wright, alinhada com a de Glueck e um pouco mais tarde com a de John Bright (1908-1995), com seu livro *História de Israel* (1959), teve forte rechaço dos exegetas liberais alemães, como Martin Noth e Karl Elliger (editor da Bíblia Stuttgartensia). A reprovação se dava não tanto pela arqueologia, mas pela interpretação fundamentalista da Bíblia. Uma das críticas mais ferrenhas era por Bright, Wright e Glueck utilizarem a arqueologia para situar os patriarcas historicamente no período do Bronze Médio.

A situação chegou a tal ponto que os alemães se recusaram a usar a arqueologia em seus estudos bíblicos. Assim, "A década de 1960 testemunhou o colapso do paradigma da teologia bíblica" (DAVIS, 2004, p. 144), e Wright viveu isso na pele. O problema principal da "arqueologia bíblica" foram as conclusões apressadas da conexão dos achados arqueológicos com as narrativas bíblicas. Por exemplo, a arqueologia comprovou com sucesso a destruição de muitas cidades-estados no final da era do Bronze. O erro foi atribuir a destruição das cidades imediatamente às conquistas dos hebreus narradas no livro de Josué. De maneira que, ao não dar à arqueologia o rigor e a autonomia científicos que lhe competem, fez com que ela fosse perdendo credibilidade diante das ciências bíblicas. O resultado foi um crescente distanciamento entre ambas.

Quem, a nosso entender, compreendeu melhor a visão de Albright foi a escola francesa (*École Biblique*), que por esse tempo estava sob a direção de Ronald De Vaux. A escola francesa tinha uma visão mais liberal e já havia demonstrado isso na escavação de Biblos. Agora De Vaux e sua equipe estavam escavando Khirbet Qumran (1951-1956), assunto amplo que envolve não só a maior descoberta do século XX, no que diz respeito à Bíblia Hebraica (FERNANDEZ; BARRERA, 1993), como também toda a expectativa que se criou em torno das mudanças que os manuscritos encontrados nas onze cavernas poderiam causar em relação ao texto massorético. Contudo, como arqueólogo, exegeta e religioso, De Vaux não conseguiu se desvencilhar da influência da Bíblia. Porém, a arte de unir arqueologia e estudo bíblico de De Vaux tinha um diferencial, e este era a leitura crítica que fazia de ambas. Esse particular, o fazer arqueologia e o fazer Bíblia com uma visão crítica, colocava De Vaux à frente dos demais arqueólogos de sua época. O resultado mais contundente de sua atuação como arqueólogo e exegeta, como já mencionado, foi a edição da Bíblia de Jerusalém (1966).

Mas a contribuição de De Vaux não foi o suficiente para evitar o divórcio entre a alta crítica da exegese alemã e a ainda chamada "arqueologia bíblica", principalmente aquela praticada na Inglaterra e nos EUA.

5. O estado israelense, o descrédito da "arqueologia bíblica" e as novas teorias sobre os primórdios do Israel bíblico

A partir dos anos de 1960, vai aos poucos tomando corpo a nova configuração geopolítica da Palestina, que se iniciou com criação do estado de Israel em 1948, após a resolução da ONU em 1947, quando também se instaurou um conflito na região, que se estende até hoje. O acesso aos sítios passa a ser restrito, em parte pelas novas autoridades, em parte pela tensão na região, que afetará principalmente os sítios palestinos, e em parte pelo desinteresse. Um bom número de escavações voltará sua atenção, então, para a Jordânia. Em Israel, onde vai se intensificando a disputa pelo controle de muitos sítios arqueológicos, as primeiras escavações israelenses serão, em geral, com pequenos grupos, resumindo-se ao professor e seus alunos, com o protagonismo da universidade hebraica de Jerusalém. Dois arqueólogos irão se destacar nesse período inicial: Ygael Yadin (Hazor, 1955-1959, 1968-1969; Megiddo, 1960, 1966-1967, 1971-1972) e Yohanan Aharoni (Ramat Rahel, 1959-1962; Laquis, 1966, 1968; Beersheba, 1969-1975). A "arqueologia bíblica" israelense desse período terá um forte teor político-ideológico, uma vez que será controlada pelo estado. É o caso, por exemplo, de Ygael Yadin, que, além de arqueólogo, era general do exército. Para um panorama completo das principais escavações realizadas em Israel a partir de 1948, veja a lista apresentada por Amihai Mazar (2003, p. 38-40).

Esse período de transição será um tempo difícil para a arqueologia siro-palestinense. Muitos sítios serão abandonados e deixados à própria sorte. Menciono aqui uma experiência pessoal. No princípio da década 1990, quando a arqueologia em Israel já estava entrando em nova fase de revitalização, fiz minha primeira viagem de estudos aos sítios de Israel, Palestina e Jordânia. Depois dessa se seguiriam muitas outras. Éramos um grupo de mestrandos entusiastas, sob a coordenação do saudoso prof. Milton Schwantes. Havíamos passado um semestre estudando vários sítios, os quais estavam em nosso roteiro de visitas, para uma pesquisa *in situ*. O problema foi que, quando, já em território israelense e palestino, chegávamos ao local aproximado de muitos sítios, não os encontrávamos. Ou seja, o guia não sabia o local exato, pois se haviam passados décadas desde a última escavação e tudo estava tomado pelo mato. O prof. Milton, então, distribuía o grupo e nos embrenhávamos como cães de caça no matagal à procura do sítio. Eu adorava isso. Enfim, menciono este episódio para ilustrar o estado de abandono em que se encontrava boa parte dos sítios arqueológicos nas últimas décadas do século XX.

Os sítios mais afetados serão aqueles que se encontram em território palestino. Se por um lado, a partir dos anos de 1990 e principalmente no início do séc. XXI, acontece um claro revigoramento da arqueologia em sítios israelenses, sob os auspícios do estado, o mesmo não se verá

A história da chamada "arqueologia bíblica"

em sítios palestinos. A falta de condições econômicas, a perda de territórios e a relutância por investimento de instituições estrangeiras não deixam alternativa. Muitos sítios arqueológicos são transformados em áreas de produção agrícola, outros ocupados pela expansão urbana e outros, com alguma proteção, dispostos para as raras visitas de turistas, mas sem apresentar escavações há muito tempo. A própria linguagem utilizada pelos historiadores modernos parece contribuir para esse descaso ou preconceito. Nos livros de História, até a década de 1980, é comum a predominância do conceito "Palestina". Hoje este conceito foi substituído por "Israel". Ou seja, a ideologia geopolítica se apropriou também da linguagem.

O colapso da "arqueologia bíblica" nos anos de 1960-1980 será acompanhado pelo colapso dos tradicionais modelos da formação do Israel primitivo. Primeiro colapsará o modelo da conquista (Albright, Wright, Bright;); depois o modelo da migração (NOTH, 1960, p. 262-282; ALT, 1953, p. 256-273; 1966, p. 135-139; AHARONI, 1976, p. 55-76); e, por fim, o da revolta camponesa (MENDEHAL, 1962, p. 66-87; GOTTWALD, 1979). Novos estudos, principalmente a partir dos anos 1980, tendem a entender a formação de Israel como resultante da população nativa situada no planalto central de Canaã. Corroboraram para essa conclusão, entre outros, os estudos de Israel Finkelstein, que escavou a região e identificou cerca de trezentos sítios que surgiram no final do Bronze Tardio e início do Ferro I, comprovando em seu estilo e forma uma ampla continuidade cultural, ou seja, sem influência externa (FINKELSTEIN, 1988; 1999, p. 25-52; COOTE; WITHELAM, 1987; DEVER, 1995, p. 200-213).

Enfim, o tendão de Aquiles da chamada "arqueologia bíblica" foi seu interesse *a priori* em comprovar a veracidade histórica da Bíblia. Suas conclusões apressadas em relacionar certas constatações imediatamente a relatos bíblicos corroboraram com esse derrube. Faltou praticar uma arqueologia dissociada da Bíblia. Dito em outras palavras, não levar a Bíblia para dentro da área de escavação. Afinal de contas, não existe arqueologia bíblica, existe o estudo bíblico e existe a arqueologia. São duas ciências distintas e separadas. De certa maneira, mais ou menos, todos os arqueólogos e arqueólogas que escavaram na Palestina carregam esse pecado de misturar as duas ciências. Um pecado que ainda é cometido hoje em dia, pois, em último caso, é o impacto que a descoberta arqueológica causa na Bíblia que chama a atenção do mundo e que garante financiamento.

Contudo, há que se reconhecer como mérito da "arqueologia bíblica", entre outros, o de colocar a história no centro da discussão bíblica.

6. Uma nova arqueologia, dissociada da Bíblia

A partir da década de 1980 começa-se aos poucos a praticar uma arqueologia mais crítica, desvinculada da Bíblia. Uma arqueologia, como exige o rigor científico, sem pressupostos que possam interferir nos resultados (SANTOS, 2017). Isto é, busca-se simplesmente fazer arqueologia, sem se preocupar necessariamente se os resultados estão relacionados à Bíblia ou se comprometem sua interpretação. A título de ilustração, partilho aqui uma experiência pessoal que sucedeu com o prof. Amihai Mazar na Universidade Hebraica de Jerusalém. Em 2016, após participar da expedição Megiddo, fui com um grupo de alunos meus (mestrandos e doutorandos) visitar alguns sítios de difícil acesso em território palestino e na Jordânia. Após o término, passamos por Jerusalém, onde havíamos agendado um encontro com o prof. Amihai Mazar, que nos acolheu gentilmente em uma das várias salas da Universidade Hebraica. A conversa, de quase toda uma manhã, girou em torno de várias questões que havíamos preparado previamente. Chamou-me a atenção uma das respostas pela reação ríspida do prof. Mazar. A pergunta era simples: "Como o senhor lida com ciência arqueológica, a política e a Bíblia?". Ao que ele respondeu: "Eu sou arqueólogo e eu faço arqueologia. Sou um cientista! Tenho muitos amigos religiosos e eu os respeito, mas não deixo que opções políticas ou religiosas interfiram no meu modo de fazer arqueologia" (KAEFER, 2016, p. 91-92). Penso que essa reação expressa um pouco a nova forma de fazer arqueologia nas terras dos povos da Bíblia.

A história da chamada "arqueologia bíblica"

Deve-se esse avanço, em parte, à aproximação da nova geração de arqueólogos e arqueólogas com a exegese crítica. Boa parte dessa nova geração estudou em universidades europeias ou mantém contato frequente com pesquisadores e pesquisadoras de visão crítica acerca da teologia, da religião, da antropologia, da história etc. Junta-se à visão crítica a integração de novas ciências no fazer arqueologia. Além do aprimoramento do estudo da cerâmica e da ampliação do uso da análise pelo carbono 14, implementa-se cada vez mais o estudo do DNA, a paleoarqueologia, a climatologia, a arqueometria, a paleontologia etc. Ou seja, a arqueologia deixa de ser uma ciência isolada, autônoma, e começa a necessitar e a dialogar com um universo de ciências cada vez maior. Em contrapartida, a arqueologia se torna cada vez mais complexa e mais cara, porém, mais precisa.

Em Israel, uma referência nessa nova forma de fazer arqueologia é sem dúvida o Departamento de Arqueologia da Universidade de Tel Aviv, que desde 1992 retomou as escavações no Tel Megiddo e vem escavando o sítio até a presente data (FINKELSTEIN; USSISHKIN; HALPERN, 2000, 2006, 2013). Ainda que Departamento de Arqueologia da TAU tenha outras frentes de escavação, como Azekah, com Oded Lipschits, e Jerusalém, com Yuval Gadot, Megiddo, por sua excelência estratigráfica, tornou-se uma espécie de laboratório da nova arqueologia.

Além da inclusão de novas ciências, como visto acima, ocorre um aprimoramento das técnicas, entre elas: a delimitação de pequenas áreas para a escavação de estrato por estrato; maior número de profissionais que acompanham a escavação; registros contínuos e detalhados de cada estrato escavado; análise minuciosa de todo material escavado; aumento expressivo do número de análise de amostras em diferentes laboratórios; uso de tecnologias avançadas, como Lidar, para análise e mapeamento do terreno etc. Outro diferencial é a concentração do estudo em um ou dois períodos. Ou seja, em vez de estudar integralmente as camadas de todos os períodos históricos, concentrar a atenção em um ou dois períodos, por exemplo, no Bronze Tardio e Ferro I. Isso permite reduzir a distância cronológica do estudo das camadas estratigráficas. Ou seja, em vez trabalhar com longos períodos cronológicos, de cem a duzentos anos, como se procede quando se intenciona estudar todos os períodos, encurtar o espaço de tempo para em média de vinte e cinco anos. Só assim é possível excluir o risco de atribuir a um reinado as atividades pertencentes a outro reinado, como ocorreu no caso das construções de Megiddo, Hazor e Gezer, que foram atribuídas a Salomão, sendo que eram de Acab (KAEFER, 2016, p. 100-130).

Evidentemente que toda essa implementação aumenta o custo da arqueologia. Só o fato de aumentar o número de análise de amostras por carbono 14 eleva o custo da arqueologia sobremaneira. De modo que há uma diferença muito grande em fazer arqueologia hoje e fazer arqueologia no passado.

Essa nova forma de fazer arqueologia reaproximou a arqueologia da crítica literária da Bíblia. De maneira que a maior precisão do estudo estratigráfico da arqueologia e seus resultados auxiliou o estudo da crítica literária da Bíblia a chegar a novos paradigmas (KAEFER, 2016, p. 129-141), quanto à história e à literatura de Israel e Judá. Entre eles destacamos os seguintes: a supremacia histórica de Israel Norte sobre Judá; a inexistência da chamada monarquia unida dos reinados de Davi e Salomão; a mudança na cronologia dos primórdios de Israel e Judá, de alta para a baixa cronologia; o Êxodo como tradição de Israel Norte; o surgimento da escrita de textos complexos em Israel e Judá não antes do século VIII; Judá só se torna um estado, com tributo, no final do século VIII; o culto ao casal Javé e Asherah em Jerusalém; o vazio arqueológico do período persa; o território da Yehud Parvak (província de Judá) do período persa era muito menor do que se supunha; a Jerusalém do período persa era uma cidade pequena, sem muros, com no máximo 500 pessoas (FINKELSTEIN, 2010, p. 44); o centro da coleta de tributo não era o templo, mas Ramat Rahel (LIPSCHITS, 2017). Ainda que haja quem resista e insista em afirmar o contrário, não há como contestar as evidências arqueológicas, muitas das quais já haviam sido comprovadas pela crítica literária. Ao invés de retroceder, a tendência é avançar. O futuro ainda nos reserva novas surpresas, por exemplo, o que passou com Israel

Norte depois da invasão assíria em 722/720? Realmente desapareceu, como afirma 2 Reis 17? Muita coisa ainda está por vir.

Considerações finais

Os primórdios da chamada "arqueologia bíblica" se caracterizam basicamente pela busca e pela identificação dos sítios, cuja localização se havia perdido. Duas fontes são relevantes nesse período: o diário da peregrina espanhola Egeria (*Aetheria*) e o mapa de Mádaba. Um personagem que se destacará nessa etapa inicial será o geólogo Edward Robinson (1794-1863), responsável pela identificação de boa parte dos sítios arqueológicos da Palestina.

Depois de Edward Robinson, a chamada "arqueologia bíblica" vai aos poucos se institucionalizando. Primeiro, com a fundação da PEF (Fundo para a Exploração da Palestina), em 1865, na Inglaterra, e em seguida com a fundação da PES (Sociedade para a Exploração da Palestina), em 1870, nos EUA. A PEF com interesses voltados mais à política inglesa na Palestina e a PES preocupada em defender as verdades da Bíblia. As grandes escavações nesse alvorecer da arqueologia, no entanto, estarão voltadas para as cidades históricas da Mesopotâmia, Egito, Grécia etc. Na Palestina, entre outras regiões, começa a escavação em Gezer, com Macalister (19902-1909), em Megiddo, com Schumacher (1903-1905), em Sebastia (Samaria), com Reisner e Fisher (1908-1909), e em Jericó (Tell es-Sultan), com Sellin (1907-1909, 1911). Será uma arqueologia rudimentar, com centenas de homens escavando, com poucos profissionais e muito sensacionalismo e fundamentalismo. Essa etapa será interrompida com o início da Primeira Guerra Mundial.

Depois da Primeira Guerra, todo o Levante passará por uma nova configuração geopolítica, com os mandatos francês e inglês substituindo o domínio otomano na região. O acesso aos sítios arqueológicos ajudará a tornar esse período a "era de ouro da arqueologia bíblica", com o protagonismo de William Foxwell Albright (1891-1971), chamado de "o pai da arqueologia bíblica". Esse será também o período em que crescerá a tensão entre a "arqueologia bíblica" e a alta crítica literária alemã, que rejeita a historicidade literal da Bíblia, defendida pela arqueologia. A tensão já começara com Julius Wellhausen (1844-1918), autor da teoria das fontes do Pentateuco, completada depois por Gerhard Von Rad (1901-1971). O debate será intenso, levando ao distanciamento cada vez maior entre as duas ciências. Essa etapa também será interrompida, dessa vez pelo início da Segunda Guerra Mundial.

No pós-Segunda Guerra, a região da Palestina passará novamente por uma nova configuração territorial, dessa vez com a criação do estado de Israel. O acesso aos sítios passará agora pela autoridade israelense. Será uma fase difícil para a "arqueologia bíblica", não só pela crise econômica do pós-guerra e pela nova administração como também pelo descrédito em que se encontrava a "arqueologia bíblica" diante da crítica literária da Bíblia. Muitos sítios serão abandonados ou terão as atividades reduzidas. Dois arqueólogos israelenses se destacarão nesse período, Ygael Yadin e Yohanan Aharoni. O colapso da "arqueologia bíblica" será acompanhado pelo colapso dos tradicionais modelos da formação do Israel primitivo: conquista, migração e revolta.

A partir dos anos de 1980/1990, em meio à tensão entre israelenses e palestinos, aos poucos a arqueologia do Levante vai renascendo. Agora não mais como "arqueologia bíblica", ou pelo menos parte dela, mas simplesmente como arqueologia. Uma arqueologia com visão crítica, com novas técnicas, mais aberta, sem deixar que opções políticas ou religiosas interfiram no fazer arqueologia. Uma arqueologia dissociada da Bíblia. Essa nova forma de fazer arqueologia, ainda que não unânime, irá reaproximar a arqueologia e a crítica literária da Bíblia, o que irá resultar em novos e contundentes avanços histórico-hermenêuticos.

Referências

AHARONI, Y. Nothing early and nothing late: re-writing Israel's conquest. *The Biblical Archaeologist*, Chicago, v. 39, p. 55-76, 1976.

ALBRIGHT, William Foxwell. *Archaeology of Palestine and the Bible*. New York: Fleming H. Revell Company, 1932.

ALBRIGHT, William Foxwell. A Tour on Foot through Samaria and Galilee. *BASOR*, Chicago, v. 4, p. 7-13, 1921.

ALBRIGHT, William Foxwell. *Yahweh and the Gods of Canaan:* An Historical Analysis of Two Contrasting Faiths. London: Athlone Press,1968.

ALBRIGHT, William Foxwell. *The Archaeology of Palestine*. Baltimore: Penguin, 1954.

ALT, Albrecht. *Essays on Old Testament*: History and religion. Oxford, 1966.

ALT, Albrecht. *Kleine Schriften zur Geschichte des Volkes Israel*. München: Beck, 1953.

CLINE, Eric. *Three Stones Make a Wall*: The Story of Archaeology. Princeton: Princeton University Press, 2017.

CONTENSON, Henri de. *Préhistoire de Ras Shamra*: les sondages stratigraphiques 1955-1976. Paris: Recherche sur les civilisations, 1992.

COOTE, Robert; WITHELAM, Keith. *The Emergence of Early Israel in Historic Perspective*. England: Sheffield, 1987.

DAVIS, Thomas. *Shifting Sands:* The Rise and Fall of Biblical Archaeology. New York: Oxford University Press, 2004.

DE MENDONÇA, Élcio Valmiro Sales. *O primeiro estado de Israel*: redescobertas arqueológicas sobre suas origens. São Paulo: Recriar, 2020.

DEVER, William. *Archaeolgy and Biblical Studies*: Prospects and Retrospects. Evanston: Seabury-Western Theological Seminary, 1974.

DEVER, William. Ceramics, Ethnicity and the Question of Israel's origins. *Biblical Archaeologist*, Chicago, v. 58, p. 200-213, 1995.

DEVER, Wiliam. The Impact of the "New Archaeology" on Syro-Palestine Archaeology. *BASOR*, Chicago, v. 237, p. 35-64, 1981.

DEVER, Wiliam. *What Did the Biblical Writers Know* and When Did They Know it? Grand Rapids: Eerdmans, 2001.

ELLIGER, Karl. Review of G. E. Wright's Biblische Archaologie. *Theologische Literatur-Zeitung*, Tübingen, v. 84, p. 94-98, 1959.

FEINMAN, Peter Douglas. *William Foxwell Albright and the Origins of Biblical Archaeology*. Michigan: Andrews University Press, 2004.

FERNANDEZ, Florentino García; BARRERA, Julio Trebolle. *Los hombres de Qumrán*: literatura, estructura social y concepciones religiosas. Madrid: Editorial Trotta, 1993.

FINKELSTEIN, Israel. Ethnicity and origin of the Iron I Settlers in the Highlands of Canaan: Can the Real Israel Stand Up? *BA*, v. 59, p. 198-212, 1996.

FINKELSTEIN, Israel. The Archaeology of Tell el-Kheleifeh And the History of Ezion-geber/Elath. *Semitica*, v. 56, p. 105-136, 2014.

FINKELSTEIN, Israel. *The Archaeology of the Israelite Settlement*. Jerusalém: Israel Exploration Society, 1988.

FINKELSTEIN, Israel. The Territorial Extend and Demography of Yehud/Judea in the Persian and Early Hellenistic Periods. *JHS*, Tel Aviv, v. 29, p. 39-54, 2010.

FINKELSTEIN, Israel; USSISHKIN, David; HALPERN, Baruch. *MEGIDDO I-V*: The 1992-1996 Seasons (2 vols.); The 1998-2002 Seasons (2 vols.); The 2004-2008 Seasons (2 vols.), Monograph Series. Tel Aviv: Tel Aviv University Press, 2000, 2006, 2013.

GLUECK, Nelson. *Rivers in the Desert*: A History of the Negeb – *Being an Illustrated Account of Discoveries in a Frontierland of Civilization*. New York: Farrar, Strauss & Cudahy, 1959.

GOTTWALD, Norman Karol. *The tribes of Yahweh*: A Sociology of the Religion of Liberated Israel, 1250-1050 BCE. New York: Orbis Book, 1979.

KAEFER, José Ademar. *Arqueologia das terras da Bíblia I e II*. São Paulo: Paulus, 2012/2016.

KAEFER, José Ademar. A Arqueologia e os novos paradigmas bíblicos. *Caminhos*, v. 14, n. 1. Goiânia: p. 129-141, 2016.

KAEFER, José Ademar. A escavação de Megiddo e a descoberta da tumba real. *Estudos de Religião*, São Bernardo do Campo, UMESP, v. 33, p. 125-147, 2019.

KAEFER, José Ademar. *As cartas de Tell el-Amarna e o contexto social e político de Canaã antes de Israel*. São Paulo: Paulus, 2020.

KAEFER, José Ademar. Quando Judá se torna Israel. *Pistis e Praxis*, Curitiba, v. 12, n. 2, p. 391-409, 2020.

LIPSCHITS, Oded et al. *What Are the Stones Whispering?* Ramat Rahel: 3000 Years of Forgotten History. Winona Lake: Eisenbrauns, 2017.

MARGUERON, J. Quelques reflexions sur certaines pratiques funéraires d'Ugarit. *Akkadica*, v. 32, p. 5-31, 1983.

MARTIN, Mario; FINKELSTEIN, Israel; PIASETZKY, Eli. Radiocarbon-Dating the Late Bronze Age: Cultural and Historical Considerations on Megiddo and Beyond. *BASOR*, Chicago, n. 384, p. 211-240, 2020.

MAZAR, Amihai. *Arqueologia na terra da Bíblia* – 10.000-580 a.C. São Paulo: Paulinas, 2003.

MENDEHAL, George. The Hebrew conquest of Palestin. *Biblical Archaeologist*, Chicago, v. 25, p. 66-87, 1962.

MOOREY, Peter Roger Stuart. *A century of biblical archaeology*. Louisville: John Knox Westminster Press, 1991.

NOTH, Martin. Der Beitrag der Archäologie zur Geschichte Israels. *Vetus Testamentum Supplement*, New York, v. 7, p. 262-282, 1960.

PONTIFÍCIA COMISSÃO BÍBLICA. *A interpretação da Bíblia na Igreja*, 134. São Paulo: Paulinas, 1994.

PRATICO, Gary D. Nelson Glueck's 1938-1940 Excavations at Tell el-Kheleifeh: A Reappraisal. *BASOR*, Chicago, n. 259, p. 1-32, 1985.

REISNER, George Andrew; FISHER, Clarence Stanley; LYON, D. G. *Harvard excavations at Samaria*, 1908-1910. Cambridge: Harvard University Press, 1924.

SANTOS, Boaventura de Sousa. *A crítica da razão indolente*: contra o desperdício da experiência. São Paulo: Cortez, 2017.

SCHAEFFER, Claude Frédéric-Armand. *Ras-Shamra 1929-1979*: Collection Maison de l'Orient (CMO), Hors serie n. 3. Lyon: Maison de l'orient Méditerranéen, 1979.

USSISHKIN, David. *Megiddo-Armageddon*? The Story of the Canaanite and Israelite City. Jerusalém: Israel Exploration Society; Biblical Archaeology Society, 2018.

WHRIGHT, George Ernest. *Biblical Archaeology*. Louisville: Westminster John Knox Press 1962.

YADIN, Yigael. New Light on Solomon's Megiddo. *Biblical Archaeology*, Chicago, n. 23, p. 62-68, 1960.

YON, Marguerite. *The City of Ugarit at Tell Ras Shamra*. Winona Lake: Eisenbrauns, 2006.

A formação do povo de Israel: no diálogo entre a leitura crítica da Bíblia e a arqueologia

Luiz José Dietrich*
José Ademar Kaefer**

De acordo com as pesquisas mais recentes, tudo indica que a história do povo de Israel começou por volta dos anos 1500-1300 antes do nascimento de Jesus Cristo, mais ou menos 3500-3300 anos atrás, na terra de Canaã. Porém, a região de Canaã já estava ocupada milhares de anos antes da formação das tribos de Israel. É importante começar a falar da história de Israel a partir da história da ocupação humana na região, porque Israel guardará muitas das características herdadas das culturas que o antecederam.

Embora na Palestina não tenham sido encontrados testemunhos textuais importantes que sejam anteriores à metade do segundo milênio antes de Cristo, existem sinais que revelam que a ocupação humana das regiões planas e férteis da Palestina começou por volta dos anos 12000 a.C. Nesse período, a Palestina está englobada em um vasto espaço cultural que inclui Ásia Menor, Mesopotâmia, Síria, Palestina, a Península do Sinai e talvez também o Egito. Os povos que circundam Israel possuem

---

[*] Doutor em Ciências da Religião (UMESP), professor do Programa de Pós-Graduação em Teologia da Pontifícia Universidade Católica do Paraná. E-mail: luiz.dietrich@pucpr.br.

[**] Doutor em Sagradas Escrituras; professor titular de AT do Programa de Pós-graduação em Ciências da Religião (UMESP); pesquisador FAPESP; coordenador do grupo de pesquisa "Arqueologia do Antigo Oriente Próximo" (http://portal.metodista.br/arqueologia); e-mail: jademarkaefer@gmail.com.

uma longa história, que começa muito antes que Israel constitua sua identidade própria. E essa identidade não pode ser compreendida fora do contexto dessas relações, uma vez que Israel está intimamente ligado tanto aos povos que a antecederam como aos povos que o circundam.

1. Os nomes da região

É um pouco difícil referir-se a esta região com um único nome. O nome "Palestina" provém da região ocupada pelos filisteus. Porém, esse nome foi aplicado à região somente pelos romanos, por volta dos anos 100 a.C., e com ele referiam-se à região da Judeia e da Síria. É o nome mais usado atualmente e segue sendo utilizado com essa amplitude na arqueologia. "Terra de Canaã" (Gn 12,5; 42,5)[1] parece ser o mais antigo nome da região. Vem do período pré-israelita, quando designava toda a franja de terra ao norte do Egito, que se encontra entre o mar Mediterrâneo, o rio Jordão e o rio Orontes, na qual posteriormente estarão Israel e Fenícia. Canaã, entretanto, também não é um nome livre de problemas. Primeiramente, porque o nome "Canaã" é raro e quase não aparece nos achados arqueológicos da região; e, por outro lado, porque a população dessa faixa de terra se caracterizava mais por ser uma série de cidades-estados independentes, nas regiões mais baixas e planas, sendo que talvez jamais tenham formado uma única unidade política. E também porque parece que, depois da formação dos estados da Fenícia e de Israel, esse nome não foi mais usado.

Igualmente a denominação "Terra de Israel" carrega alguns problemas. A rigor refere-se somente ao território do reino de Israel Norte.[2] Mas como este foi o nome criado e adotado pelo povo a respeito do

---

[1] As citações bíblicas em todo este capítulo, salvo indicações contrárias, serão retiradas da Nova Bíblia Pastoral, 2015.

[2] Evitaremos a expressão tradicional "reino do norte" para indicar o reino de Israel, e "reino do sul" para indicar o reino de Judá. Tal nomenclatura supõe a existência de um grande reino unido que depois se dividiu em dois, um na parte norte e outro na parte sul. Usaremos "Israel Norte" para indicar o reino de Israel que existiu até a destruição de Samaria, em 720 a.C. Na verdade, o tamanho do território chamado Israel continua em disputa nos dias atuais.

qual estamos escrevendo, nos parece ser a nomenclatura mais adequada. Originalmente "Israel" designava somente um conjunto de vários pequenos agrupamentos camponeses que viviam na região montanhosa central nos territórios de Efraim, Benjamim e Manassés, que é provavelmente o povo mencionado na "Estela de Merneptah". Depois, será o nome da entidade política iniciada com Saul, entre Siquém e Betel, continuada com Jeroboão I (931-910 a.C.) e que se estenderá às planícies e se consolidará como um reino poderoso e bem estruturado, com a dinastia de Amri/Omri (885-841 a.C.) (FINKELSTEIN, 2015; MENDONÇA, 2020). Mas, depois de Ezequias e Josias, o nome Israel é aplicado à totalidade do território ocupado pelo reino de Judá e pelo reino de Israel Norte.[3] Portanto, usaremos "Israel Norte" para indicar o reino de Israel que existiu até a destruição de Samaria, em 722 a.C., e o nome "Israel" para indicar um território variável que incluía Judá e a região de Israel Norte, ou pelo menos parte dela, de acordo com o processo que se inicia com grande contingente de israelitas do norte migrando para Judá no tempo de Ezequias, passa pelo reinado de Josias, pelo período persa e segue até o período da dinastia Hasmoneia nos anos 140-37 a.C. (KAEFER, 2020, p. 391-409). Genericamente se refere à área correspondente ao território de "Dã até a Bersabeia".

2. Geografia e clima

Há que se chamar a atenção também para as características geográficas e climáticas da região onde o povo de Israel se formou. É uma estreita faixa de terra que de sul a norte tem mais ou menos 240 km de

---

[3] Como já se pode ver, o "povo de Israel" sempre incluiu gente de diversas origens. Será somente durante o exílio e especialmente no pós-exílio que uma parte da elite judaíta se apresentará como descendência pura de Abraão, impondo este critério para definir quem fazia ou não fazia parte de Israel, quem podia ou não podia morar na terra de Israel. Ainda hoje parte dos judeus – e também dos cristãos –, conservadores fundamentalistas, apoia-se nessa criação ideológica de um suposto "direito divino" de caráter racista para expulsar de Israel povos palestinos que a milhares de anos, ou a séculos, vivem ali. A espiral de violência e de mútua agressão e negação, gerada por essas atitudes, precisa ser quebrada para que possa haver paz na região.

comprimento. E que tem do lado oeste, o lado ocidental, o mar Mediterrâneo, e no lado leste, oriental, está o deserto da Arábia. Na parte mais ao norte, na altura de Dan, a faixa tem em torno de 50 km de largura e no sul, abaixo de Bersabeia, a largura é de aproximadamente 120 km. Essa pequena faixa de terra não tem um contato direto com os grandes e ricos vales formados pelos rios Nilo, ao sul, e Tigre e Eufrates, ao norte, que foram os berços das maiores civilizações desse local. Entre Israel e o Egito, no vale do Nilo, há o deserto e a Península do Sinai. E, ao norte, Israel é separado do vale dos grandes rios da Mesopotâmia, pela Síria, com suas montanhas (Líbano e Anti-Líbano) com alturas superiores aos 3 mil metros. São nessas montanhas que fica o monte Hermon, com 2.814 metros de altura. O derretimento da neve que cobre os picos do Hermon fornece as águas que formam o rio Jordão. O rio Jordão constitui o limite leste do território de Israel. Esse rio corre dentro de uma profunda e longa fenda geológica, o vale de Rift, que, com mais de 6 mil km de extensão,se inicia separando as montanhas do Líbano e do Anti-Líbano, se estende pelo vale do Jordão, chega aos 213 metros abaixo do nível do mar no lago da Galileia, atinge 417 metros abaixo do nível do mar no mar Morto, segue pelo mar Vermelho e vai até Moçambique, no sudeste do continente africano.

3. Sobre os patriarcas e matriarcas de Israel

Tradicionalmente se ensinava que a História de Israel teria iniciado na Babilônia, com a migração de Abraão e Sara nos anos 1800 a.C. Mas, pelo que se sabe hoje, a partir dos estudos arqueológicos e do estudo crítico da Bíblia, a história de Israel inicia-se mais tarde, entre 1500 e 1300 a.C., e em Canaã. Em Canaã nessa época, a grande maioria do povo vivia nas planícies férteis em torno de "centros urbanos", pequenas cidades-estados cercadas por muralhas e, através desses centros urbanos, estava submetida ao domínio dos reis cananeus e faraós do Egito.

Entretanto, havia também um contingente menor de pessoas habitando nas regiões montanhosas de Canaã. A ocupação dessas montanhas

A formação do povo de Israel: no diálogo entre a leitura crítica da Bíblia e a arqueologia

já havia se iniciado por volta de 3 mil a.C. Porém, sempre foi muito pequena e esparsa. A história de Israel está ligada a certas famílias e grupos de pastores que abandonaram o nomadismo e se instalaram nas montanhas centrais de Canaã, nas regiões de Siquém, Betel e Hebron, entre os anos 1.500 a 1.300 a.c. Israel se desenvolveu a partir das pequenas aldeias camponesas que provavelmente se originaram da sedentarização dessas famílias de pastores que se assentaram e se fixaram nessas regiões, fora do controle dos centros urbanos.

A definição de que os assentamentos iniciais se deram em Siquém, Betel e Hebron pode ser concluída a partir do estudo crítico dos núcleos de tradições encontrados no livro do Gênesis. A presença do núcleo de narrativas sobre Isaac entre essas tradições nos permite também falar de uma quarta região nos inícios de Israel, que é a Bersabeia. Bersabeia é um oásis no deserto, passagem obrigatória na trilha de subida para as montanhas de Judá pelo lado sul.

As povoações desses locais guardaram e transmitiram os nomes dos patriarcas das primeiras famílias de pastores que ali se assentaram. Em Siquém, provavelmente a primeira parte das montanhas que foi habitada, junto ao poço, mencionava-se o nome de de Jacó (Gn 33,18-19; 48,21-22; cf. Jo 4,5.12). No santuário de Betel, transmite-se o nome de Israel como seu fundador (Gn 28,10-22; 33,20; 35,1-15). E junto ao "carvalho de Mambré" (Gn 13,18; 14,13; 18,1), ao redor do túmulo de Macpela (Gn 23,17.19), em Hebron, celebrava-se o nome de Abraão como o patriarca fundador da ocupação local. Juntamente com as memórias dos patriarcas, as tradições também guardam os nomes das matriarcas: Raquel, Lia, Rebeca, Sara e Agar, entre outras.

Esses assentamentos teriam acontecido independentemente uns dos outros. E as famílias assentadas provavelmente não tinham relação de parentesco umas com as outras. Não sabemos muito mais detalhes sobre elas. Acredita-se que fossem de origem pastoril porque os vilarejos que originaram têm suas casas construídas formando um círculo ao redor de um espaço central. Lembram a maneira como os pastores organizavam seus acampamentos, dispondo as barracas ao redor de um centro onde as cabras e ovelhas eram guardadas nas noites (FINKELSTEIN; SILBER-MAN, 2018, p. 119-120). Mais um aspecto que fala em favor da origem pastoril dessas famílias precursoras de Israel é a proibição de comer carne de porco. Nas partes planas, onde vivia a maior parte da população de Canaã, integrada às cidades-estados, porcos eram criados e consumidos e as escavações arqueológicas nessa região encontram muitos ossos desses animais. Mas eles estão ausentes, ou praticamente ausentes, nas partes montanhosas (FINKELSTEIN; SILBERMAN, 2018, p. 127). Atualmente a questão do uso da presença ou não de ossos de porco em algum sítio arqueológico, como definidor de sua pertença a Israel ou não, parece ser um pouco mais complicado. Entre os anos 1200 e 1000 a.C., a presença de ossos de porcos diferencia os centros urbanos filisteus dos sítios cananeus, que não consumiam carne de porco. Porém, isso já não é valido para sítios filisteus menores, onde, talvez por terem se mesclado com povoações locais, também não consumiam porcos. E depois dessa data encontram-se ossos de porco em localidades do Israel Norte, mas não em Judá (SAPIR-HEN, 2016).

Dos patriarcas e matriarcas não sabemos muito além de seus nomes, sua provável origem pastoril e os locais onde se estabeleceram. Seu culto era vinculado ao grande Deus *El*, mas a vida cotidiana estava orientada pelo culto aos Deuses familiares, os *Elohim*, que muito provavelmente eram ancestrais divinizados. Cada família possuía os seus *Elohim*, como o *Elohim* de Abraão (Gn 20,13), o *Elohim* de Nacor (31,53), o *Elohim* do pai de Moisés (Ex 3,6), que eram representados por imagens mantidas e veneradas pelas famílias – os *Terafins* (Gn 31,19.30-35; cf. Jz 17,5; 18,14.17-20; 1Sm 19,13-16; 2Rs 23,24; Os 3,4; Zc 10,2). Seu Deus maior era *El* (Gn 31,13). E diversas manifestações de *El* eram cultuadas em locais marcados por colunas de pedra sagradas (28,18; 31,45-46; 35,14; 1Rs 14,23; 2Rs 17,20; Is 19,19; Os 10,1). Árvores, como os carvalhos, também eram consideradas sagradas na espiritualidade dos pastores (18,1, cf. 12,6; 13,18; 14,13; 21,33; 35,4.8; Dt 16,21; Jz 4,11; 6,11; 9,6.37, 1Sm 10,3; Is 2,13; Is 4,13). Igualmente poços (Gn 16,1-16; 21,8-21.22-34) e montanhas (Gn 31,54, cf. 33,18-20). Possivelmente também a Páscoa tenha entrado na religião de Israel através dessas famílias de pastores. Essa festa certamente se originou de um antigo ritual chamado *pesach* (Ex 12,11), realizado pelos pastores, que ao se fixarem em um novo local demarcavam o acampamento com o sangue de um animal sacrificado, para apaziguar e proteger-se das divindades do lugar (Ex 12,13.23). Além disso, praticamente tudo o que encontramos hoje no livro do Gênesis é de tempos posteriores (TOORN, 1996).

Os personagens que o livro nos apresenta hoje, especialmente em Gn 12–50, não descrevem os patriarcas e matriarcas históricos, os fundadores de Israel. Muito provavelmente, nessas narrativas do Gênesis, a maioria dos personagens figura como símbolos representantes dos povos que os veneravam como fundadores. Assim, certamente em Gn 27,46–32,3 as semelhanças de identidade, parentescos e as relações, ora amistosas, ora tensas e conflituosas, entre Jacó e Labão, representam as relações que em tempos muito posteriores a monarquia nortista, Israel, percebia e mantinha com os arameus, que eram os habitantes da Síria. Nesses textos Labão, que é de Harã/Aram e por isso é chamado de "o arameu" (Gn 25,20), representa Harã, a Síria, enquanto Jacó/Israel, representa o reino de Israel Norte, que se autocompreendia como descendência de Jacó (Am 6,8; 9,8). As relações entre esses dois personagens no texto refletem as relações entre o reino da Síria e o reino de Israel, os quais alternaram momentos de aliança e aproximação, com momentos de tensão, disputas e guerras pelo controle de áreas fronteiriças entre os dois reinos e da hegemonia da região (1Rs 20,1-34; 22,1-3; 2Rs 13,1-7.22-25; 16,5-6).

O mesmo sucede nas narrativas a respeito de quem primeiro cavou os poços e deu nome ao oásis de Bersabeia, e mostram Isaac "reabrindo" os poços (Gn 26,15-33) que haviam sido primeiramente cavados por Abraão (Gn 21,22-33). Também aqui devemos entender que, ao narrar que Abraão foi quem cavou e nomeou esses poços, a casa de Davi/reino de Judá, que se apresentava como descendente de Abraão, está reivindicando para si o controle e os direitos sobre o oásis, que historicamente era dos descendentes de Isaac.

Nessa mesma perspectiva certamente também está o conflito entre os gêmeos Jacó e Esaú. Ainda no ventre de Rebeca, sua mãe, deles é dito serem "duas nações" (Gn 25,23). Esaú era tido como ancestral de Edom (25,30; 36,1.8.9), também chamado de Seir (32,4; 36,21), que é o nome da principal cadeia montanhosa de Edom. Os edomitas ocuparam o sul do mar Morto até o Golfo de Ácaba. Israel e Judá várias vezes buscaram dominar essa região rica em cobre e ferro, atravessada pelo "caminho dos reis", importante rota de caravanas ligando Arábia, Palestina, Síria e Mesopotâmia (2Sm 8,14; 1Rs 22,48; 2Rs 8,20; 14,22; 16,6). Nos textos bíblicos, Edom (Esaú/Seir) ora é mostrado como irmão de Jacó e aliado de Israel (Dt 23,7; 2Rs 8,20-22), refletindo relações do reino de Israel Norte com o reino de Edom, ora é inimigo de Judá (Gn 27,39-40), apontando para relações posteriores à destruição do reino de Israel Norte, sendo então Jacó o patriarca das tribos do norte, e também um símbolo de todo o Israel, mais especialmente de Judá ("menor"), que dominou Edom ("mais numeroso").

Algo semelhante pode ser visto logo no início de Gn 12–50, o bloco com as tradições mais antigas do livro do Gênesis:

> [6] Abraão atravessou a terra até o lugar santo de *Siquém*; no Carvalho de Moré. Nesse tempo, os cananeus habitavam nessa terra. [7] Javé apareceu a Abraão e lhe disse: "Vou dar esta terra aos seus descendentes". Abraão construiu aí um altar a Javé, que lhe havia aparecido. [8] Daí passou para a montanha, a oriente de Betel, e armou sua tenda, ficando *Betel* a oeste e Hai a leste. E aí construiu para Javé um altar e invocou o nome de Javé. [9] Depois, de acampamento em acampamento, Abraão foi para o Negueb (Gn 12,6-9).

Consideremos os dados da arqueologia que apresentamos acima: as histórias dos patriarcas eram independentes umas das outras, e entre estes não havia os laços de sangue que nos são mostrados nos textos bíblicos; as tradições de Abraão estão ligadas a Hebron; Siquém venerava a Jacó como seu fundador; e Betel estava ligada a Israel, talvez um patriarca diferente de Jacó. Então, em Gn 12 vemos Javé prometendo não para Abraão, mas para os "descendentes" de Abraão, patriarca das tribos do sul, as terras de duas das principais localidades de Israel Norte: Siquém e Betel, antes mesmo do reino do norte existir: "Nesse tempo, os cananeus habitavam nessa terra" (v. 6). Isso seguramente não aconteceu com o Abraão histórico. "Abraão" é aqui um representante arquetípico de seus descendentes, a casa davídica, o reino de Judá.

Historicamente se pode perceber aqui a legitimação do projeto do rei Josias de anexar as terras de Israel Norte, que estavam sendo desocupadas pelo recuo das tropas assírias, às terras do sul, sob seu controle. Esse versículo colocado na porta de entrada de Gn 12–50 não somente faz com que todo esse bloco seja lido como a legitimação de que toda a terra, tanto do sul como das tribos do norte, pertence, por direito divino, aos descendentes do patriarca do sul, o reino de Judá, mas também submete todas as tradições religiosas e culturais do reino do norte às instituições do sul. Tudo passa a ser apenas renovação das promessas feitas primeiramente a Abraão, o patriarca de Hebron, da família de Davi.

Nas narrativas relacionadas aos patriarcas e matriarcas serão inseridos relatos que visam legitimar instituições exílicas ou pós-exílicas, como a circuncisão dos meninos no oitavo dia (Gn 17,1-27); normas para o enterro (Gn 23,1-20), para o casamento (Gn 24,1-67) e para os judeus na diáspora etc.

4. As origens de Israel: três ou quatro "tribos"

Aqui, inicialmente, se faz necessária uma explanação sobre o conceito de "tribo". O uso tradicional deste conceito, aplicado às organizações camponesas de Israel, supõe que os membros de cada tribo venham de uma ancestralidade comum, portanto, fundamenta-se na crença da historicidade da narrativa bíblica das origens de Israel, que apresenta todos os israelitas como descendentes de Abraão. Aqui usaremos este conceito de forma diferente. Adotamos uma definição de tribo na linha proposta pelo antropólogo Maurice Godelier. Para ele, uma tribo é uma forma de sociedade constituída por grupos de homens e de mulheres integrados por laços de parentesco reais ou fictícios e entrelaçados por alianças feitas por interesse, necessidade ou conveniência, que de uma forma mais ou menos solidária ocupam, controlam e exploram um território, ao qual se dispõem a defender com armas e com suas vidas, e que, por fim, se identificam com um nome próprio (GODELIER, 2007, p. 98).[4] Tendo isso em mente, podemos abordar como se deu o processo de formação de Israel.

Por muito tempo mantiveram-se quatro modelos que buscavam explicar como se formou Israel (DONNER, 2000, v. I, p. 144-151; KNAUF, GUILLAUME, 2016, p. 46-48). O primeiro era o modelo da conquista, que praticamente defendia o que está no texto bíblico: o povo de Israel se multiplicou e formou as 12 tribos no Egito; tendo se libertado, atravessou o deserto e, sob o comando de Josué, invadiu e rapidamente conquistou Canaã, dando origem a Israel (Js 1–12). Muitas camadas de cinzas encontradas nas ruínas de diversas cidades-estados cananeias pela arqueologia bíblica eram dadas como provas dessa teoria. Porém, ao serem analisadas com mais cuidado, verificou-se que essas destruições não ocorreram em um curto espaço de tempo, mas ocorreram em largo espaço de tempo, entre o final da Idade do Bronze (1130 a.C.) e o início da Idade do Ferro I (1130-1050 a.C.), havendo um ou dois séculos de tempo entre a destruição de uma cidade e de outra. E em vários casos a destruição parecia ter sido causada por incêndio acidentais e não decorrentes de guerras, nas quais, entre os destroços, encontram-se restos de corpos e de armas.

O segundo modelo, desenvolvido já na segunda metade do século IXX, após o desmantelamento crítico da imagem da tomada da terra oferecido principalmente no livro de Josué, imaginava Israel como resultado de várias ondas migratórias nômades que vieram de várias partes do deserto e em diversos momentos se fixaram na Palestina. Essa sedentarização teria

---

[4] Godelier também aborda as diferenças entre "tribo", "etnia" e "comunidade" em sua obra: GODELIER, Maurice. *Les tribus dans l'histoire et face aux États*, Paris: CNRS Éditions, 2010.

sido pacífica onde não havia resistência, como nas montanhas pouco habitadas, ou na maioria das vezes a partir de confrontos bélicos. Restos de relatos de conquistas bélicas poderiam ser encontrados no livro de Números e em Juízes; no entanto, a maioria dos relatos bíblicos de conquista é etiológico e carece de fundamento histórico. Também arqueologicamente há comprovação da existência de grupos nômades com força militar para conquistar cidades naquele período.

O terceiro modelo foi elaborado por Albrecht Alt, em 1925 (ALT, 1987, p. 59-110). Ele corretamente observou que as tribos de Israel se formaram onde não havia cidades-estados cananeias, entre 1500 e 1150 a.C. É a chamada infiltração pacífica ou transumância, que seria o movimento dos pastores levando seus rebanhos das estepes, das bordas do deserto para as montanhas no verão, e vice-versa no inverno. Gradualmente eles teriam se fixado nas montanhas e iniciado vida agrícola, com a atividade pastoril passando para um segundo plano. Em uma fase expansionista, poderiam ter acontecido também confrontos bélicos com as cidades-estados cananeias, dos quais as sagas bíblicas de conquista seriam um eco longínquo. No entanto, para a questão das sagas bíblicas de conquista valem as mesmas objeções acima e há documentação arqueológica segura para comprovar a existência da pecuária de transumância na região da Palestina naquele período.

O quarto modelo seria o da revolta camponesa, apresentado por George Mendenhall, em 1962 e 1973, e desenvolvido por Norman K. Gottwald, em 1979. Esse modelo diz que os modelos anteriores estão equivocados porque partem do pressuposto de que Israel veio de fora da Palestina, que a origem de todo o povo de Israel era nômade e que esses nômades estavam ligados entre si por laços de parentesco. Segundo ele, Israel nasce dentro da Palestina e da confrontação entre os grupos camponeses explorados contra as elites das cidades-estados cananeias. Inicialmente, pequenos grupos de camponeses descontentes teriam migrado para a montanhas, onde se fixaram e cresceram à margem do controle e da exploração das cidades-estados. Na epigrafia, escritos encontrados pela arqueologia, esses grupos são chamados de *hapirus* (ALT, 1987,

p. 103-107), e na Bíblia aparecem como "hebreus" (Gn 14,13; 39,14; 43,32; Ex 1,15; 2,6; 3,18; 7,16, Dt 15,12; 1Sm 4,9; 13,3; 13,19; 14,11; 14,21; Jr 34,9, 34,14). Posteriormente, fortalecidos esses grupos, organizam-se e conquistam várias cidades-estados, formando uma nova entidade política chamada "Israel". Então, o javismo trazido pelo grupo de Moisés teria sido o cimento de união desses grupos marginalizados (*hapirus*) e o fermento revolucionário. Esse modelo, portanto, põe um peso muito grande na atuação dos grupos marginalizados na constituição de um estado mais ou menos igualitário. É uma proposta atrativa, mas deixa muitas perguntas em aberto. O papel, a quantidade e a relação dos *hapirus* com Israel é algo ainda muito pouco conhecido. E também sabemos hoje que provavelmente, nesse período, Javé ainda não era conhecido e muito menos cultuado em Israel.

Todos esses modelos, no entanto, se apoiam em pressupostos mais aceitos na academia (SCHMID, 2019, p. 288): a ideia de que Israel já nasce com 12 tribos, ou que em um curto espaço de tempo formarão um grande povo com 12 tribos, que logo em seguida formarão o grande e poderoso reino de Davi e Salomão, que na sequência se dividirá em dois reinos com 10 tribos, formando o reino do norte, Israel, e 2 tribos formando o reino do sul, Judá. E, como isso não tem base comprovada na arqueologia, tudo desaba como um castelo de cartas.

É muito difícil falar sobre as origens de Israel. Foi um processo complexo (SCHMID, 2019, p. 288), no qual possivelmente um pouco, ou algo, de cada um dos modelos propostos aconteceu em algum lugar, em algum momento. No entanto, a questão da origem nômade é tão forte na tradição de Israel que não pode ser descartada. "Israel sempre soube e sustentou que seus pais eram nômades [...] consistindo sua tomada da terra em se tornar sedentários, não mais viver em tendas, mas em casas, e fundar localidades" (DONNER, 2000, v. I, p. 149). Porém, de acordo com as pesquisas arqueológicas, hoje precisamos pensar em começos bastante modestos, não com muitas pessoas, não todos em um mesmo momento, em lugares diferentes e em grupos nômades sem parentesco entre si.

O que se pode dizer sobre as origens de Israel?

O surgimento de Israel está vinculado à crise das cidades-estados das planícies de Canaã. Isso aconteceu entre os anos 1250 e 1100 a.C. Essa crise está relacionada principalmente às diversas invasões dos chamados "povos do mar", a guerras entre cidades e também a secas prolongadas. As guerras traziam sofrimentos e perdas terríveis para as famílias camponesas. Elas viviam, tinham suas casas e animais e plantações fora das muralhas, e eram as primeiras a sofrer os ataques. Uma sequência de invasões e guerras, e o próprio processo de resistência ao sistema de dominação das cidades-estados, teria causado um fluxo migratório das planícies para as montanhas. Grupos de pastores, camponeses e gente marginalizada (*hapirus*) de Canaã, e pessoas escravizadas no Egito, buscaram nas aldeias das montanhas a possibilidade de viver longe da dura opressão imposta a eles, na planície, pelos reis cananeus e pelos faraós.

De 1460 até 1170 a.C., a Palestina foi efetivamente dominada pelo Egito. Devido ao peso demográfico, econômico e militar do Egito, sua influência na região deve ter começado séculos antes. Mas é especialmente nesses três séculos assinalados que a arqueologia comprova forte presença dos egípcios na Palestina. A partir das "Cartas de Tell El-Amarna", escritas aproximadamente entre 1370 e 1350 a.C. (KAEFER, 2020a), sabe-se que o domínio egípcio se dava através do controle dos "pequenos reis" das cidades-estados cananeias que ocupavam principalmente as planícies da Palestina. As Cartas de Amarna indicam que as áreas planas e férteis da Palestina estavam ocupadas por cerca de 20 cidades-estados cananeias. As Cartas também mostram que Gaza, junto à costa do mar Mediterrâneo, funcionava com sede de um governador egípcio, e que havia guarnições egípcias no porto de Jafa e na cidade de Betsã que controlavam a passagem entre a planície de Jezrael e o vale do rio Jordão. Betsã provavelmente foi o mais importante centro administrativo do Egito na região. Nessa cidade "foi descoberta a maior concentração de monumentos egípcios fora do Egito" (MAZAR, 2003, p. 281). A presença egípcia era também marcada por uma série de redutos militares e administrativos não somente ao longo da chamada "Via de Hórus", que ia do Delta do Nilo até Gaza, mas também na planície costeira, no vale de Betsã e nos caminhos transversais que levavam ao Golfo de Ácaba e às minas de cobre de Timna.

O domínio egípcio sofre um abalo entre 1200 e 1100 a.c. Os exércitos egípcios enfrentavam problemas em duas áreas distantes: no Egito, precisavam conter as tribos da Líbia, que a partir do oeste avançavam sobre o vale do rio Nilo; e na região da Síria-Palestina precisavam barrar a invasão dos "povos do mar", várias levas de migrantes vindas de Creta, de ilhas do mar Egeu e da parte ocidental da Ásia Menor (MAEIR, HITCHCOCK, 2017, p. 248-250; KILLEBREW, 2017, p. 324-334). Eram grupos bem organizados e com armas e instrumentos de ferro, que invadiram a Palestina pelo norte e desceram em direção ao Egito. São chamados de "povos do mar" porque muitas dessas levas de invasores vieram pelo mar e aparecem em um alto-relevo egípcio, durante uma batalha naval com os exércitos do Egito. As invasões dos povos do mar fizeram entrar em colapso o sistema das cidades-estados cananeias que ocupavam as áreas planas da Palestina. Muitas das cidades-estados foram atacadas e destruídas, outras ficaram extremamente enfraquecidas pelos ataques dos povos do mar, que chegaram em várias ondas sucessivas. Parte da população das cidades-estados foi morta pela violência dos ataques e das guerras, parte ficou vivendo entre os escombros e parte, especialmente dos camponeses, fugiu para as montanhas. Os cananeus que fugiram para as montanhas serão um dos principais responsáveis pelo incremento populacional na região montanhosa da Palestina central. Ali serão integrados aos assentamentos, que formarão as primeiras tribos de Israel, como veremos mais detalhadamente adiante.

Os "povos do mar" eram formados por diversos grupos étnicos diferentes. Na Bíblia eles são chamados de "filisteus". Eles se assentarão em diversos pontos da costa, mas grande parte se concentrará em cinco grandes cidades na planície costeira, pouco ao norte do Delta do Nilo: Gaza e Ascalon, na costa marítima, e Asdod, cerca de três quilômetros para o interior, além da linha das dunas; e ainda Acaron e Gat. Asdod e Acaron eram duas das maiores cidades da época. A extensão da ocupação filisteia na região ainda não está bem definida por falta de escavações em muitos sítios arqueológicos. Mas sabe-se que eles tiveram uma série de assentamentos às margens do rio Jarkon, a uns 15 km acima de Jope. Dentre esses, Tell-Qasile, um dos poucos assentamentos fundados em terra virgem pelos filisteus, foi o mais importante e mais densamente povoado (MAZAR, 2003, p. 281). Ali ocuparam também Afec e Azor (Hasor). Na região norte da Sefelá, ocuparam as cidades de Gazer, Tell Batash e Bet Shemesh. E, no sul e no interior da Sefelá, existem muitos sinais da ocupação filisteia.

Os "povos do mar" não eram formados somente por guerreiros, mas também por muitos agricultores e criadores de gado que se assentaram nas regiões da planície costeira militarmente conquistada dos cananeus. Traziam novas técnicas de guerra e de agricultura, introduziram armas e instrumentos agrícolas de ferro na região (1Sm 13,19-22) e foram responsáveis pela vida urbana na planície costeira da Palestina, entre os séculos XII e XI a.C. Formaram reinos semelhantes às antigas cidades-estados cananeias e tiveram de se misturar às populações cananeias remanescentes. Em algumas localidades, como Gazer, a maioria da população continuou sendo cananeia, e a minoria filisteia tornou-se uma espécie de elite ou suserania da cidade.

Os estudos do desenvolvimento da ocupação humana da região montanhosa revelam uma grande aceleração ocorrida entre os anos 1200 e 1100 a.C. Nesse período, a população das regiões montanhosas passou de 12 mil para 55 mil pessoas. O crescimento, embora em menor escala, continuará entre os anos 1100 e 1000 a.C., quando a população alcançará 75 mil pessoas (DEVER, 2001, p. 110). Os locais povoados ("sítios") passaram de 29, em 1200 a.C., para 254, por volta do ano 1000 a.C. (LIVERANI, 2008, p. 82).[5] E o tamanho médio dos sítios passou de 50 hectares para 220 hectares. Esse aumento de população fará com que, a partir dos núcleos estabelecidos em Betel e Siquém, se formem

---

[5] Finkelstein, em *O reino esquecido*, apresenta esse aumento em números arredondados: de 30 para 250 (2015, p. 57-58). A população de um sítio é calculada a partir de uma média de 200 habitantes por hectare (FINKELSTEIN, 2015, p. 58).

as organizações camponesas tribais de Benjamim, Efraim e Manassés. Na região das montanhas de Judá, mais árida e inóspita, esse aumento populacional acontecerá com aproximadamente um século de atraso em relação à região montanhosa mais ao norte, entre Jerusalém e o vale de Jezrael. Consequentemente, ali o processo de constituição da tribo de Judá se dará somente mais tarde. O fato de o aumento populacional se dar no mesmo período em que ocorre a crise do sistema das cidades-estados cananeias, deixa claro que a maior parte das pessoas que integrará o povo de Israel é formada por camponeses cananeus fugidos da crise que assolava as planícies cananeias. Essas famílias camponesas cananeias vão se associar às famílias de pastores e outras já assentadas nas regiões montanhosas e serão a base de Israel, que se forma nas montanhas centrais da Palestina.

Com o aumento da população, os assentamentos ao redor de Siquém, Betel e Hebron certamente originaram as primeiras tribos, possivelmente dando início ao povo que na estela erigida pelo faraó Merneptah (ou Merenptah), de 1213-1203 a.C., é chamado de "Israel". Essa estela é o registro mais antigo do nome "Israel" e refere-se a um povo que vivia na região montanhosa central de Canaã. A forma como a palavra "Israel" está escrita na estela pode ser entendida como indicativo de povos nômades, ou seminômades, mas nesse caso provavelmente esteja se referindo a um conjunto de vilarejos camponeses que não haviam constituído cidades com muralhas (KESSLER, 2009, p. 56; COOTE, 2017, p. 25). Provavelmente se tratava já das tribos de Efraim, Benjamim e Manassés. A tribo de Manassés (cf. Js 17,1) é formada por Maquir (Jz 5,14) e Galaad (Jz 5,17). A região de Hebron e seu povo talvez fossem parte de Benjamim, e Judá ainda não estivesse organizada como uma tribo (KNAUF; GUILLAUME, 2016, p. 48; SIEGFRID, 1985, p. 59-150; BAILÃO, 2013, p. 36-64), sendo somente uma referência ao nome da montanha (1Sm 17,12). Isso tem certo grau de probabilidade, uma vez que a tribo de Judá não é mencionada em Jz 5, considerada uma das narrativas mais antigas na Bíblia. Como veremos mais adiante, a região de Judá, ao redor da montanha de Judá, era habitada por clãs como o de Otoniel e de Jerameel e grupos isolados, como os calebitas (1Sm 30,14), efratitas (1Sm 17,12) e quenitas (Js 15,13-19; Jz 1,12-16; 1Sm 30,26-31).

5. A vida nas tribos de Israel

Os nomes das tribos, em muitos casos, originaram-se dos nomes das montanhas ou do território por elas ocupadas. É o caso da "tribo de Efraim", que indicava o povo que vivia nas vizinhanças do monte Efraim, ou de Gilead, ou Galaad, que vivia na região chamada de Gilead/Galaad. Judá também é a montanha ao redor da qual se formará a tribo de Judá. Benjamim, em hebraico, significa "o filho da direita", que do ponto de vista de Efraim é o mesmo que dizer "o filho do sul" (MILLER; HAYES, 2006, p. 85-86). Portanto, como escrito acima, o conceito de "tribo" na reconstrução da história de Israel não tem como fundamento o parentesco entre os membros da tribo. Relações sociais, políticas, culturais e religiosas também são bases para a formação de uma tribo.

As tribos de Israel, com mentes e corpos marcados pelas estruturas opressoras cananeias e egípcias, visando eliminar as grandes desigualdades sociais que haviam sofrido, vão desenvolver seus laços de solidariedade e princípios éticos, procurando constituir sociedades sem concentração de terras, de poder e de riqueza. As tribos viviam sem reis e eram formadas por associações de famílias nas quais deveria predominar as relações de solidariedade, ajuda mútua e justiça social; uma sociedade de defesa e promoção da vida para todos.

Uma tribo (*shévet* ou *matéh*, em hebraico; Jz 21,24; 1Sm 9,21) era formada por um conjunto de vilas ou aldeias camponesas (*perazot*), espalhadas dentro dos limites territoriais da tribo. Cada vila ou aldeia camponesa, por sua vez, era formada por um grupo de clãs familiares, cada um ocupando uma parcela da terra tribal. Um clã (no hebraico *mispahah*), era uma família estendida ou ampliada, que por sua vez era subdividida em várias casas paternas (Nm 1,2). Cada homem casado do clã chefiava uma casa paterna (*bêt av*, no hebraico), que era constituída por ele, sua esposa, seus filhos e filhas, noras e genros, netos e bisnetos (na maioria das vezes, a mulher abandonava sua família e se juntava à família de seu marido, como na família de Noé Gn 7,7, ou como Rebeca em Gn 24; às vezes era o homem que deixava sua casa para juntar-se à família de sua esposa, como em Gn 1,23-24).

Na casa paterna (*bêt av*), além dos que se agregavam através do casamento, estavam também peregrinos e migrantes (*guêr*, ver KNAUF; GUILLAUME, 2016, p. 49), que eram incluídos na família como artesãos especializados ou como um trabalhador ou trabalhadora a mais para ajudar a família em suas atividades cotidianas (em hebraico, chamados de *'éved*, pessoa integrada à família temporariamente ou para sempre; cf. Ex 21,1-6; Dt 15,12-18).[6] Grande parte dos membros de um clã era unida por laços de sangue e parentesco. Muitos eram descendentes de um patriarca e de uma ou mais matriarcas com ele casadas. Todos viviam em suas respectivas casas paternas, mas próximos uns dos outros, e juntos trabalhavam na mesma faixa de terra. Dentro do clã, o casal mais idoso era considerado "pai" e "mãe" de todos. Em relação a eles, todos eram seus filhos, filhas e irmãos e irmãs. Na casa paterna era assim também.

Além dos laços de sangue e parentesco, os clãs eram unidos uns aos outros por meio de associações de proteção mútua. Funcionavam como uma "associação protetora" (COOTE, 2017, p. 21). Cada chefe de família tinha o seu *go'el*, que era uma espécie de padrinho protetor, responsável por ajudar o seu apadrinhado em caso de doenças, dívidas (Lv 25,25), discussões judiciais (Jó 19,25; Is 41,14), redistribuição ou retomada de terras (Rt 2,20; 3,13; 4,1-6); também era encarregado de executar a vingança contra quem agredisse um membro da família. O direito de vingança visava inibir qualquer tipo de agressão ou ataque contra os membros da família (Nm 35,16-27; Dt 19,11-12; 2Sm 14,11;

---

[6] Geralmente, a palavra *'éved* é traduzida em nossas Bíblias como "servo" ou "escravo". Nenhuma destas traduções faz jus ao seu significado, porque levam para dentro do texto relações sociais do escravismo colonialista que houve no Brasil, ou relações do feudalismo europeu, que não existiram no Israel antigo.

1Rs 16,11). Assim, nas intrincadas relações clânicas, um chefe de família era protetor do outro, um era o *go'el* do outro.

Essas instituições estavam integradas nas práticas e nos costumes tradicionais da tribo e constituíam o chamado "direito consuetudinário" (*mishpat*). Nem sempre estiveram na forma escrita, mas eram as referências que estruturavam a vida nas tribos. Neles prevalecia, apesar de tudo, uma forte tendência de defesa da vida, da solidariedade e da justiça, evitando relações de violência, de dominação e de exploração, direcionando a organização das tribos em torno do uso compartilhado da terra e do exercício de poder, com vistas a impedir a concentração de poder, de terras e de riqueza.

Essas organizações sociais que buscavam viver em liberdade e em solidariedade são o núcleo inicial do povo de Israel. Contudo, eram sociedades humanas, marcadas por todas as ambiguidades que costumam acompanhar o desenvolvimento de quaisquer grupos humanos. Não devem ser idealizadas nem imaginadas como uma sociedade igualitária, como os grupos de caçadores e coletores que existiam nos primórdios da caminhada humana. As tribos tinham uma ideologia igualitária, porém essa igualdade se dava prioritariamente entre os chefes das casas, os patriarcas das famílias ou os "anciãos" (KNAUF; GUILLAUME, 2016, p. 48).

As tribos eram uma organização política dos clãs, geralmente uma espécie de aliança de defesa mútua. Eram as assembleias dos anciãos das vilas que administravam os aspectos da produção agrícola, dos direitos sobre a água, a distribuição das faixas de terra, ciclos ou áreas de pousio (repouso da terra), taxas e contribuições coletivas, início da colheita etc. Dentre os anciãos, aqueles reconhecidos por sua sabedoria e por sua riqueza e poder pessoal podiam ser chamados para arbitrar conflitos e disputas internas e externas. Eles não eram pagos pelo exercício do cargo, mas podiam receber alguma compensação por despesas que teriam ao receber viajantes ou ao hospedar as assembleias tribais.

Para assegurarem certo nível de autossuficiência, as tribos uniam clãs que manejavam diferentes zonas ecológicas, como florestas, campos férteis, áreas de pastagem e estepes. Eram abertas para receber artesãos migrantes especializados em metais, cerâmicas, couros, madeira, pedras etc., os quais se integravam a um clã da tribo como uma espécie de "cliente", uma vez que eram originários de outras vilas ou clãs fora da tribo. Por isso, não tinham direito à palavra nas assembleias clânicas ou tribais e não podiam tornar-se o chefe da casa que o acolheu, mesmo quando fosse o ancião mais idoso do grupo. Como clientes, tinham mais obrigações do que direitos; eram pessoas ou grupos em posição inferior que aceitavam subordinar-se a esse *status* em troca da proteção que o clã e a tribo deveriam lhes dar.

Apesar de as tribos serem sociedades com um menor grau de poder e de riqueza concentrados, existem nelas diversas camadas sociais: uma espécie de aristocracia formada pelos chefes (os primogênitos pais) das famílias, os demais homens das tribos e os clientes (*gêr* e *'eved*). São também marcadas por relações patriarcais, em que as mulheres precisavam lutar muito para ser ouvidas e devidamente respeitadas, e em que as crianças, especialmente as meninas, eram pouco consideradas. As estruturas tribais continuam durante as monarquias, sofrendo mais ou menos influência das políticas e projetos dos reis (Jó 29,7-17). Embora a organização tribal possa ter inspirado várias lutas proféticas, e talvez até a ideia do Reino ou reinado de Deus, essa formação não deve ser idealizada, mas pensada criticamente.

6. Quanto à religião das tribos

Os grupos urbanos e as aldeias camponesas das montanhas e do sul de Judá possuíam praticamente a mesma cultura: eram cananeus, e os seus deuses e deusas eram as divindades do panteão cananeu, que para o antigo Israel podemos, inclusive, chamar de "panteão cananeu-israelita": El, Elohim, Asherá, Baal, Astarte, Anat, entre outros. Não conheciam ainda o Deus Javé (Ex 6,3). Javé passará a ser conhecido e cultuado em Israel somente a partir dos anos 1050 a.C., pouco antes de Saul (SMITH, 1990, p. 31; MILLER, 2000, p. 1; LEMAIRE, 2007, p. 16-17; RÖMER, 2016, 87-88).

A vertente urbana da religião, estabelecida principalmente nas planícies, estava associada ao sistema de poder e funcionava como uma religião oficial. Ensinava que as deusas e os deuses apoiavam, abençoavam e comunicavam-se diretamente com o faraó e com os reis. Nas teologias oficiais, as divindades não estavam interessadas na vida das pessoas que trabalhavam, das pessoas pobres, marginalizadas ou escravizadas. Somente os reis e faraós eram considerados filhos de Deus (cf. Sl 2,1-9; 45,7-17; 82,6-7). As outras pessoas deviam reverenciar e obedecer ao faraó e aos reis como representantes dos deuses na terra, ou os próprios deuses. Eram cultuados em grandes celebrações nos templos oficiais e todo povo devia trazer-lhes tributos, oferendas e submeter-se a trabalhar na construção de seus palácios e templos. Dentro das muralhas, na religião oficial das cidades-estados, as divindades do panteão cananeu eram postas a serviço da legitimação do poder, da coleta de tributos e do acúmulo de riquezas e poder.

Entre as aldeias camponesas nas montanhas, o culto aos deuses e às deusas e a espiritualidade estavam vinculados aos diversos aspectos fundamentais da vida, como ter filhos (*El, Asherá*), fertilidade dos campos (*Baal*) e dos animais (*Asherá*), saúde (*Reshep*), amor, proteção (*Anat, Astarte*), veneração aos antepassados mortos (*Elohim/Terafim*) etc. Eram os anciãos, os pais e as mães que realizavam o culto, que acontecia nas casas e vilas. Nos santuários tribais havia famílias sacerdotais hereditárias, mas, antes da monarquia, as oferendas eram praticamente simbólicas e ninguém ficava mais rico nem mais pobre na vertente da religião camponesa. Festas eram ocasiões de sacrifícios maiores para evitar acúmulos (Jz 21). Era uma religião centrada na defesa e na promoção da vida, da identidade e das instituições que possibilitavam a vida nas condições ambientais das aldeias.

7. E o êxodo?

A narrativa do êxodo, da libertação dos israelitas da escravidão do Egito, da travessia do mar a pé enxuto, do estabelecimento de uma aliança com Deus na montanha do Sinai, é, de fato, uma grande e impressionante história, na qual ecoam circunstâncias, eventos e relações internacionais do segundo milênio antes de Cristo. "E, de fato, os principais pontos da narrativa de Israel no Egito são plausíveis" (HOFMEIER 2007, p. 226). São plausíveis porque muitas coisas aconteceram entre Canaã e Egito no período do Bronze Médio (1750 a.C.) e do Bronze tardio (1100 a.C.). Alguma vez uma pessoa de Canaã governou o Egito? Sim! Pastores nômades trouxeram seus rebanhos e se estabeleceram no Egito? Sim! Pessoas ou exércitos egípcios atacaram Canaã? Sim! Alguma vez o Egito escravizou cananeus? Sim! Havia montanhas sagradas no deserto do Sinai? Sim! Havia na região grupos de pessoas com nomes como Israel ou Hebreus? Sim! Houve assentamentos de grandes grupos de pessoas em novos territórios em Canaã? Sim! Há evidências extrabíblicas do culto ao Deus Javé? Sim!

Mas infelizmente todas essas respostas positivas não nos levam a um grupo único de tribos conhecidas como israelitas nem a um conjunto de eventos que teriam acontecido em um período de quarenta ou quarenta e cinco anos. Essas atividades aconteceram na região sim, mas em um período de mais ou menos seiscentos anos, entre 1750 e 1100 a.C., e foram protagonizadas separadamente por um conjunto de diferentes povos em momentos diversos. Não podem, portanto, ser usadas para fundamentar a historicidade da narrativa bíblica do Êxodo (1–24).

Existem dois principais problemas quando se tenta identificar elementos históricos na narrativa do Êxodo. Primeiro: após mais de um século de pesquisas e de massivos esforços de gerações de arqueólogos e egiptólogos, nada relacionado diretamente à narrativa do Êxodo, de uma estadia no Egito e de uma fuga ou migração em larga escala foi descoberto até agora. Segundo: a própria narrativa do Êxodo parece ter sido escrita de modo a evitar especificações históricas. Não há o mínimo de informação necessária que permita assinalar uma data para o êxodo. O nome do faraó, ou da filha do faraó que tirou Moisés das águas, ou do faraó que elevou José ao plano de primeiro-ministro, não nos é fornecido.

A formação do povo de Israel: no diálogo entre a leitura crítica da Bíblia e a arqueologia

O que é uma lástima, porque os egiptólogos possuem um conhecimento bastante detalhado da cronologia real egípcia.

O próprio Moisés aparece do nada. É dito que descende de levitas, e mais nada. Nem mesmo o nome "Moisés" dá alguma pista. Embora a tradição judaica se esforce para ligar esse nome com o verbo hebraico *mashah*, "retirado, ou tirado para fora", relacionando o nome com o ato da filha do faraó que tirou Moisés das águas (Ex 2,1-10), o nome Moisés não é de origem israelita. Na verdade, Moisés é um nome egípcio, *Moses*, que significa "filho de" e aparece em nomes de faraós como *Tutmoses* ou R*amses*, nos quais os faraós são designados filhos do Deus Tut e do Deus Rá, respectivamente (DONNER, 1997, v. I, p. 127).

Dito isso, somente a menção das cidades-armazéns de Pitom e Ramsés podem dar alguma pista para a datação da abertura dos acontecimentos do êxodo. Mas mesmo isso é problemático. Enquanto a cidade de Ramsés (Pi-Ramsés) é localizada em Qantir, a noroeste do Tell el-Daba, que teria sido habitada do início do décimo terceiro ao final do décimo segundo século a.C., por volta do ano 1130 a.C., a cidade de Pitom tem sua localização discutida. Para alguns é identificada com o sítio do Tell el-Retaba; para outros, com Tell el-Maskhuta. Tell el--Retaba pode datar do décimo terceiro ou décimo segundo século e foi habitada até o sétimo século a.C., exatamente quando Tell el-Maskhuta foi construída. Então, caso a cidade de Pitom, citada no Êxodo, seja Tell el-Maskhuta, isto seria uma prova de que a narrativa bíblica do Êxodo teria sido moldada no sétimo século a.C. (WRIGHT; ELLIOT; FLESHER, 2017, p. 255).

Outros aspectos reforçam o sétimo século a.C. como data de elaboração escrita da narrativa do Êxodo. O itinerário percorrido pelos escravos libertos apresenta nomes de vários locais que somente foram povoados e nomeados por volta dos anos 700 a.C. (FINKELSTEIN, 2018, p. 58-62). Também é mais ou menos nessa data em que a autoridade maior do Egito passou a ser chamada de "faraó"; antes dessa época, era chamado de "rei". Outro elemento muito importante que aponta para o sétimo século como a data para a redação da narrativa bíblica do Êxodo é centralidade de Javé no evento. O longo processo de elaboração do livro do Êxodo, com muitas atualizações, ampliações e releituras, torna difícil saber qual é originalmente a divindade do êxodo. Olhando com mais cuidado a narrativa, vemos que o Deus do Êxodo aparece nas narrativas ora como *Elohim*, o Deus familiar (3,6; cf. Gn 31,53 e 1Rs 12,28) ou como o *Elohim* dos hebreus – *hapirus* (5,3; 3,18; 7,16), ora como *'El* (Deus supremo do panteão cananeu israelita), dos camponeses israelitas de origem cananeia (cf. Gn 46,3-4; Nm 23,22; 24,8). Contudo, a divindade mais citada é Javé: "Eu sou Javé, o seu Deus, que tirou você da terra do Egito, da casa da escravidão" (Ex 20,2).

Possivelmente as narrativas mais antigas apontavam *'El* como o Deus do êxodo, como vemos em Gn 46,3-4; Nm 23,22 e 24,8: "*'El* os fez sair do Egito, eles [Israel] são como chifres de búfalo para ele". Talvez não percebamos isso porque a maioria das Bíblias "traduz" o nome hebraico *'El* com a palavra "Deus", do mesmo modo como "traduz" a palavra *'Elohim*.[7] A prevalência de Javé na narrativa do êxodo é um forte indicativo de que a redação aconteceu após as reformas de Ezequias e de Josias, pois foram esses reis que promoveram a identificação de *'El* e *'Elohim* com Javé e colocaram Javé na origem de instituições antigas, como a Páscoa, a Festa dos Primogênitos, a circuncisão, e também com os eventos do êxodo. A afirmação: "Eu sou Javé, o seu Deus, que tirou você da terra do Egito, da casa da escravidão" (Ex 20,2), tornou-se a afirmação central do Antigo Testamento.

Assim, os estudos críticos da Bíblia apontam que muito provavelmente a maior parte da narrativa do êxodo, e sua grandiosidade (Ex 1–24), foi elaborada durante o reinado do rei Josias (±620 a.C.). E, no período do pós-exílio, essas narrativas foram estendidas e intensificadas

---

[7] Uma das poucas exceções é a Nova Bíblia Pastoral (Paulus, 2015), que optou por usar a palavra "Deus" somente onde o texto hebraico tem a palavra *'Elohim* e por transliterar todos os outros nomes divinos que aparecem no texto hebraico, como *'El Roí*, *'El Betel*, *'El Olam*, ou nome da deusa *Asherá*, entre outros, procedendo do mesmo modo quando aparece o tetragrama YHWH, que é transliterado como Javé, forma consagrada pela teologia latino-americana. Esse procedimento permite ver a grande diversidade de deuses e deusas que eram cultuadas antes das reformas de Ezequias e de Josias.

com o acréscimo das pragas, o poder do bastão de Moisés, que quase como um bastão mágico separa as águas do mar em duas colunas rígidas, entre as quais o povo pode passar a pé enxuto, e após a passagem o bastão é baixado e o mar se fecha, engolindo os carros, cavalos e guerreiros das tropas egípcias (DONNER, 1997, v. I, p. 111).

Então, o que se pode dizer sobre o êxodo? Apesar de tudo é preciso reconhecer que houve uma ou várias experiências de libertação. A teologia do êxodo está presente em praticamente todos os textos do AT e é uma das principais teologias da Bíblia Hebraica. Portanto, a historicidade de uma ou várias experiências de libertação como fato fundante da narrativa do Êxodo não pode ser negada. O que temos é dificuldade de saber hoje o que de fato aconteceu, onde e quando aconteceu.

Na base deve estar a narrativa de um grupo que conseguiu libertar-se (Ex 14,5) da opressão do Egito, ou de uma cidade israelita controlada pelo Egito. Pode ser também várias narrativas de vários "êxodos" de diversos grupos que foram ao longo do tempo fundidas em uma só. Diversas foram as libertações vivenciadas no processo de formação de Israel. Há a libertação da fome vivenciada pelas primeiras famílias de pastores que se sedentarizam nas montanhas. Há a libertação dos camponeses cananeus, que fugiram da opressão dos reis de Canaã e dos faraós do Egito e das guerras causadas pelas invasões dos "povos do mar" e foram acolhidos nos assentamentos dos pastores nas montanhas. Há a libertação de grupos de marginalizados sem-terra que eram perseguidos e muitas vezes escravizados pelas sociedades agrárias ou urbanas do mundo cananeu e do império egípcio.

Nas Cartas de Amarna, esses grupos são chamados de *hapirus*; nos textos bíblicos em hebraico aparecem como *'ivri*, que é traduzido por "hebreus" (Gn 14,13; 39,14; Ex 1,15; Dt 15,2; 1Sm 4,6; 13,3.19); nos textos egípcios são chamados de *shasu*; e no acadiano são denominados *sutû*. Esses grupos de marginalizados encontraram abrigo e se integraram nas tribos de Israel. Sendo, inclusive, como se viu acima, o termo "hebreu" um derivado da palavra *'ivri – hapiru* (KNAUF; GUILLAUME, 2016, p. 31). E certamente também estão embutidas na narrativa do Êxodo a resistência e a luta dos próprios israelitas que por séculos se levantaram contra a presença imperialista e colonialista do Egito em Israel, pois o livro do Êxodo foi sendo formado ao longo de séculos, nos quais Israel sofreu violências e opressões tanto dos próprios reis (1Rs 12,4; Is 10,1; Am 6,1-6; Os 7,1-3; Mq 3,1-3.9-12) quanto de reis estrangeiros (2Rs 17,2-6; 24,10-17; 25,1-21); situações que forneceram muitas outras memórias de opressão e libertação, que hoje praticamente encobriram a narrativa original do Êxodo.

O importante é que a experiência de libertação se tornou uma chave hermenêutica que permite encontrar a face solidária da divindade na luta contra a violência e a injustiça, que se faz presença solidária e libertadora junto aos oprimidos (2,23-24; 3,7-8; At 7,34). Essa concepção de divindade libertadora está no coração do livro e da fé de Israel e no centro da vida e do anúncio de Jesus. Um dos grupos que experimentaram essa libertação pode estar na origem dos levitas, associados ao êxodo (2,1; 4,14; 6,14-27). Esses grupos de levitas uniram-se aos pastores e pastoras, camponesas e camponeses majoritariamente cananeus, que formaram Israel nas montanhas de Canaã, e ali atuavam como sacerdotes das vilas camponesas de Efraim, Manassés e Benjamim (Dt 18,1; 21,5; 24,8 etc.).

De fato, a memória da libertação do Egito parece ter tido maior enraizamento em Israel Norte (KNAUF; GUILLAUME 2016, p. 36). A teologia do êxodo está conectada com os santuários do norte (1Rs 12,28) e está bem presente nas tradições nortistas (Gn 46,3-4; Ex 22,20; Dt 15,15; 16,1; 23,9). Mas a evidência maior é dada pelos profetas nortistas: Am 2,10; 3,1; 5,25; 9,7; Os 2,17; 8,13; 9,3; 11,1.5; 12,10; 13,4. De fato, Oseias é o livro profético em que mais vezes a palavra "Egito" é mencionada. No Israel Norte, a teologia do êxodo tornou-se o paradigma, o modelo bíblico para falar de opressão e libertação. Por outro lado, não se encontra nenhuma alusão ao êxodo em Is 1–39 nem em Mq 1–3, textos que sabemos ser provenientes de Judá, da segunda metade do sétimo século a.C.

Como a arqueologia parece comprovar, foi só após o implemento econômico, demográfico e cultural trazido para Judá, a partir de 722 a.C., pelos nortistas que fugiam da invasão assíria, que Jerusalém terá condições socioculturais de começar a escrever uma obra histórica de vulto. E

A formação do povo de Israel: no diálogo entre a leitura crítica da Bíblia e a arqueologia

será nesse momento que as tradições orais e escritas trazidas do reino do norte – entre as quais estão as partes mais antigas de Gn 31–33; 48,1-22; 49,22-26; Ex 20,22–23,19; 24,1-11; 32–34; Dt 12–26; Jz; 1 e 2 Sm; 1 e 2 Rs; Am; Os etc. – serviram de inspiração e base para o rei Josias e sua corte darem início à elaboração da grande obra histórica de Israel.

Nessa obra histórica, núcleo inicial da chamada "Obra Histórica Deuteronomista", prevalece a perspectiva da corte josiânica javista de Jerusalém, que naquele momento confronta-se com o Egito, no sonho de dominar as tribos e terras férteis de Israel Norte, politicamente desmantelado desde a invasão assíria. Com os escribas da corte de Josias, a narrativa do êxodo receberá os contornos de grandiosidade, especialmente ressaltando o grande poder de Javé, que sozinho "atirou no mar carros e cavalos" do Egito (Ex 15,1), sozinho Javé venceu os Deuses e os exércitos do faraó (Ex 15,11).[8] No entanto, nessa obra apresenta-se um Javé oficial marcado pela ambiguidade da religião oficial: em uma face se mostra defensor dos pobres (Dt 10,17-19; 15,1-19) e, na outra, castigador (Dt 1,35; 6,14-15; 8,19-20), intolerante, violento (Dt 7,1-6; 7,21-26; 12,2-3); e movido por um ciúme assassino (11,16-18; 13,1-19) e contraditório (Dt 5,17; cf. Ex 20,13).

O importante, porém, é não perder de vista o que foi constantemente relembrado pelos profetas populares e anunciado e vivido por Jesus e seus primeiros seguidores e seguidoras. No cerne da fé que eles nos deixaram está o convite a sermos cada vez mais seguidores coerentes da divindade sensível às violências e injustiças, que é contra a opressão e que promove a vida se fazendo presença libertadora junto aos oprimidos e oprimidas.

---

[8] A "Obra Histórica Deuteronomista" coloca a narrativa do êxodo como a tradição fundante de Israel. E, através dela, a centralização do culto em Jerusalém, a proibição do culto aos "outros Deuses", o desmantelamento de todos os santuários fora de Jerusalém, e muitas das principais instituições do Israel antigo foram relacionados a Javé e ao êxodo, e assim legitimadas, como a Páscoa e a festa dos Pães Ázimos (Ex 12,1-28; 13,3-10), a oferta dos primogênitos (Ex 13,1-2.11-16). Isso determinou, inclusive, a estrutura atual do livro do Deuteronômio, que terá toda sua segunda parte (19-40) ocupada por conjuntos legislativos, descrições do santuário e dos rituais sacerdotais, onde prevalecem as teologias, instituições e hierarquias do pós-exílio, ficando na primeira parte (1-18) a narrativa do êxodo propriamente dita.

8. Como Javé entra na história de Israel

No núcleo inicial das tribos de Israel, formadas por gente de diversas origens, as relações são estabelecidas a partir da luta contra a opressão e pela liberdade. As divindades são experimentadas como presença protetora e libertadora, como força aliada nessa luta. E também como força cuidadora da reprodução da vida humana e animal, e da produção da comida. Porém, esses diversos grupos possuíam diferentes tradições religiosas: para os pastores nômades, esse Deus é *Elohim*, o Deus dos pais, o Deus dos antepassados (Ex 3,6; cf. Gn 31,53), ou *El Shaddai*, o Deus das estepes, das montanhas (Ex 6,3, cf. Gn 17,1), ou das mamas (Gn 49,25). Para os marginalizados, pobres, é o *Deus dos hebreus* (Ex 5,3; 3,18; 7,16), sendo que aqui "hebreu" não tem ainda a conotação racial de descendente de Abraão que terá no pós-exílio, mas, como visto acima, é a forma hebraica da palavra *hapiru*, que designa a condição social de gente marginalizada. E, ainda, para os camponeses cananeus o Deus maior é *El*, inclusive parece ter sido esse o Deus da narrativa mais antiga do êxodo (veja Nm 23,22; 24,8; cf. Gn 33,20; 35,7).

Nas vilas e tribos, a compreensão libertadora das divindades certamente incluía também o culto ao deus da chuva e da fertilidade dos campos, como *Baal*, e às deusas da fertilidade das pessoas e dos animais, como *Asherá*; do amor, como *Anat*, entre outros e outras. Para cada área importante da vida havia uma divindade encarregada. Cada divindade tinha uma espécie de jurisdição.

Como já foi visto, essa configuração politeísta da religião, ou das religiões de Israel, no plural, como pensam alguns pesquisadores hoje (ZEVIT, 2001; HESS, 2007; 2017; STAVRAKOPOULOU; BARTON, 2010), perdurou ao longo de todo o período anterior ao exílio. Havia nesse período uma imensa diversidade de deuses e deusas, de locais de culto, de famílias sacerdotais e liturgias, que certamente resistiram às reformas de Ezequias e Josias, que tentaram estabelecer uma religião oficial com culto somente a Javé, centralizado em Jerusalém e sem imagens. Ezequias e Josias demoliram os outros locais de culto e combateram o culto aos "outros deuses" (a expressão *'Elohim aherim* – outros deuses – pode ser considerada uma impressão digital dos escribas de Ezequias e Josias nos textos bíblicos), bem como condenaram o uso de imagens.

Essas reformas, no entanto, devem ter tido algum efeito nos arredores de Jerusalém e nos territórios onde tinham controle maior. Nas áreas rurais e nas casas dos camponeses, esse controle praticamente não chegava e os cultos, rituais e imagens enraizados na religião camponesa, desde muito tempo, resistiam às políticas centralizadoras. O grande número de textos insistindo nessa condenação serve como prova da ineficácia da tentativa de mudar a religião por decreto ou por imposição violenta (LIVERANI, 2008, p. 181). Ainda no exílio (Jr 44,15-19) e pós-exílio há sinais de culto a *Asherá* (Zc 5,5-11).

Durante a formação das tribos, algum grupo deve ter trazido o culto a Javé para dentro das aldeias e tribos de Israel. Não podemos afirmar com certeza de onde veio Javé nem como e onde Javé começou a ser cultuado em Israel. Mas é bastante provável que seu culto tenha se iniciado nas regiões de Benjamim e Efraim (JEREMIAS, 2019, p. 149-153; RÖMER, 2016, p. 87-88; FLEMING, 2021, p. 256), nos tempos de Saul e Davi (SCHMID, 2019, p. 289). Por vários textos sabemos que Javé é uma divindade que veio de fora de Canaã (Ex 2,16; 3,1-2; Dt 33,2; Jz 5,4; Hab 3,3). Olhando os textos bíblicos, que se referem ao início da monarquia, começam a aparecer nomes iniciados com *Io/Jo* (Jônatas/ Yonatan, "presente de Javé"), ou terminados ou formados com *Yah/Ias*: Adonias, "meu senhor é Javé" (2Sm 3,4); o nome Natã pode ser uma abreviação de Natanias, "presente de Javé" (2Sm 7,2); Saraías, "Javé persiste"; Banaías, "Javé construiu"; Joiada, "Javé conhece" (2Sm 8,17-18); Urias, "chama, ou luz de Javé" (2Sm 11,3); Aías, "irmão de Javé", de Silo (1Rs 11,29); Semeías, "Javé ouve" (1Rs 12,22).[9]

---

[9] Para maior aprofundamento na questão dos nomes e da epigrafia, ver: TYGAY, Jeffrey H. Israelite Religion: The Onomastic and Epigraphic Evidence. In: MILLER, Patrick D.; HANSON, Paul D.; McBRIDE, S. Dean. *Ancient Israelite Religion*. Augsburg Fortress, Minneapolis: Fortress Press, 2009, p. 157-194.

Nos textos bíblicos prevalece a caracterização de Javé posterior às imposições religiosas de Ezequias e Josias, que, ao decretar a monolatria, identificam Javé com El (Dt 10,17)[10] e transferem os atributos das divindades proibidas, como Baal e Asherá, para Javé, que já aparece com as características que originariamente eram de El e de Baal (Dt 11,8-17; 28,1-46).[11] Chama a atenção o fato de que quase todas essas pessoas estão ligadas às armas e à guerra, seja como guerreiros, seja como profetas/conselheiros dos reis para assuntos de guerra e mobilizadores de guerreiros. Pode-se deduzir disso que Javé será integrado ao panteão das tribos e aldeias camponesas, possivelmente, como um Deus guerreiro (LEWIS, 2020, p. 428-473), que atuava e iluminava a organização da defesa armada das vilas e tribos. Javé era o Deus dos camponeses encarregados da vigilância, da defesa e das guerras de defesa (cf. Ex 15,2-3; 14,14.24-25.27; Nm 10,35; Jz 4,14-15; 1Sm 17,47; Jr 6,4; Is 42,13; Sl 24,8.10).

Os profetas de Javé eram os especialistas consultados para saber sobre táticas e estratégias de defesa e também a respeito da força e das artimanhas dos inimigos invasores (Jz 4,9.14-15; 5,11-12; 6,34; 11,9-11.29; 1Sm 17,41-47; 18,17; 23,9-13; 30,7-8 etc. A organização dos guerreiros e a realização das batalhas em defesa da vida dos camponeses parecem ser as áreas de atuação, a "jurisdição" de Javé (cf. Ex 14,14.24-25.27; 15,2-3; Dt 1,30; Jz 4,14-15; 1Sm 4,3-6; 14,6; 17,47 etc.). Mas, nas tribos e nas aldeias, esses "guerreiros" são camponeses que, em determinados momentos, precisam largar seus instrumentos de trabalho na roça e pegar em armas para realizar a vigilância e a proteção ou defesa da vila (RÖMER, 2016, p. 86-94). Formam um "exército" de defesa e travam

---

[10] Infelizmente, a maior parte das traduções para o português dificulta a percepção dessa identificação, pois usam a palavra "Deus" como equivalente tanto do hebraico 'Elohim como de 'El. A Nova Bíblia Pastoral (Paulus, 2015) é a única tradução que optou por diferenciar estas duas palavras hebraicas na tradução para o português, reservando a palavra "Deus" para o hebraico 'Elohim e apresentando 'El simplesmente transliterado como El.

[11] Ver as notas de rodapé explicativas destes e de outros textos semelhantes na Nova Bíblia Pastoral (Paulus, 2015).

somente guerras defensivas contra saqueadores. Terminada a batalha, voltam a ser camponeses.

Portanto, o culto a Javé estava relacionado à mobilização de camponeses para alguma ação armada de vigilância, proteção ou defesa, quando os camponeses necessitavam pegar em armas (1Sm 17,40-43) e formar "linhas" ou "fileiras" de guerreiros para defender a vida de suas famílias, suas colheitas, suas terras e sua liberdade. Porém, nessa época Javé é cultuado ao lado de outras divindades, com outras funções e áreas de atuação. Certamente os rituais de culto a Javé envolviam uma aspersão de sangue (Ex 24,5-8), espécie de aliança de sangue (RÖMER, 2016, p. 87), em que possivelmente as pessoas que ficavam nas aldeias se comprometiam a cuidar dos "órfãos e das viúvas", caso algum dos defensores morresse. Assim, com o passar do tempo, Javé torna-se também o garantidor das relações éticas de justiça e solidariedade (Ex 22,20-26; Dt 10,18-19; 24,10-22; 27,19; Sl 146,9; Is 1,17; Jr 7,6) (LEWIS, 2020, p. 495-574).

Por uns duzentos anos, entre 1250 e 1050 a.C., Israel será esse pequeno grupo de tribos autônomas e independentes umas das outras, nas quais as associações de famílias viviam mais ou menos solidariamente, procurando evitar o acúmulo de riqueza e a centralização do poder. É essa sociedade que forma o pano de fundo do livro dos Juízes e do início de 1 Samuel. E é certamente a uma sociedade assim que os profetas estão se referindo, quando falam em Reino ou reinado de Deus.

A defesa da vida, do direito à terra, à justiça e a uma vida livre e digna é a casa simples, mas forte, que dá origem à grande mansão bíblica. Ela é, portanto, o fundamento, o coração e a raiz mais sagrada de toda a Bíblia. É assim que surge Israel e é também aí que começa a história da Bíblia. Começa com experiências vividas, celebradas em cultos e transformadas em narrativas que são contadas pelos avôs, avós, pais e mães, para filhos e filhas, netas e netos. Os textos escritos virão somente mais tarde, já no contexto da monarquia e, especialmente, das reformas de Ezequias e de Josias.

Referências

ALT, Albrecht. *Terra Prometida*: ensaios sobre a História do Povo de Israel. São Leopoldo: Sinodal, 1987.

BAILÃO, Marcos Paulo. *Shiloh*: o messianismo antigo. São Paulo: Fonte Editorial, 2013.

COOTE, Robert B. The emergence of Israel again. In: CROSSLEY, James G.; WEST, Jim (Orgs.). *History, politics and the Bible from the iron age to the media age*. London/New York: T&T Clark, 2017. p. 19-40.

DEVER, William G. *What did the biblical writers now & when did they know it?* Michigan/Cambridge: Eerdmans Publishing Company, 2001.

DONNER, H. *História de Israel e dos povos vizinhos*. 2. ed. São Leopoldo/Petrópolis: Sinodal/Vozes, 2000. v. 1.

FINKELSTEIN, Israel. *O reino esquecido*: arqueologia e história de Israel Norte. São Paulo: Paulus, 2015.

FINKELSTEIN, I.; SILBERMAN, N. A. *A Bíblia desenterrada*: nova visão arqueológica do antigo Israel e das origens de seus textos sagrados. Petrópolis: Vozes, 2018. (Tradução melhorada e com título de acordo com o título original, que substitui adequadamente a primeira tradução para o português, intitulada *A Bíblia não tinha razão*. São Paulo: A Girafa, 2003.)

FLEMING, Daniel E. *Yahweh before Israel*: Glimpses of History in a Divine Name. Cambridge/New York/Melbourne/New Delhi/Singapore: Cambridge University Press, 2021.

GODELIER, Maurice. *Au fondement des sociétés humaines*: ce que nous apprend l'anthropologie. Paris: Albin Michel, 2007.

GODELIER, Maurice. *Les tribus dans l'histoire et face aux États*. Paris: CNRS Éditions, 2010.

GOTTWALD, N. K. *As tribos de Iahweh*: uma sociologia da religião de Israel liberto. São Paulo: Paulinas, 1986.

HESS, Richard S. *Israelite Religions*: An Archaeological and Biblical Survey. Michigan: Grand Rapids; Nottingham, England: Baker Academic/Apollos, 2007.

HESS, Richard S. The Religions OF THE People Israel and their Neighbors. In: EBELING, Jennie et. al. *The Old Testament in Archaeology and History*. Wacco: Baylor University Press, 2017. p. 477-502.

HOFFMEIER, James K. What is the Biblical Date for the Exodus? *Journal of the Evangelical Theological Society*, v. 50, n. 2, p. 225-247, 2007.

JEREMIAS, Jörg. Three Theses on the Early History of Israel. In: OORSCHOT, Jürgen Van; WHITTE, Markus. *The Origins of Yahwism*. Berlin/Boston: Walter de Gruiter, 2019. p. 145-156.

KAEFER, José Ademar. *As Cartas de Tell El-Amarna e o contexto social e político de Canaã antes de Israel*. São Paulo: Paulus, 2020a.

KAEFER, José Ademar. Quando Judá se torna Israel. *Pistis & Praxis: Revista de Teologia Pastoral*, Curitiba, v. 12, n. 2, p. 391-409, maio/ago. 2020b.

KESSLER, Rainer. *História social do antigo Israel*. São Paulo: Paulinas, 2009.

KILLEBREW, Ann E. The Philistines during the period of Judges. In: EBELING, Jennie et al. *The Old Testament in Archaeology and History*. Waco, Texas: Baylor University Press, 2017. p. 324-334.

KNAUF, Ernst Axel; GUILLAUME, Philippe. *A History of Biblical Israel*: The fate of the kingdoms from Merenptah to Bar Kochba. Sheffield, U.K./Bristol: Equinox, 2016.

LEMAIRE, André. *The Birth of Monotheism*: The Rise and Disappearance of Yahwism. Washington: Biblical Archaeological Society, 2007.

LEWIS, Theodore J. *The Origin and Character of God*: Ancient Israelite Religion Through Lens of Divinity. New York: Oxford University Press, 2020.

LIVERANI, M. *Para além da Bíblia*: história antiga de Israel. São Paulo: Paulus/Loyola, 2008.

MAEIR, A. M.; HITCHKOCK, L. A. Rethinking the Philistines. In: LIPSCHITS, O.; GADOT, Y.; ADAMS, M. (Eds.) *Rethinking Israel*: Studies in the History and Archaeology of Ancient Israel in Honor of Israel Finkelstein. Winona Lake, Indiana: Eisenbrauns, 2017. p. 247-266.

MAZAR, Amihai. *Arqueologia na terra da Bíblia*: 10.000-586 a.C. São Paulo: Paulinas, 2003.

MENDENHALL, George E. The Hebrew Conquest of Palestine. *Biblical Archaeologist*, v. 25, p. 66-87, 1962.

MENDENHALL, George E. *The Tenth Generation*: The Origins of Biblical Tradition. Baltimore/London: Johns Hopkins Univ. Press, 1973.

MENDONÇA, Élcio Valmiro Sales de. *O primeiro estado de Israel*: redescobertas arqueológicas sobre suas origens. São Paulo: Recriar, 2020.

MILLER, J. Maxwell; HAYES, John H. *A history of ancient Israel and Judah*. Louisville/London: Westminster John Knox Press, 2006.

MILLER, Patrick D. *The Religion of Ancient Israel*. Louisville, Kentucky/London: Westminster John Knox Press/SPCK, 2000.

NOVA BÍBLIA PASTORAL. São Paulo: Paulus, 2015.

RÖMER, Thomas. *A origem de Javé*: o Deus de Israel e seu nome. São Paulo: Paulus, 2016.

SAPIR-HEN, Lidar. Pig's as an Ethnic Marker? You Are What You Eat. *Biblical Archaeology Review*, v. 4, p. 41-43 e 70, November-December 2016.

SCHMID, Konrad. *A Historical Theology of the Hebrew Bible*. Grand Rapids, Michigan: Eerdmans Publishing, 2019.

SIEGFRID, Herrmann. *História de Israel en la época del antiguo testamento*. Salamanca (Espanha): Sigueme, 1985.

SMITH, Mark S. *The Early History of God*: Yahweh and the other deities in Ancient Israel. Michigan: Harper San Francisco/Dove, 1990.

STAVRAKOPOULOU, Francesca; BARTON, John (Eds.). *Religious Diversity in Ancient Israel and Judah*. London: T&T Clark International, 2010.

TOORN, Karel Van der. *Family Religion in Babylonia, Syria And Israel*: Continuity and Change in the Forms of Religious Life. Series: Study in the History and Culture of the Ancient Near East. v. 7. Leiden/New York/Koln: E. J. Brill, 1996.

TYGAY, Jeffrey H. Israelite Religion: The Onomastic and Epigraphic Evidence. In: MILLER, Patrick D.; HANSON, Paul D.; McBRIDE, S. Dean. *Ancient Israelite Religion*. Augsburg Fortress, Minneapolis: Fortress Press, 2009. p. 157-194.

WRIGHT, J. Edward; ELLIOT, Mark; FLESHER, Paul V. M. Israel in and out of Egypt. In: EBELING, Jennie et al. (Eds.). *The Old Testament in archaeology and history*. Waco, Texas: Baylor University Press, 2017. p. 241-272.

ZEVIT, Ziony. *The Religions of Ancient Israel*: A Synthesis of Parallactic Approaches. New York: Bloomsbury Academic, 2001.

Novas perspectivas dos exilados na Babilônia à luz dos tabletes de Āl-Yāhūdu

*Douglas de Souza Pedrosa**

Introdução

O objetivo deste texto é apresentar suscintamente o conteúdo do *corpus* de Āl-Yāhūdu e arredores, que evidencia os aspectos socioeconômicos e culturais da vida dos exilados de Judá e de outras minorias nos séculos VI e V AEC. A partir destas fontes, que são documentos em escrita cuneiforme acadiano, os tabletes lançam luz sobre a vida ordinária das quatro gerações de judaítas nos assentamentos rurais do sul da Babilônia. Sabe-se, portanto, que a deportação em massa, como forma de governar no antigo Oriente Próximo, proporcionou migrações involuntárias de vários povos dominados na história do mundo antigo. Dessa forma, o exílio de Judá também é resultado dessa política, nas três incursões realizadas nos anos de 597, 586 e 582 AEC. À vista disso, apresenta-se que, depois da Assíria conquistar Israel Norte (720 AEC), a luta perdurou algum tempo em busca do domínio pleno do antigo Oriente Próximo, entre Egito, Babilônia e a própria Assíria. Nesse tempo, de acordo com Schwantes (2008, p. 49), começa um breve período de autonomia nacional para Judá, que está sob ameaça do império que virá. Porém, a morte inesperada do rei Josias manteve os judaítas mais reféns dos poderes vizinhos. Sua derrota e morte para Neco II faz com que o

---

* Mestrando em Ciências da Religião na Universidade Metodista de São Paulo. E-mail: douglas-pedrosasf@gmail.com.

Egito comece um trabalho de modelar Judá à sua forma. Lipschits (2005, p. 63) diz ser provável que as manifestações da crescente força do Egito e a política externa ativista de Psammetichus II (595-589 AEC) engendrou o pacto antibabilônico entre os reis de Edom, Moabe, Amon, Tiro, Sidon e Judá, mas ainda assim essas alianças políticas não contiveram a força dos neobabilônios, os quais se tornaram totalmente independentes da Assíria, com Nabopolassar assumindo o reinado em 626 AEC. O rei da Babilônia, agora com o governo proeminente, conquista a cidade de Nippur e expulsa os assírios para o Norte e se fortalece ainda mais ao casar seu filho Nabucodonosor II com a filha de um grande aliado medo. Após essa união, o número de conquistas dos babilônios se torna crescente e um novo império vai se consolidando de forma esplêndida. Em 612 AEC, Nínive é invadida e assolada pelos babilônios. Por último, haveria a necessidade de conquistar o Egito para se tornar a potência do antigo Oriente Próximo. A Babilônia não impelente provoca uma guerra contra o Egito e o vence na batalha de Carquemis. Agora, o tempo de independência de Judá está próximo de seu fim. Houve incursões babilônicas na terra dos judaítas e em 597 AEC ocorre a primeira deportação. Em 586 AEC, no quinto mês, no dia sete, Nebuzaradã, comandante da guarda oficial do rei da Babilônia, fez sua entrada em Jerusalém. As terras de Judá são invadidas, tornando o rei Joaquim sujeito a Nabucodonosor.

A partir desse momento, encontramos um silêncio na Bíblia Hebraica quanto à vida ordinária dos que foram assentados na zona rural do império. Apesar disso, com base nas fontes em cuneiformes, sabemos que os exilados receberam recursos básicos da administração da Babilônia: os principais recursos eram terra, água e sementes (BERLEJUNG, 2016, p. 23). Para os deportados, a terra de proa sob sua responsabilidade era a base para a sobrevivência cotidiana, pagamentos dos impostos e demais obrigações para com a coroa. Também da terra, era necessário retirar qualquer tipo de atividade empresarial, investimentos e possível ascensão social.

1. Um novo *corpus* para novas perspectivas

O *corpus* de Āl-Yāhūdu e arredores é contemplado por aproximadamente 250 tabletes ao todo, dos quais 103 foram publicados[1] na 28ª edição da Cornell University Studies in Assyriology and Sumerology (CUSAS 28). Essa pesquisa é fruto de um intenso estudo indisciplinar realizado pelas assiriologistas Laurie Pearce e Cornelia Wunsch. Nessa obra, encontram-se a tradução, transliteração e comentários analíticos destes 103 tabletes de Āl-Yāhūdu e arredores, da coleção de David Sofer, registrados em inglês.[2] É importante ressaltar que os tabletes apareceram nos mercados de antiguidades[3] no início da década de 1990. Os 11 primeiros documentos divulgados são da coleção de Shlomo Moussaieff e foram publicados por Francis Joannès, André Lemaire,[4]

---

[1] PEARCE, Laurie E. and WUNSCH, Cornelia. *Documents of Judean Exiles and West Semites in Babylonia in the Collection of David Sofer*. Cornell University Studies in Assyriology and Sumerology 28. Bethesda: CDL: Press, 2014.

[2] Em 2015, os tabletes também foram publicados em hebraico por HOROWITZ, W., GREENBERG, Y. e ZILBERG, P. *By the Rivers of Babylon*: Cuneiform Documents from the Beginning of the Babylonian Diaspora. Jerusalem: The Bible Lands Museum Jerusalem and Israel Exploration Society.

[3] A pesquisa segue a mesma perspectiva adotada pelo respeitado pesquisador Tero Alstola, que também publicou análises do *corpus* em sua importante obra *Judeans in Babylonia: A Study of Deportees in the Sixth and Fifth Centuries bce*. Leiden; Boston: Brill, 2020. O teórico afirmou que decidiu discutir e analisar o material disponível de Al-Yāhūdu e seus arredores e que está ciente dos problemas éticos relacionados à publicação e posterior tratamento acadêmico dos tabletes. De acordo com Alstola, é necessário estudá-los criticamente, destacando sua origem não comprovada e os problemas envolvidos. Isso precisa ser feito, principalmente, porque essas questões não são destacadas nas primeiras publicações dos textos. O pesquisador espera que sua decisão leve a uma discussão crítica adicional dos tabletes e ao estudo de artefatos não comprovados, em geral, pela comunidade acadêmica e sociedades profissionais em estudos bíblicos e do Oriente Próximo.

[4] JOANNES, F.; LEMAIRE, A. (1996). Contrats babyloniens d'époque achéménide du Bît-Abî râm avec une épigraphe araméenne. *Revue d'assyriologie et d'archéologie orientale* 90: 41-60; Trois tablettes cunéiformes à onomastique ouest-sémitique (collection Sh. Moussaïeff), *Transeuphratène* 17: 17-34.

Kathleen Abraham[5] e Wilfred Lambert[6] (PEARCE, 2014, p. 7); outros 95 tabletes foram recentemente publicados pela Cornelia Wunsch, com o apoio da Laurie Pearce. Além desses, cerca de 40 tabletes estão sob o poder da "Autoridade de Antiguidades do Iraque". Os 103 tabletes formam três arquivos privados,[7] os quais são de Ahrīqam de Āl-Yāhūdu (52,4%, 54 tabletes), Ahrīqar de Bīt-Našar (45,6%, 47 tabletes) e o oficial real Zababa-šarru-us.ur de Bīt-Abī-râm (2%, 2 tabletes).

Em fevereiro de 2015, foi apresentada ao público a exposição *By the Rivers of Babylon*,[8] no Bible Lands Museum Jerusalem.[9] O curador da exposição, Dr. Filip Vukosavovic, afirmou que os tabletes colocam um rosto nas pessoas reais que passaram por esses eventos fatídicos. No que se refere à localização dos assentamentos Āl-Yāhūdu e seus arredores, ainda é pauta de análise, mas grande parte dos pesquisadores[10] tem indicado a região sudeste de Nippur, localizada ao sul da capital do império babilônico.

Dito isso, é importante enfatizar que o *corpus* de Āl-Yāhūdu e arredores se mostra relevante na pesquisa do exílio babilônico por alguns motivos, dentre eles, a sua datação. Os documentos que temos sobre esse evento são os livros de Ezequiel, Jeremias, Esdras e Neemias, e as fontes

---

[5] ABRAHAM, K. (2005-2006). West Semitic and Judean Brides in Cuneiform Sources from the Sixth Century BCE. New Evidence from a Marriage Contract from Āl-Yahudu Archiv für Orientforschung, 51: 198-219; ABRAHAM, K. (2007). An Inheritance Division among Judeans in Babylonia from the EarlyPersian Period, p. 206-221. In: LUBETSKI, M. (ed.). *New Seals and Inscriptions, Hebrew, Idumean and Cuneiform*. Hebrew Bible Monographs 8. (Shefeld).

[6] LAMBERT, W.G. A Document from a Community of Exiles in Babylonia. p. 201-205 in M. Lubetski (ed.), *New Seals and Inscriptions, Hebrew, Idumean and Cuneiform*, Sheffield, 2007.

[7] Wunsh (2013, p. 251-252) apresenta no artigo suas conclusões, após análise prosopográfica e reconstrução arquivística dos tabletes. Para pesquisar outras perspectivas sobre a reconstrução, ver Waerzzeggars (2015) e Alstola (2020).

[8] Para encontrar a exposição "By the Rivers of Babylon", ver http://www.noasarai.com/BLMJ/babylon.

[9] https://www.blmj.org/.

[10] Cornelia Wunsch (2013), Laurie Pearce (2015), Johannes Hackl (2017) e Tero Alstola (2020).

cuneiformes do *corpus* de Murashu (ca. 454-404 AEC). Nesse sentido, os tabletes de Āl-Yāhūdu e arredores, como documentos arqueológicos, cobrem uma lacuna enorme, possibilitando novas pesquisas e desdobramentos acerca do assunto.

As fontes datam de 572-477 AEC e registram comércios que envolviam assentados judaítas, minorias de outras etnias e também babilônios de várias origens sociais. Longe de retratar uma elite judia deportada, mas empobrecida – o *corpus* permite vislumbrar a vida de pessoas comuns em um ambiente rural, que cultivam a terra e constroem casas, pagam impostos e prestam serviços ao rei (WUNSCH, 2013, p. 249). Ao passo que as transações realizadas nas aldeias de Āl-Yāhūdu e seus arredores podem ser datadas com bastante precisão. Bloch (2019, p.46), comentando sobre as fórmulas astronômicas e o estudo do novo crescente lunar a respeito dos séculos VI e V AEC, afirma que as datas babilônicas registradas nos tabletes podem ser convertidas em datas absolutas, ou seja, datas expressas nos termos do calendário juliano com referência à Era Comum. As fontes em cuneiforme nos oferecem uma oportunidade única de estudar as condições socioeconômicas em evolução e as práticas culturais em mudança de um grupo considerável de exilados por um longo período de tempo (WAERZERGGERS, 2015, p. 180). No tocante, os descendentes da primeira e segunda geração de judaítas nasceram na Babilônia, convivendo com terras aráveis no ambiente rural.

Aproximadamente sessenta anos após a primeira deportação, o rei Ciro II promulga o decreto[11] que permite o retorno dos exilados à sua terra. Através dos tabletes de Āl-Yāhūdu e arredores, não há uma interrupção nas transações comerciais, o que pode indicar a permanência de boa parte do grupo na mesopotâmia e, por outro lado, não é descartável a ideia do retorno, conforme narra o livro de Esdras. Afinal, essa afirmação se torna possível e relevante a partir dos estudos dos tabletes de Nei-

---

[11] O Cilindro de Ciro encontra-se no Museu Britânico, em Londres. Sua identificação é BM 90920.

rab, os quais são documentos administrativos que foram encontrados, na década de 1920, a sudeste de Aleppo. Embora haja divergências quanto ao local de sua escrita, Tolini (2014) afirma que o texto 18, escrito em um dos quatro assentamentos onde viviam os neirabeanos, evoca o cultivo de tâmaras. Essa cultura, típica da Babilônia, está ausente do norte da Síria. De acordo com Eph'al (1978, p. 86-87), a deportação explica a presença dessa comunidade de sírios originários de Neirab na Babilônia. Nesse sentido, os tabletes de Neirab possibilitam o retorno de alguns exilados para a Síria e oferecem-nos o uso da mesma lente para abordar os exilados judaítas. Houve mudanças significativas na economia, através das divisões de herança e impostos aumentados[12] sob os aquemênidas, que pressionaram a migração. Todavia, o retorno às terras de Judá para as famílias humildes pode ter se tornado inviável, conforme observa Pearce e Wunsch (2014, p. 5). Dessa forma, os mais inclinados a retornar eram herdeiros de antigas famílias da elite de Judá, que poderiam reivindicar (ou esperavam reivindicar) propriedade fundiária e, eventualmente, restaurar seu direito ao serviço do Templo.

Sobre esse mesmo período, vale sublinhar que os tabletes de Āl-Yāhūdu e arredores estão inseridos no ambiente de turbulência política no período persa, sob o governo de Xerxes, após a morte de Dário I. Um elemento importante nas transações comerciais em Āl-Yāhūdu e arredores é o escriba responsável pelos acordos que eram fechados. Contudo, Pearce e Wunsch (2014) não discutem a participação direta do famoso escriba Arad-Gula. Sua participação evidencia o poder da Babilônia sobre os exilados em suas transações. Mais que isso, de acordo com Waerzeggars (2015, p. 187), ele é responsável por conectar os grupos 1 e 2 dos tabletes. Arad-Gula, enquanto escriba, desempenhava uma forte influência política, pois, durante os anos de 522-520 AEC, debaixo da

---

[12] JURSA, Michael. Taxation and Service Obligations in Babylonia from Nebuchadnezzar to Darius and the Evidence for Darius' Tax Reform, pp. 431-448. In: ROLLINGER, R.; TRUSCHNEGG, B., and BICHLER, R. (eds.). *Herodotus and the Persian Empire*: Akten des 3. Internationalen Kolloquiums zum Thema "Vorderasien im Spannungsfeldklassischer und altorientalischer Überlieferungen". *Innsbruck*, 24-28 November 2008, Wiesbaden.

tensão entre o domínio de Dário e o apoio que recebia contra os grupos favoráveis à autonomia babilônica, ele foi capaz de continuar suas atividades na vila de Bit-Našar. Este foi o seu local de trabalho durante o tempo que a aldeia esteve sob o controle de Dario (nn. 87, 88, 73, 89, 90, 69). Quando sua lealdade mudou para Nabucodonosor IV, um escriba diferente assumiu seus negócios (n. 86); o assentamento voltou suas negociações com Arad-Gula meses depois, assim que Dario retomou sua influência sobre a aldeia (nn. 70, 92 etc).

Posto isso, é importante dizer que a condição dos judaítas no período exílico está intrinsecamente ligada à política governamental do império neobabilônico. Os documentos de Āl-Yāhūdu e outros textos que tratam desse sistema político[13] evidenciam que exilados obtiveram certa flexibilidade nos assentamentos em que residiam. De acordo com Delorme (2017, p. 72.75),

deportados foram de fato capazes de viver uma vida tranquila e imperturbável no sul da Babilônia, enquanto a identidade judaica prosperava. Três fatos explicam por que e como a comunidade exílica babilônica conseguiu manter seus laços com formas anteriores de identidade, bem como perpetuá-los ao longo do tempo. Primeiro, a deportação babilônica e as políticas econômicas favoreceram a sobrevivência de pequenas comunidades étnicas. Em segundo lugar, os nomes dos pequenos assentamentos criados com o único propósito de acolher as comunidades deportadas atuavam como lembranças de suas respectivas histórias e contribuíam para a sobrevivência de sua antiga identidade. Terceiro, nomes pessoais/evidência onomástica demonstram que o local de Āl-Yāhrūdu era habitado principalmente por indivíduos da Judeia e que a cultura da Judeia estava florescendo no sul da Babilônia. Por mais curioso que possa parecer, as políticas de deportação babilônicas foram diretamente responsáveis por estabelecer as condições necessárias para a sobrevivência da identidade judaica no sul da Babilônia.

---

[13] Consultar Eph'al (1974).

Uma vez que o método de assentar minorias facilitou a preservação e a interação cultural entre elas, o local onde os grupos fixaram suas moradias também se mostrou desafiador, sobretudo no aspecto econômico. A principal fonte de renda se deu a partir da porção de terra que cada grupo familiar recebia ao chegar em seus assentamentos. Como agricultores no interior da Babilônia, eles tinham que lidar com todas as chances, riscos e deveres. A tarefa mais importante era entregar os impostos atribuídos regularmente e servir ao rei a cada ano, por um tempo limitado, mediante serviços militares ou trabalho obrigatório, por exemplo, em projetos de construção (BERLEJUNG, 2017, p. 102).

1.1 Economia dos habitantes da aldeia de Āl-Yāhūdu e arredores

Ao analisar essas fontes jurídico-administrativas, logo se percebe o espaço de tempo entre a destruição de Jerusalém (587/6 AEC) e o primeiro documento datado no 33º ano do reinado de Nabucodonosor II. Dalit Rom-Shiloni (2017, p. 127) afirma que esse intervalo entre os registros formais nos tabletes pode indicar dificuldades de realocação, ao invés de uma rápida aculturação na vida econômica da Babilônia. Os deportados foram designados para trabalhar nas terras que precisariam ser preparadas para o plantio, propriedades da coroa real. O grupo dos trabalhadores era dividido em *hatrus* e *shushanu*, indivíduos com o *status* jurídico de dependentes, que trabalhavam sob a supervisão do *šaknu*, gerente ou outros oficiais, os quais possuíam as designações de suas profissões ou propriedades nomeadas (STOLPER, 1985). De acordo com Bloch (2017, p. 92), na transição para o período Babilônico tardio, durante o qual o Oriente Próximo foi governado pelos impérios neobabilônico e aquemênida (625-539 e 538-331 a.C., respectivamente) o termo *šušānu* – o equivalente babilônico do assírio *susānu* – sofreu uma mudança semântica. A variação foi gradual, uma vez que as pessoas identificadas como *šušānu* do rei – aparentemente altos funcionários do estado – ainda são mencionadas em tabletes cuneiformes do reinado de Cambises (529-522 a.C.).

De acordo com Rede (2019, p. 9), com a implantação dos deportados, o palácio não buscou apenas explorar economicamente uma região de modo mais imediato. O sistema implicava a criação e reprodução de agrupamentos, antes estrangeiros, em território babilônico, em uma perspectiva de longo termo. Sendo assim, os judaítas instalados na região sul da Babilônia, diferentemente da família real que vivia na corte, trabalhavam com terras irrigáveis que o governo proporcionava e cultivavam tamareiras e campos agrícolas. Portanto, fazia sentido aprender muito rapidamente como lidar com essa terra e como cultivar na Babilônia com eficiência (BERLEJUNG, 2017, p. 102). Em decorrência disso, somente pela terceira geração que os dados sugerem a possibilidade de a família de Ahiqam, amplamente atestada nos documentos de Al-Yahūdu, ter começado a apresentar riqueza (e, possivelmente, *status* social mais elevado), isto é, no início dos anos do reinado de Ciro (ROM-SHILONI, 2017, p. 127). Por fim, os assentados adaptaram-se – inicialmente à força – a esse cenário, mas também aproveitaram suas frestas para recriar uma vida comunitária, ao mesmo tempo própria e em contínua interação com o meio diversificado em que se encontravam (REDE, 2019, p. 10).

1.2 Casamento etnicamente marcado[14]

Em 2004,[15] Kathleen Abraham teve contato com os tabletes e publicou informações altamente relevantes sobre os documentos que tratam do matrimônio dos deportados. Esse é um assunto muito valioso, mas infelizmente alguns tabletes ainda não foram disponibilizados para pesquisa e a maioria deles está ilegível para a leitura. Kathleen pesquisou cinco fontes, entre elas a divisão de uma herança e o contrato de casamento. Os dois últimos apontam para a proposta de Abraham, isto

---

[14] Abraham afirma que o *corpus* existente de cinquenta e três contratos de casamento neobabilônico inclui oito contratos etnicamente marcados. Trata-se de contratos em que pelo menos uma das partes do casamento, geralmente a noiva, e muitas vezes várias das testemunhas também eram de descendência estrangeira, a julgar pelos seus nomes e patronímicos.

[15] Ver nota 5 para mais detalhes das publicações da pesquisadora Kathleen Abraham.

é, uma investigação sobre o comportamento cultural da comunidade Āl-Yāhūdu, na medida em que se referem especificamente ao direito da família. Os textos acessíveis são do casal de colecionadores Shlomo e Aliza Moussaieff, e, a partir deles, é possível indicar o forte indicativo do entrelaçamento étnico-cultural dos deportados.

Abraham (2015, p. 33-57) procura responder como era um contrato de casamento em Āl-Yāhūdu, uma vez que a área do direito da família tende a preservar a identidade cultural de um grupo mais do que a instância empresarial ou direito de propriedade. Diante disso, a autora assume ser possível negociar outras frentes culturais, mas as questões concernentes ao casamento são permeadas por vínculos de tradição, em que sua preservação e aplicação são previstas por um conjunto de leis transmitidas de geração em geração. Nesse sentido, não se deve excluir a probabilidade de que casamentos de deportados obedeciam à língua e ao formato contratual dos babilônios, mas seu conteúdo sofresse determinadas adaptações. Conclui-se, diante dos aspectos apresentados acima, que havia, portanto, uma harmonização dos casamentos etnicamente marcados, conforme o contrato de casamento da coleção de Shlomo Moussaieff.[16] A fonte apresenta um babilônio identificado com Nabû-ban-ahi, que se casa com a judaíta Nannaya-kanat, filha de uma mulher chamada Dibbî. Nesse documento, além da noiva, a maioria das testemunhas também apresenta nomes não babilônios. Além disso, a novidade da questão é que o documento encontra-se na fórmula já conhecida neobabilônica para casamentos, percebidas em outros documentos, embora esse exiba algumas cláusulas excepcionais. Por último, Waerzeggers, que se dispõe a analisar duas maneiras de praticar o matrimônio no período persa, afirma que os matrimônios dependiam do *status* social dos envolvidos: famílias não elitistas negociavam de forma diferente das famílias da elite, em três áreas: riqueza nupcial, criação de família e regulamentos sobre adultério e divórcio (WAERZEGGERS, 2020).

---

[16] Publicado no artigo "West Semitic and Judean Brides in Cuneiform Sources from the Sixth Century BCE" (2004).

1.3 Nomes yahwísticos

Observando o *corpus* de Āl-Yāhūdu e arredores, percebe-se que estamos diante de um documento relevante quanto ao estudo dos nomes das minorias, sobretudo os judaítas com antropônimos yahwísticos. Afinal, junto com os papiros e óstracos de Elefantina, a documentação cuneiforme da Babilônia é a fonte mais importante para o estudo da onomástica judaica durante o período persa (Beaulieu, 2011, p. 246). A relevância da onomástica neste estudo se dá a partir do conhecimento que temos sobre a dificuldade de identificar minorias étnicas na Babilônia. Isso aconteceu em decorrência da própria Babilônia, que esteve aberta aos recém-chegados por muito tempo, o que torna problemático traçar uma linha tênue entre populações nativas e minorias (WAERZEGGAERS, 2020, p. 9).

Os pesquisadores Golub e Zilberg (2018, p. 312-324) realizaram uma análise onomástica de 265 nomes das primeiras gerações de judaítas no exílio. Segundo eles, em escavações arqueológicas de Israel e Judá, encontram-se artefatos com nomes pessoais da época da Idade do Ferro II. Os resultados que revelam as tendências onomásticas da Idade do Ferro II em Judá continuam a prevalecer entre as primeiras gerações de exilados judeus na Babilônia. Nesses estudos onomásticos, incluem nas tendências uma alta porcentagem de nomes teofóricos, principalmente nomes yahwísticos. Dentre tantos nomes analisados, o exemplo mais claro é o caso da "ortografia de substituição", que encontramos com o exilado Belsazar. O indivíduo se apresenta em documentos cuneiformes com nomes distintos (CUSAS 28 2: 2, CUSAS 28 3: 2; CUSAS 28 4: 2). Nos três tabletes em que Belsazar aparece, em um deles é como devedor de pratas e grãos ao dono de terras chamado Idqi-Yāma. Nos dois primeiros textos, "ele é referido como Bēl-šarra-uur, no terceiro, Yāhu-šarra-uur".[17] A distinção e a especificidade cultural de alguns dos elementos teofóricos atestados nas ortografias de substi-

---

[17] EN-LUGAL-URÙ, em CUSAS 28 2: 2, CUSAS 28 3: 2; IA-HU-Ú-LUGAL-URÙ em CUSAS 28 4:2.

tuição apontam para um grau de tolerância ou ambivalência em relação aos recém-chegados no ambiente cultural babilônico (PEARCE, 2015, p. 24). Nomes podem ser demarcadores de identidade, mas, ao mesmo tempo, servem de vetores de negociações interessantemente sutis, que permitem ao indivíduo transitar mais facilmente na fronteira entre dois grupos (REDE, 2019, p. 12).

Conclusão

Tendo em vista os aspectos apresentados, salientamos que pesquisar essas fontes cuneiformes lança luz sobre os aspectos econômicos, sociais e culturais dos judaítas e de outras minorias na Babilônia durante os séculos VI e V AEC. Dentre alguns tópicos expostos no decorrer deste texto, destaco dois pontos fundamentais, os quais propõem, através dos tabletes de Āl-Yāhūdu e arredores, novas perspectivas dos exilados de Judá nas zonas rurais de Nippur.

Primeiro, a Bíblia Hebraica, por suas intenções teológicas, se mostra mais preocupada com os fenômenos religiosos que envolvem os seus personagens do que com a realidade histórica na qual eles estão inseridos. Dessa forma, o cotidiano dos judaítas na Babilônia não é evidenciado com clareza nas Escrituras Sagradas. Todavia, ao relacionar a exegese bíblica com a arqueologia, em um trabalho interdisciplinar, conclui-se pelas fontes cuneiformes que os assentados nas aldeias de Āl-Yāhūdu e arredores coexistiram muito bem na zona rural, nos séculos VI e V AEC. De acordo com esses tabletes, as quatro gerações de exilados foram capazes de realizar negociações, transações comerciais, alugar terras, plantar tamareiras, dividir herança e até se casar com outra etnia. Os documentos cuneiformes revelam, indubitavelmente, a participação dos judaítas nos processos e organizações econômicas, jurídicas e administrativas às margens dos rios da Babilônia.

Segundo, percebe-se claramente que os tabletes de Āl-Yāhūdu e arredores oferecem uma nítida mudança de paradigma na leitura desse importante eixo histórico da Bíblia: do paradigma textual do círculo real/urbano para a vida ordinária dos judaítas na zona rural da Babilônia. Até a primeira metade do século XX, o foco da pesquisa sobre os deportados de Judá se concentrava nos tabletes que tratam de uma solicitação de óleo e rações para o rei Joaquim e seus cinco filhos presentes na corte do império. Entretanto, os tabletes de Āl-Yāhūdu e arredores revelam-nos o cotidiano dos exilados que foram assentados, organizaram-se em aldeias e realizaram transações para sua sobrevivência e crescimento capital. Por fim, ressaltamos que os textos informam os nomes dos deportados e oferecem-nos, através das análises prosopográficas, a construção da árvore genealógica de famílias que sofreram as migrações involuntárias em 597, 586 e 582 AEC e jamais voltariam para Judá!

Referências

Artigos

ABRAHAM, K. (2005-2006). West Semitic and Judean Brides in Cuneiform Sources from theSixth Century BCE. *New Evidence from a Marriage Contract from Āl-Yahudu Archiv für Orientforschung*, 51: 198-219.

ABRAHAM, Kathleen (2007). An Inheritance Division among Judeans in Babylonia from the EarlyPersian Period, p. 206-221, in M. Lubetski (ed.). *New Seals and Inscriptions, Hebrew, Idumean and Cuneiform*. Hebrew Bible Monographs 8. (Shefeld).

ALSTOLA, Tero. Judeans merchants in Babylonia and their participation in longdistance trade. *Welt des Orients*, n. 47, 2017. p. 25-51.

BERLEJUNG, Angelika. *New Life, New Skills, And New Friends In Exile*: The Loss And Rise Of Capitals Of The Judeans In Babylonia, 2016.

BLOCH, Yigal. From horse trainers to dependent workers: the shushanu class in the Late Babylonian Period, with a special focus on Al-Yahudu tablets. *Kaskal: Rivista di Storia, ambienti e culture del Vicino Oriente Antico*, n. 14, p. 91-118, 2017.

BLOCH, Yigal. Judean Identity during the Exile: Concluding Deals on a Sabbath under the Neo-Babylonian and the Achaemenid Empires. In: RIVLIN-KATZ, Dikla et al., ed. *A Question of Identity*: Social, Political, and Historical Aspects of Identity Dynamics in Jewish and Other Contexts. Berlin: De Gruyter, 2019. p. 43-69.

EPHꞋAL, Israel. The Western Minorities in Babylonia in the 6th-5th Centuries B.C.: Maintenance and Cohesion. *Orientalia* 47, 74-90, 1978.

GOLUB, M.; ZILBERG, P. From Jerusalem to Āl-Yāhūdu: Judean Onomastic Trends from the Beginning of the Babylonian Diaspora. *Journal of Ancient Judaism*, 9. Jg., 2019, 312-324, ISSN: 1869-3296.

HOROWITZ, W., GREENBERG, Y., and ZILBERG, P. *By the Rivers of Babylon*: Cuneiform Documents from the Beginning of the Babylonian Diaspora. Jerusalem: The Bible Lands Museum Jerusalem and Israel Exploration Society.

JOANNÈS, F. e LEMAIRE, A., (1996). Contrats babyloniens d'époque achéménide du Bît-Abî râm avec une épigraphe araméenne, *Revue d'assyriologie et d'archéologie orientale* 90: 41-60; Trois tablettes cuneiformes à onomastique ouest-sémitique (collection Sh. Moussaïeff), *Transeuphratène* 17: 17-34.

PEARCE, Laurie. Cuneiform Sources for Judeans in Babylonia in the Neo-Babylonian and Achaemenid Periods: An Overview. *Religion Compass*, 10/9: 230Đ43. Doi:10.1111/rec3/122.

PEARCE, Laurie. Identifying Judeans and Judean Identity in the Babylonian Evidence. In: STÖKL, Jonathan and WAERZEGGERS, Caroline, eds. *Exile and Return*: The Babylonian Context. BZAW 478. Berlin: De Gruyter, 2015. p. 7-32.

PEARCE, Laurie. New Evidence for Judeans in Babylonia. In: LIPSCHITS, Oded; OEMING, Manfred, eds. Judah and the Judeans in the Persian Period. Winona Lake: Eisenbrauns, 2006. p. 399-412.

ROM-SHILONI, Dalit. The untold stories: Al-Yahudu and or versus Hebrew Bible Babylonian compositions. *Welt des Orient*, n. 47/1, p. 124-34, 2017.

WAERZEGGARS, Caroline. Review Article: Documents of Judean Exiles and West Semites. *Babylonia In Strata: Bulletin of the Anglo-Israel Archaeological Society*, London, v. 33, p. 179-194, 2015.

WAERZEGGERS, Caroline. Changing Marriage Practices in Babylonia from the Late Assyrian to the Persian Period. *Journal of Ancient Near Eastern History*. https://doi.org/10.1515/janeh-2020-0006, published online September 15, 2020, p. 1-31.

WUNSCH, Cornelia. Glimpses on the Lives of Deportees in Rural Babylonia. In: BERJELUNG, Angelika; STRECK, Michael P. Harrasowitz Verlag: Wiesbaden, 2013.

ZADOK, Ran; JURSA, Michael. Judeans and Other West Semites: Another View from the Babylonian Countryside. *New Historical Perspectives on the Babylonian Exile HeBAI*, v. 9, p. 20-40, 2020.

ZADOK, Ran. Encounters by the Rivers of Babylon. In: GABBAY, Uri; SECUNDA, Shai, eds. Tübingen: Mohr Siebeck, 2014. p. 109-129.

Livros

ABRAHAM, Kathleen. Negotiating Marriage in Multicultural Babylonia: An Example from the Judean Community in Āl-Yāhūdu. In: STÖKL, Jonathan and WAERZEGGERS, Caroline, eds. *Exile and Return*: The Babylonian Context. BZAW 478. Berlin: De Gruyter, 2015 p. 33-57.

AHN, John. J. *Exile as Forced Migrations*: A Sociological, Literary, and Theological Approach on the Displacement and Restlement of the Southern Kingdom of Judah (BZAW 417). De Gruyter, Berlin/New York, 2011.

ALBERTZ, Rainer. *Israel in Exile*: History and Literature of the Sixth Century BCE, 2003.

ALSTOLA, Tero. *Judeans in Babylonia*: a study of deportees In the sixth and fifth centuries BCE. Leiden, Boston: Brill, 2020.

BERLEJUNG, Angelika. Social Climbing in the Babylonian Exile. In: BERLEJUNG, A.; MAEIR, A. M.; SCHÜLE, A., eds. *Wandering Arameans*: Arameans Outside Syria. Textual and Archaeological Perspectives (Leipziger altorientalistische Studien, 5; Wiesbaden: Harrassowitz, 2017. p. 101-124.

BLOCH, Yigal. Judean Identity during the Exile: Concluding Deals on a Sabbath in Babylonia and Egypt under the Neo-Babylonian and the Achaemenid Empires. In: KATZ, Dikla Rivlin et al., eds. *A Question of Identity*: Social, Political, and Historical Aspects of Identity Dynamics in Jewish and Other Contexts. Berlin/Boston: De Gruyter Oldenbourg, 2019. p. 43-70.

HACKL, Johannes. Babylonian Scribal Practices in Rural Contexts: A Linguistic Survey of the Documents of Judean Exiles and West Semites in Babylonia (CUSAS 28 e BaAr 6). In: BERLEJUNG, A.; MAEIR, A. M.; SCHÜLE, A., eds. *Wandering Arameans. Arameans Outside Syria*: Textual and Archaeological Perspectives. Leipziger altorientalistische Studien, 5; Wiesbaden: Harrassowitz, 2017. p. 125-140.

JURSA, Michael. Taxation and Service Obligations in Babylonia from Nebuchadnezzar to Darius and the Evidence for Darius' Tax Reform. In: ROLLINGER, R.; TRUSCHNEGG, B., and BICHLER, R., eds. *Herodotus and the Persian Empire*: Akten des 3. Internationalen Kolloquiums zum Thema "Vorderasien im Spannungsfeldklassischer und altorientalischer Überlieferungen". Innsbruck, 24-28, Wiesbaden, p. 431-448, November 2008.

LIPSCHITS, Oded. *The Fall and Rise of Jerusalem*: Judah under Babylonian Rule. Winona Lake: Eisenbrauns, 2005.

LUCKENBILL, D. Daniel. *The Annals of Sennacherib*. Chicago: The University Of Chicago, 1924.

ODED, Bustenay. *Mass Deportations and Deportees in the Neo-Assyrian Empire.* Wiesbaden: Harrassowitz, 1979.

PEARCE, Laurie E.; WUNSCH, Cornelia. *Documents of Judean Exiles and West Semites in Babylonia in the Collection of David Sofer.* Cornell University Studies in Assyriology and Sumerology 28. Bethesda: CDL Press, 2014.

PEARCE, Laurie. Continuity and normality in Sources Realitng to the Judean Exile. *Hebrew Bible and Ancient Israel*, Tubingen, v. 3, n. 2, 2014.

STOLPER, Matthew W. *Entrepreneurs and Empire*: The Murašû Archive, the Murašû Firm, and Persian Rule in Babylonia. Leiden: PIHANS 54, 1985.

SCHWANTES, Milton. *Breve história de Israel.* São Leopoldo: Oikos, 2008.

WAERZEGGERS, Caroline. Locating Contact in the Babylonian Exile: Some Reflections on Tracing Judean-Babylonian Encounters in Cuneiform Texts. In: GABBAY, Uri; SECUNDA, Shai, eds. Tübingen: Mohr Siebeck, 2014. p. 131-146.

ZADOK, Ran. *The Earliest Diaspora*: Israelites and Judeans in Pre-Hellenistic Mesopotamia. Publications of the Diaspora Research Institute 151. Tel Aviv: Tel Aviv, 2002.

ZADOK, Ran. *The Jews in Babylonia during the Chaldean and Achaemenian Periods according to the Babylonian Sources*: Studies in the History of the Jewish People and the Land of Israel Monograph Series 3. Haifa: The University of Haifa.

1 Enoque: desordem cósmica e a impureza no judaísmo do Segundo Templo

*Kenner Terra**

Introdução

Os termos "judaísmo", "judeu" ou "judaico" tornaram-se alvos nos últimos anos de difíceis discussões. Em suma, sob a expressão "judaísmo" inserem-se indivíduos e comunidades rotulados nas fontes com esse epíteto, comunidades e indivíduos que adoram Yhwh (ou o Deus dos judeus) e observadores das práticas associadas apenas aos judeus (GRABBE, 2000, p. 5). Por sua vez, o Judaísmo do Segundo Templo trata-se de um período marcado por diversos movimentos, às vezes tratado como sinônimo de Judaísmo Antigo (*Early Judaism*), usado para indicar o período entre o pós-exílio (séc. VI AEC) até a segunda metade do séc. I d.C (destruição do templo em 70 EC). No Judaísmo do Segundo Templo, em intenso diálogo com as crenças e práticas persas, gregas e romanas, desenvolveu diversas expectativas até então estranhas ou não percebidas em suas tradições pré-exílicas. O Misticismo Judaico, a Apocalíptica Judaica, grande parte da Bíblia Hebraica e literatura de Qumran são alguns exemplos da intensa produção literária e imaginária nesse período (GRABBE, 1999, p.6.). A diversidade de expectativas e

---

* Mestre e doutor em Ciências da Religião (UMESP), secretário da ABIB (Associação Brasileira de Pesquisa Bíblica), RELEP (Rede Latino-americana de Estudos Pentecostais). Docente na graduação em Teologia e no Programa de Pós-graduação em Ciências das Religiões (PPGCR) da Faculdade Unida de Vitória (FUV).

movimentos religiosos nesse período impedem qualquer tentativa de tratar o Judaísmo Antigo de forma monolítica. Charlesworth admite que a variedade das ideias populares em muitos setores do judaísmo pós-exílio "não eram estruturadas monoliticamente, nem divididas a partir de um centro ortodoxo todo-poderoso" (CHARLESWORTH, 1985, p. XXIX).

Entre os movimentos Judaicos do Segundo Templo, como temos encontrado nas pesquisas mais recentes, encontramos o judaísmo enoquita, cuja existência é percebida a partir dos textos da tradição enoquita (1 Enoque [Enoque Etíope], 2 Enoque [Enoque Eslavo], Jubileus, alguns textos de Qumran e outras obras relacionadas a essa tradição). Desde 1979, em um artigo da revista *Henoch*, Paolo Sacchi apresentou 1 Enoque não somente como um protótipo do gênero apocalíptico como também de uma distinta variante do judaísmo (BOCCACCINI, 2005, p. 4.).

A intensa história da recepção da literatura enoquita na literatura judaico-cristã demonstra sua importância e influência na construção teológica desse período (VANDERKAM, 1984). O julgamento pós-morte, a origem dos demônios, a organização cósmica e outros temas importantes tanto para a apocalíptica judaica quanto para a teologia do Novo Testamento encontram na literatura enoquita origem e inegável influência. Neste ensaio, apresentarei o tema da impureza e da desordem cósmica em 1 Enoque, e como discursivamente organiza o mundo e interpreta a realidade.

1. 1 Enoque: estrutura e linguagem

É consenso entre os pesquisadores que 1 Enoque tem caráter compósito, uma coleção de cinco livros que não estão na ordem cronológica, pertencentes a um longo período do judaísmo desde o segundo templo até a era cristã:[1] Livros dos Vigilantes (1–36), Parábolas de Enoque (37–71),

---

[1] Desde R. H. Charles, tem se estabelecido que 1 Enoque é uma coleção de pelo menos cinco escritos separados (REED, 2005, p. 3). Ver também: CHARLES, 1912, p. XXVII-XXX; COLLINS, 1997.

1 Enoque: desordem cósmica e a impureza no judaísmo do Segundo Templo

Livro Astronômico (72–82), Livros dos Sonhos (com o apocalipse dos Animais) (83–90) e Epístola de Enoque (91–105). Dentro da Epístola de Enoque encontramos o *Apocalipse das Semanas* (93,1-10; 91,11-17). J. T. Milik afirma que as mais antigas partes de 1 Enoque são do período pré-macabaico (Livro dos Vigilantes e Livro Astronômico).

Livro dos Vigilantes. Nesta obra encontramos a origem do mal e suas relações com a cultura. Narra-se a subversão dos anjos Vigilantes às fronteiras cósmicas para coabitarem com mulheres e as consequências desastrosas desta união. Além disso, nesta obra encontram-se as viagens de Enoque ao redor do mundo. Este texto será exposto com mais calma logo a seguir.

Parábolas de Enoque. Um texto mais recente, fala sobre a condenação dos pecadores e salvação dos justos. Ele contempla a ordem cósmica, os segredos celestiais e fala dos nomes e ofícios dos quatro anjos. Nesta obra fala-se alegoricamente sobre a sabedoria e a justiça. E na segunda parábola que se relata a respeito dos tempos messiânicos. Nesta, lê-se sobre o Filho do Homem, suas qualidades e a respeito das nações que serão destruídas pelo Messias, apresentadas por sete montanhas. Este bloco revela imagens de condenação de reinos e as formas de tortura preparadas pelos anjos. A obra termina com a apresentação dos monstros caóticos criados por Deus, o castigo dos anjos caídos (Vigilantes) e a exaltação de Enoque como Filho do Homem.

Livro Astronômico. Nesta parte, Enoque apresenta as leis dos astros que foram explicadas pelo Arcanjo Uriel. Fala-se do calendário solar e sobre o ano solar de 364 dias. Em linguagem escatológica, mostra-se a desordem cósmica no fim dos dias.

Livro dos Sonhos. O livro é a exposição de duas visões a respeito do futuro do mundo e de Israel em uma perspectiva pré-diluviana. A primeira descreve o dilúvio e o segundo, de forma alegórica, a história do mundo de Adão até o reino messiânico. Na linguagem deste texto, "os bois simbolizam os patriarcas; ovelhas, os israelitas fiéis; as bestas e aves de rapina, os opressores pagãos de Israel; uma grande ovelha com chifres, um líder judeu nascente; um touro branco com grandes chifres, o Messias" (CHARLESWORTH, 1983, p. 5). Encontramos um material sobre os Vigilantes, o trono do juízo e da nova Jerusalém, juntamente com a experiência de visões de Enoque. E nesta obra que se encontra o *Apocalipse dos Animais* (1 En 85–90), no qual se mostra a história dividida em três eras que culminam no julgamento final, quando a Nova Jerusalém é construída, os gentios prestam homenagens aos judeus, a diáspora retorna e os mortos são ressuscitados. Nesta obra, os Vigilantes são tratados como estrelas caídas; os anjos caídos se tornam bois e têm relações com as vacas e novilhas (as mulheres); isso instaura o caos com o nascimento dos "gigantes" (camelos, elefantes etc.).

Epistola de Enoque. É um texto de caráter parenético, no qual Enoque exorta os filhos e os justos em geral a seguirem o caminho da virtude. O texto fala da reparação futura dos sofrimentos dos justos. Nesta obra encontramos, ainda, o *Apocalipse das Semanas* (91,12-17; 93,1-10), que é um apocalipse de tipo histórico, através do qual se conta a história do mundo indicando fatos marcantes de cada semana; as últimas três mostram o juízo final, o reino messiânico, conversão dos gentios e o novo céu. No fim do livro há um apêndice de obras fragmentadas (os quais seriam do *Apocalipse de Noé*), uma exortação sobre o castigo dos pecadores e a salvação dos justos (105–108).

Na edição etíope, os capítulos 1–5 são tratados como introdução, enquanto 106–108 como epílogo. Neste último bloco, encontramos o apocalipse ou Livro de Noé. Para Florentino García Martínez, o Livro de Noé é um texto autônomo perdido, mas testemunhado em alguns textos judaicos. Por exemplo, no *4QMess Ar* ele acredita encontrar parte da obra noélica (GARCÍA MARTÍNES, 1994, p. 24).[2]

Diante da vasta literatura ligada à figura de Enoque, podemos afirmar a existência de um judaísmo autônomo, tendo como mito fundante e resposta para a origem do mal o *Mito dos Vigilantes* (1 Enoque 6–11).

---

[2] Para uma exposição mais detalhada desta questão e das partes que comporiam esta hipotética obra, ver minha dissertação de mestrado: TERRA, 2010.

1.1 Movimento Enoquita

Desde 1979, em um artigo da revista *Henoch*, Paolo Sacchi apresentou Enoque não somente como um protótipo do gênero apocalíptico como também de um distinto movimento, o judaísmo enoquita (BOCCACCINI, 2005, p. 4). Nickelsburg (2001) confirma a existência desse movimento e complementa dizendo que a lei de Moisés não tinha papel de norma universal no enoquismo. A partir desses trabalhos, nos últimos anos, Boccaccini defende a existência desse movimento e avança relacionando-o com o essenismo. Esse autor chega a dizer que o "próprio texto de 1 Enoque, nos seus 108 capítulos, mostra evidências de uma comunidade ou grupo por causa dos termos coletivos: os justos, os escolhidos, os santos, que indicam uma consciência de comunidade, que tem o Mito dos Vigilantes como centro narrativo" (BOCCACCINI, 2005, p. 5).

J. Collins afirma que "um movimento ou comunidade pode também ser apocalíptica se esta for formada, em certo grau, por uma específica tradição apocalíptica" (COLLINS, 1997, p. 37). Tal ideia permite a García Martínez falar de uma "tradição apocalíptica enoquita", cuja base seria o livro de 1 Enoque. O enoquismo, mesmo com diferentes composições, explica García Martinez, forma um mesmo movimento, ou está alicerçado em uma mesma tradição; suas diferenças servem para ampliar, na verdade, a visão de mundo de uma obra para outra (GARCÍA MARTÍNEZ, 2007, p. 4).

Esse grupo ou comunidade acreditava possuir a divina sabedoria contida nos textos de 1 Enoque, a qual tornavam seus membros uma comunidade escatológica de escolhidos, que esperavam o julgamento e a consumação do fim dos tempos. Na verdade, não podemos saber como se chamavam ou se autodenominavam, mas certamente tinham Enoque como figura central (BOCCACCINI, 1998, p. 161-185).

Segundo Boccaccini, esses textos de Enoque foram escritos por membros do sacerdócio de Jerusalém, mas um grupo antizadoquita. Uma espécie de movimento sacerdotal dissidente, ativo em Israel no fim do período persa e início do helênico (IV séc.). Contudo, Boccaccini deixa claro que o enoquismo era um grupo de oposição entre a elite do templo, e não um simples grupo de separatistas. No entanto, o centro do judaísmo enoquita não era a Torá nem o Templo (BOCCACCINI, 1998, p. 78). Os dois grupos (zadoquitas e enoquitas) interpretavam Ezequiel de formas diferentes (BOCCACCINI, 1998, p. 78) e tinham ideias completamente contrastantes sobre a origem do mal. Até cerca de 200 a.c., enoquismo e zadoquismo eram duas distintas e paralelas linhas de pensamentos no judaísmo (BOCCACCINI, 1998, p.76). Como um conjunto de textos, o movimento enoquita é o espaço formado não somente por pessoas como também pelo conjunto semiótico de encontros de textos e realização de novas textualidades.

Essa vasta literatura ligada à figura de Enoque tem como mito fundante o *Mito dos Vigilantes* (1 Enoque 6–11), que é a primeira parte do Livro dos Vigilantes. Esta parte da obra enoquita tem características marcantes de uma teodiceia. No contexto dessa temática aparecem os ensinamentos celestes ilícitos e o tema da impureza/pureza. Em suas apropriações e recepções ocorrem novas imagens acumuladas e preservadas em vários textos. Os textos enoquitas testemunham que o mal e a impureza no mundo são resultados de uma rebelião angelical e desordem cósmica. Esse tema acabou sendo desenvolvido em testemunhas textuais, ganhando novas formas (VANDERKAM, 1995).

2. O livro dos Vigilantes (1En 1–36): imagens de caos e desordem cósmica

O Livro dos Vigilantes tem características marcantes de uma teodiceia. Ele responde sobre o mal no mundo, por isso a percebe como central em sua obra. Junto a essa temática aparece a dos ilícitos ensinamentos celestes. Em suas apropriações, na tradição da literatura apocalíptica, ocorrem novas imagens acumuladas e preservadas em vários textos. Os textos enoquitas testemunham que o mal e a impureza no mundo são resultado de uma rebelião angelical. Esse tema acabou sendo desenvolvido em testemunhas textuais, ganhando novas formas. Vanderkam (1984) estrutura os capítulos do Livro dos Vigilantes da seguinte maneira:

1 Enoque: desordem cósmica e a impureza no judaísmo do Segundo Templo

1–5: Uma repreensão escatológica;

6–11: História sobre a descida dos anjos e pecado;

12–16: Enoque e a petição dos Vigilantes;

17–19: Primeira jornada de Enoque;

20–36: Segunda jornada de Enoque.

A introdução, os capítulos 1–5, inicia dizendo serem "as palavras da bênção de Enoque", através das quais abençoa os justos e eleitos que estarão presentes no dia da aflição, quando forem destruídos os ímpios e malvados (1,1-2). Este ato de abençoar relembra a bênção mosaica de Dt 33, em um contexto escatológico – esta é uma paráfrase da bênção final de Moisés (GARCÍA MARTÍNES, 1994, p. 61). No verso 2, o texto toma emprestadas as imagens do oráculo de Balaão de Nm 22–24. Os capítulos de 1–5, nas últimas pesquisas, são vistos como introdução não para o livro todo, mas para o Livro dos Vigilantes. Contudo, em sua forma final, torna-se introdução da obra inteira de 1 Enoque.

De acordo com o relato dos capítulos 6–11, um grupo de seres angelicais, nomeados como *Vigilantes*, atraiu-se pela beleza das filhas dos homens [mulheres] e conspiraram entre si sob a liderança de *Semiaza*, com o propósito de possuírem-nas.

Quando os filhos dos homens se multiplicaram, naqueles dias, nasceram-lhes filhas bonitas e graciosas. E os vigilantes, filhos do céu, ao verem-nas, as desejaram e disseram entre si: "Venham, escolhamos para serem nossas esposas as filhas dos homens, e tenhamos filhos!" Disse-lhes então o seu chefe Semiaza: "Eu receio que vós não queirais realizar isso, deixando-me no dever de pagar sozinho o castigo de um grande pecado". Eles responderam-lhe e disseram: "Nós todos estamos dispostos a fazer um juramento, comprometendo-nos a uma maldição comum mas não abrir mão do plano, e assim executá-lo". Então eles juraram conjuntamente, obrigando-se a maldições que a todos atingiram. Eram ao todo duzentos os que, nos dias de Jared, haviam descido sobre o cume do monte Hermon. Chamaram-no Hermon porque sobre ele juraram e se comprometeram a maldições comuns (1 Enoque 6,1-5).

Com o contato com os seres humanos, os vigilantes ensinaram a arte da metalurgia e da confecção de armas. Às mulheres ensinaram a arte de ornamentar-se (maquiagem etc.), a arte de adivinhação, magia, encantamentos, astrologia e cultivo de raízes:

> Azazel ensinou aos homens a arte de fabricar espadas, facas, escudos, armadura peitoral, e técnicas para os metais, braceletes e adornos; como pintar os olhos e embelezar as sobrancelhas. Entre as pedras preciosas, escolher as mais caras e preciosas, e a metalurgia. Houve grande impiedade e muita fornicação, e corromperam os bons costumes (8,1-3).

No texto grego ainda aparece a manipulação das plantas. Os Vigilantes, ao terem relações sexuais com as mulheres, geraram os gigantes. Esses seres híbridos comeram toda a alimentação da terra e depois os próprios seres humanos (7,1-6). Com o derramamento de sangue, a humanidade clamou a Deus (8,4).

Ao ver o caos instaurado sobre a terra, os anjos Miguel, Sariel, Rafael e Gabriel, que estavam no céu, intercederam ao Altíssimo a favor da humanidade (1 Enoque 9). Em resposta à solicitação dos anjos, Deus envia o anjo Sariel para alertar Noé do iminente julgamento que viria sobre o mundo.

A narrativa continua, Deus envia Rafael para prender Azazel nas profundezas do deserto, onde ficaria até o julgamento final (10,4-6):

> Disse também o Senhor a Rafael: "prenda as mãos e os pés de Azazel e lança-o nas trevas". E ele fez um buraco no deserto que há em Dudael e jogou-o ali. Ele jogou sobre ele pedras robustas e agudas sobre sua face para que não pudesse ver a luz; e de modo que pudesse ser lançado no fogo no dia do julgamento e dar vida para a terra que os anjos têm corrompido.

O texto apresenta uma purificação futura [dilúvio] por causa dos segredos celestiais que foram ensinados. Como se percebe, os seres que saíram das regiões celestiais foram colocados nas trevas, em lugares profundos. A desordem cósmica é amenizada pelo aprisionamento dos seres subversivos.

Depois, Deus envia Gabriel a fim de destruir, sem misericórdia, os gigantes (10,9-10):

Para Gabriel disse o Senhor: "vá a eles, os bastardos [gigantes], à raça mestiça, filhos da fornicação, e aniquila os filhos dos vigilantes que estão entre os homens. Coloca-os uns contra os outros, para que se matem mutuamente. Não se prolongue mais os dias de suas vidas!"

E a Miguel, Deus ordenara que prendesse Semiaza e os anjos rebeldes, e os encarcerassem por sete gerações nos vales profundos da terra, até o dia do juízo final, quando finalmente serão lançados no fogo eterno (10,11-1), quando então florescerá a justiça e a paz entre os justos da terra (10,16–11,2). A prisão mais uma vez serve como limitador das forças destruidoras dos seres caídos.

Os capítulos 12–16 de 1 Enoque são traduções sobre a cultura dos capítulos 6–11 (NICKELSBURG; VANDERKAM, 2004, p. 3). Naqueles, Enoque é inserido e serve como ponto de partida para sua jornada revelatória. J. Collins diz que "como capítulos transacionais eles servem como chave para a maneira na qual os livros são conectados. Enoque é introduzido especialmente em resposta à crise causada pelos vigilantes, e atua como intermediário no céu" (COLLINS, 2010, p. 3). Nesses capítulos, Deus o comissiona como seu mensageiro, papel que era reservado aos anjos, para anunciar aos Vigilantes seu julgamento. Em 1 Enoque 12–16, os anjos Vigilantes são descritos como "sacerdotes" que abandonaram sua posição sacerdotal no templo celestial e "atravessaram" a fronteira entre céus e terra, fornicando com mulheres e se contaminando com o sangue delas (15,4). A figura de Azazel é proeminente, enquanto Semiaza desaparece.

A condenação de Azazel é anunciada depois do julgamento de todos os Vigilantes (13,1-3). Então, aparece a cena de intercessão de Enoque em favor dos anjos a Deus. Suas petições são negadas, e a única coisa que resta a eles é a condenação e a desgraça futuras (13,4-10).

Os gigantes são condenados à destruição (14,5). Contudo, com a morte desses filhos das mulheres com os anjos, seus espíritos são liberados e transformam-se em espíritos malignos, gerando uma vasta proliferação de demônios.

> Agora, os gigantes nascidos da união de espírito com carne serão chamados de espíritos malignos na terra e sobre a terra terão sua morada [...], maus espíritos serão sobre a terra. Os espíritos dos gigantes, os *Nefilins* oprimem, corrompem, atacam, pelejam, promovem a destruição; comem e não se fartam, bebem e não matam a sede. Esses espíritos atacarão homens e mulheres, pois desses procederam [...]. Aonde quer que haja ido os espíritos de seu corpo, pereça sua carne até o dia da grande consumação do juízo, com a qual o universo perecerá com os vigilantes e ímpios (15,8–16,1).

No capítulo 17, Enoque inicia sua jornada guiado pelos anjos: "Levaram-me a um lugar onde os que estão são como fogo abrasador e quando querem se aparecem como anjos" (17,1). Nesta parte de sua viagem ele viu um profundo abismo na terra com colunas de fogo celeste em seus pilares (18,10-11), um lugar desolado e terrível (18,13); naquele lugar ele vê sete estrelas. O lugar é interpretado pelo anjo que o guiava como o espaço final da terra, as extremidades do mundo, que servem de cárcere para os astros e as potências do céu (18,14-15). Então Uriel diz:

> Aqui permanecem os anjos que se uniram às mulheres e tomaram muitas formas e corrompem os homens e os seduzem a oferecerem a demônios como a deuses, até o dia do grande julgamento, em que serão julgados até que sejam exterminados (19,1).

O tema dos anjos aprisionados aqui é retomando, revelando que esses seres causadores de desordem e impureza são presos em lugares profundos ou distantes. Esse lugar se parece muito com o *Tartarus*, o lugar de prisão dos *Titans*, na obra de Hesíodo (*Theogonia*) (BAUTCH, 2003, p. 128).

Na sua primeira viagem, Enoque é transladado às câmaras da luz, raios, tronos e águas primordiais. Ali contempla os depósitos dos ventos e o lugar final do castigo dos anjos (estrelas): "Vi as câmaras de todos os

1 Enoque: desordem cósmica e a impureza no judaísmo do Segundo Templo

ventos... vi os fundamentos da terra" (18,1). Segundo esta primeira jornada, ele vê os anjos que se uniram às mulheres: "Aqui permanecem os anjos que se uniram às mulheres". Eles são acusados de levar os homens a adorar aos demônios (19,1). E a Enoque é confirmada a condenação desses no dia do juízo. Assim, o capítulo 19 termina com uma conclusão dessas primeiras visões (19,3).

No capítulo 20 há uma listada de anjos. No manuscrito etíope são listados seis, mas no manuscrito grego há sete. Os primeiros quatro anjos são citados durante a segunda jornada de Enoque (Uriel, Rafael, Raquel e Miguel). A cada anjo é dada uma função, que serve como uma introdução para a segunda viagem de Enoque. Para Diez Macho, esse texto deveria estar depois do capítulo 9 (DIEZ MACHO, 1987, p. 56).

No capítulo 21, a viagem é prolongada; alguns chamam de segunda viagem de Enoque. Primeiro ele vai até ao caos, um lugar "deserto e terrível". Guiado por Uriel, que dialoga com ele, é revelada a identidade dos presos daquele lugar terrível: seriam os anjos que pecaram contra as ordens de Deus e foram aprisionados por toda a eternidade – o que mostra mais uma vez a perenização na tessitura da cultura dessas imagens:

> E fui a outro lugar, um lugar mais terrível que aquele, e vi algo horrível: um grande fogo que ardia e fumegava, pois naquele lugar havia uma segmentação até o abismo, com grandes colunas de fogo [...], um lugar terrível de olhar. Então Uriel disse [...]: este é o cárcere dos anjos (21,7-10).

21,7-10 é uma duplicação de 18–19 e retoma o discurso dos seres que estão aprisionados (BAUTCH, 2003, p. 136), os mesmos que deverão ser soltos para fins de julgamento. Seu poder de desordem é limitado pelo cárcere.

No capítulo 22, Enoque é levado para outro lugar. É onde estão os espíritos dos mortos, presos até os dias do julgamento. Nesse lugar estavam tanto as almas dos justos como as dos pecadores. O lugar é dividido em quatro seções: 1ª seção (22,5-7): para os justos que sofreram perseguição e morte injusta, tendo como tipo Abel; 2ª seção (22,8-9): está o resto dos justos; 3ª seção (22,10-11): os pecadores que não sofreram nenhum castigo, enquanto vivos; e a 4ª seção (12-13), onde estão os pecadores perseguidos durante suas vidas e assassinados por outros pecadores. Contudo, essa divisão do lugar visto por Enoque tem suas controvérsias. O capítulo 22 termina com uma espécie de conclusão: "Bendito és meu Senhor, Senhor da glória e justiça, que reinas eternamente".

Nos capítulos 23–26, Enoque é levado a vários lugares, ainda dentro do contexto da segunda viagem. Inicialmente, outro lugar no Ocidente até os confins da terra (23,1), com auxílio do anjo Raquel; depois para outro lugar na terra, onde viu um monte de fogo que clareava de dia e noite (24,1); ali há sete montes esplendorosos (24,2). O sétimo era rodeado por árvores aromáticas. Esse monte era onde estava sentado o Senhor da glória (v. 3). Com linguagem escatológica, o texto diz que esse aroma será acessado pelos justos depois do juízo. Em 24,7, novamente há uma exaltação a Deus como em 22,14. No terceiro deslocamento de Enoque, ele vai para o centro da terra: "De lá fui pelo centro da terra e vi um lugar bendito e fecundo" (26,1), onde viu o monte santo. Esta é uma referência a Jerusalém. Nas cenas dos capítulos 26 e 27, o anjo que está ao lado de Enoque é Rafael, que explica para quem seria o vale que viu no capítulo 26: "Este vale maldito é para os malditos até a eternidade" (27,2).

Nos capítulos 28–33, Enoque é levado na metade da montanha do deserto, que talvez seria *Arabah*, vale regado pelo Jordão. Nesta parte da viagem ele contempla árvores aromáticas. Acima dos lugares das árvores que exalavam perfume, ele vê lugares de águas inesgotáveis. Depois de contemplar as árvores aromáticas, ele vai para cima de sete montes, no capítulo 32, e, depois de passar o mar Eritreo (Golfo Pérsico, Oceano Índico) e Zotiel, ele chega ao paraíso, onde havia ainda mais árvores aromáticas. No meio das árvores, ele encontra a árvore do conhecimento, do livro de Gênesis. O capítulo termina com Rafael identificando a árvore: "Esta é a árvore do conhecimento, a qual comeram teu antigo pai e antiga mãe antes de você, e adquiriram sabedoria e abriram seus olhos de modo que perceberam que estavam nus e foram expulsos do paraíso" (26,6).

Segundo Nickelsburg, em seu comentário, a descrição da *árvore do conhecimento* em 26,3-6 e a *árvore da vida* em 24,4–25,6, em paralelo, é suficiente para indicar que os textos foram compostos por um mesmo autor, ou que um foi composto com o outro em mente. Chama a atenção, também, uma importante diferença: a árvore da vida, localizada no paraíso montanhoso de Deus, tinha grande significado escatológico; ela pode ser transplantada para Nova Jerusalém, o local da vida eterna no futuro.

Depois de passar pelo paraíso, Enoque vai para os confins da terra, onde vê enormes bestas, distintas umas das outras, e compara-as às aves. Paralelo ao Livro Astronômico, nos versos 3-4 aparecem instruções sobre os astros dos céus, suas constelações, posições, número e tempo. Tudo isso ele anota em escrito, para guardar os seus nomes, leis e funções.

A seção de 1 Enoque 34–36,4 é a conclusão do livro dos Vigilantes, na sua presente forma (etíope), e especificamente a conclusão da segunda jornada iniciada no capítulo 21. Enoque vai para o norte, leste, sul e depois volta para o oeste e contempla três portas abertas no céu, de onde saem os ventos. Essas portas estão presentes no norte (cap. 34), no Ocidente (cap. 35), no sul e no Oriente (cap. 36). Depois de passar pelos pontos cardeais, ele volta para o Oriente (leste), de onde saiu no capítulo 33. Nickelsburg acredita que 34,2-3 e 36,1 formam um sumário para o capítulo 76 de 1 Enoque (NICKELSBURG, 2001, p. 307).

Como acontece no fim dos capítulos 22, 24, 25, 26 e 27, o texto termina com uma doxologia, bendizendo o Senhor da glória e referindo-se a anjos e seres humanos, acrescentando um cósmico escopo para a conclusão do livro dos Vigilantes.

3. Impureza e desordem cósmica na literatura enoquita

O conjunto de textos, como se percebe, apresenta a movimentação de seres que estavam em linhas imaginárias estabelecidas de céu e terra, em uma ordem cósmica. De acordo com Mary Douglas, a pureza é um agente estruturante da sociedade, um conceito cultural que organiza os princípios e o próprio grupo (DOUGLAS, 1966). Esse conceito é mais bem compreendido em termos de sua binária oposição: "sujeira". Por isso, a antropóloga inglesa inicia sua argumentação partindo da ideia de sujeira, que segundo suas pesquisas é composta de duas coisas: (1) cuidado com a higiene; e (2) respeito com convenções. É exatamente neste segundo ponto que são desenvolvidas suas hipóteses de leitura e compreensão das regras de puro/impuro nas culturas estudadas. Ela afirma que sujeira é essencialmente desordem.

> Não há sujeira absoluta: ela existe aos olhos de quem a vê. Se evitamos a sujeira não é por covardia, medo, nem receio ou terror divino. Tampouco nossas ideias (*sic*) sobre doença explicam a gama de nossos comportamentos no limpar ou evitar a sujeira. A sujeira ofende a ordem. Eliminá-la não é um movimento negativo, mas esforço positivo para organizar o ambiente (DOUGLAS, 1966, p. 50).

Superando a ideia de sujeira no sentido bacteriano do séc. XIX, ela indica duas condições: (a) um conjunto de relações ordenadas, e (b) uma contravenção dessa ordem, chegando a afirmar que "onde há sujeira, há sistema", sendo não um acontecimento único e isolado.

Assim, Mary Douglas explica como ordenamos e dividimos os lugares. Segundo ela, nossas impressões são esquematicamente determinadas desde o início, selecionamos os estímulos que caem em nossos sentidos, os que nos interessam, e nossos interesses são governados por uma tendência a padronizar. Por isso, em um caos de impressão, cada um constrói um mundo estável no qual objetos têm formas reconhecidas e permanência. Nesse processo, novas coisas surgem e são rejeitadas ou mantidas no sistema de percepção para serem inseridas; e para isso a estrutura de pressupostos precisa ser modificada. Assim, enquanto a aprendizagem continua, os objetos recebem nomes. Então, Mary Douglas conclui: "Seus nomes, então, afetam o modo como são percebidos na próxima vez: uma vez rotulados, são mais rapidamente enfiados nos seus lugares no futuro" (DOUGLAS, 1966, p. 51).

1 Enoque: desordem cósmica e a impureza no judaísmo do Segundo Templo

Dessa maneira, ela pensa a questão da sujeira no nível – como ela mesma diz – de "princípio organizatórios mais enérgicos":

> A sujeira seria um subproduto de uma ordenação e classificação sistemática de coisas, na medida em que a ordem implique rejeitar elementos inapropriados. Esta ideia de sujeira leva-nos diretamente ao campo do simbolismo e promete uma ligação com sistemas mais obviamente simbólicos de pureza (DOUGLAS, 1966, p. 50).

Por isso, o sistema organizado cria uma ordem onde os lugares são estabelecidos. Assim, no processo de imposição dessa ordem, seja na mente ou no mundo exterior, a sujeira (expandida à ideia de impuro por seu caráter simbólico) está fora de lugar, como ameaça a boa ordem.

Nós todos desenhamos linhas no próprio mundo relativo às coisas, pessoas, lugares, atividades e tempo. Essas linhas dizem-nos *o que* e *quem* pertence *quando* e *onde*, porque ajudam classificar e arranjar nosso mundo de acordo com alguns princípios dominantes, que marcam por todo seu arranjamento estrutural e abstrato valores do mundo social, do qual nós somos partes (MALINA, 1981). Assim, pureza se refere ao sistema cultural e para a organização de princípios de um grupo. Por isso, Mary Douglas nota que a ideia de pureza é uma abstrata maneira de lidar com os valores, mapas e estruturas de um dado grupo. A impureza seria exatamente essa desorganização, ou *mudança indevida de posição cósmica*. Assim, é impuro quando alguma coisa está fora de lugar ou quando do viola o sistema de classificação no qual está estabelecido/marcado. Como bem interpretou Jerome H. Neyrey, em seu artigo sobre pureza em Marcos: "Há um lugar para tudo, tudo tem seu lugar" (1986, p. 92).

Pureza é um princípio organizador e a ameaça, a desordem ou caos é poluição ou impureza. Ao afirmar – depois de extensos exemplos de sociedades primitivas – que pessoa poluída está sempre no erro, pois desenvolveu alguma condição indevida, ou simplesmente, cruzou alguma linha que não deveria ter sido cruzada, e esse desvio desencadeia perigo para alguém, ela nos abre horizontes heurísticos para entendermos a valoração de impuro e purificação pós-diluviana, os movimentos dos seres como estabelecimento do caos e os novos espaços estabelecidos.

O texto afirma que os Vigilantes abandonaram seu posto no céu. As fronteiras estabelecidas por Deus foram violadas e se misturou carne com espírito, ocasionando impureza/sujeira: "Tem ido até as filhas dos homens [...] e com elas cometido impureza" (1 Enoque 9,8). 1 En 15,4 diz:

> [...] Vocês, santos espirituais, viviam na vida eterna, tornaram-se impuros com o sangue das mulheres, com sangue mortal tem gerado [os gigantes], sangue humano haveis desejado, produzindo carne e sangue, como fazem os que são mortais e perecedores.

Logo depois de falar da imortalidade dos Vigilantes, o texto diz o motivo por que não poderiam se misturar com as mulheres: "porque os seres espirituais têm o seu lugar no céu" (15,7). Assim, a saída do lugar destinado aos seres espirituais gerou grande mazela: junção sangue/carne-espírito. Em uma posterior apropriação do mito, no Testamento de Nafitali, temos a crítica aos Vigilantes que "subverteram a ordem da natureza" (Test. de Naf. 3,4-5).

Por trás dessa relação híbrida está a desestabilização de um sistema que o próprio texto deixa visível (TERRA, 2010, p. 44):

Mulheres	Vigilantes
Espécie: Sangue/carne/mortal	Espécie: espiritual
Fronteira: Mundo humano	Fronteira: Celestial
Relação: humano (mortais, perecedores)	Relação: eternidade

O texto mostra em seu imo simbólico uma imagem de rebelião, mas qual tipo de rebelião? Uma transgressão das fronteiras carne-espírito, humano-celeste, mortal-eternidade, como se houvesse uma linha demarcatória organizadora. Há uma ordem cósmica estabelecida, a qual, transgredida, se estabelece o caos. No próprio livro de 1 Enoque, especialmente no Livro Astronômico, encontra-se o mundo dos seres e sua organização.

1 Enoque: desordem cósmica e a impureza no judaísmo do Segundo Templo

Na lista dos seres que descem do céu há uma lista de seres que possuem posições, hierarquias e funções na organização cósmica (1En 6,5-8). Ao descerem, desorganizam o cosmos organizado por Deus. Esses seres desorganizadores do cosmos geram seres híbridos: os gigantes. Esses violam algumas leis, e ao mito é amalgamada transgressão de leis sociorreligiosas e violência. Carne sem discriminação: "E eles começaram a atacar os pássaros, os animais selvagens, os répteis e os peixes" (7,1-6); bebem sangue: "rasgaram com os dentes as suas carnes e beberam o seu sangue" (7,6); antropofagia: "os gigantes começaram a matar os homens e a devorá-los" (7,6); "cada um devorou seu próprio parceiro".

Segundo o código de Levítico, os Gigantes acabaram infringindo regras de pureza: não comer nada com sangue (Lv 3,17; 7,26.27; 17,10.12), comer algumas espécies de animais (Lv 11,1-45). No código de alimentação, há especificações para certos animais a serem comidos, sejam répteis, aves e animais aquáticos, e até o contato com eles tornava o objeto impuro. O grande bloco de proibições termina dizendo: "Essa é a lei referente aos animais, às aves, a todo ser vivente que se move na água e a todo que rasteja sobre a terra. Tem por finalidade separar o puro do impuro, os animais que se podem comer e aqueles que não se devem comer" (Lv 11,46-47).

No texto, os gigantes comem tudo indiscriminadamente: animais selvagens, répteis e peixes. Os gigantes bebem o sangue de todos eles, tornando-os impuros segundo as leis do Levítico. A punição em Levítico seria a separação da comunidade, enquanto no Livro dos Vigilantes é a separação da vida física entre os homens e sua prisão no abismo (WRIGHT, 2006, p. 145). Em Lv 19,26, acontece algo interessante: o comer sangue está junto à proibição de práticas de adivinhação e encantamentos. No Mito dos Vigilantes, ligado à sua (re)apropriação, essas duas proibições são violadas. A prática de comer sangue dos gigantes junta-se aos ensinamentos de magia e feitiço dos Vigilantes, seus pais (1 Enoque 8,2).

A questão de impureza é amalgamada à imagem dos anjos que descem. Descer, tornar-se caótico e violar ordens celestiais e sociais, com o quadro de terror e violência, está vinculado ao imaginário dos ensinos impróprios.

No Mito dos Vigilantes, há pelo menos três sumários onde são apresentadas as ações dos anjos consideradas perniciosas (7,1-6; 8,1-4; 9,6-10). A essas, agrupa-se o tema da condição de impureza/caos dos vigilantes e a violência posterior.

Vejamos o primeiro sumário (7,1-6):

> E tomaram mulheres; cada um escolheu a sua para conviver e unir-se a ela, ensinando-as magia, palavras de maldição, cultivos de raízes e ervas. Engravidaram as mulheres e geraram gigantes, que devoraram todos os produtos dos homens, até que foi impossível alimentá-los. Então os gigantes se voltaram para contra eles (homens) e todos os animais, devorando-os e bebendo seu sangue. Então a terra se queixou contra eles.

Este texto mostra que os anjos ensinaram algumas práticas às mulheres, diferentemente dos outros sumários, que mostram um ensinamento a todos os homens:

> Azazel ensinou aos homens a arte de fabricar espadas, facas, escudos, armadura peitoral, e técnicas para os metais, braceletes e adornos; como pintar os olhos e embelezar as sobrancelhas. Entre as pedras preciosas, escolher as mais caras e preciosas, e a metalurgia. Houve grande impiedade e muita fornicação, e corromperam os bons costumes [...]. Semiaza ensinou encantamentos e as porções de feitiço. Herman ensinou feitiçaria e dissipação de encantamentos, mágica e outras técnicas. Baraqel ensinou a leitura dos sinais dos relâmpagos. Kokabel ensinou a leitura dos sinais das estrelas. Ziqel ensinou a leitura dos sinais das estrelas cadentes. Arteqof ensinou os sinais da terra. Shamsiel ensinou os sinais do sol. Sahriel ensinou os sinais da lua. E todos eles começaram a revelar os mistérios as suas esposas e seus filhos e os homens pereceram, e o lamento chegou ao céu (1 Enoque 8,1-4).

No segundo sumário percebe-se a abrangência do tema, pois são especificados os seres que ensinam cada coisa. No fim se fala que ensinou

1 Enoque: desordem cósmica e a impureza no judaísmo do Segundo Templo

mistérios às esposas e filhos, por isso pereceram. Azazel encabeça a lista, e ele é o culpado pela origem das armas de guerra e da luxúria feminina. Na narrativa da queda dos anjos no "Apocalipse dos Animais", dentro do "Livro dos Sonhos", no qual se expõe metaforicamente a queda de um anjo (estrela) primeiramente, para somente depois seguir a queda das demais estrelas (anjos) (1 Enoque 86,1-6), mostra-se uma narrativa paralela ao Mito dos Vigilantes. Contudo, mesmo que mude a ordem, não altera o discurso de desordem.

Independentemente de estar correta essa leitura, o que encontramos é novamente a imagem dos vigilantes com conhecimentos celestes, os quais deveriam permanecer em seu lugar. Isso também é narrado em outro sumário (9,6-10), no qual se diz que Azazel ensinou os eternos mistérios do céu e fez eles conhecidos aos homens (v. 6), enquanto Semiaza ensinou os conjuros (v. 7). Em 1 Enoque 19,1, essas práticas são ofertas a demônios. Um conhecimento revelado, mas fruto e causador de caos cósmico.

No Livro das Parábolas (1 Enoque 69,1-12), temos uma lista maior de anjos que deixaram o céu e de seus ensinamentos. Aqui temos diferentes nomes, como Gadreel, que tomou o lugar de Azazel nos sumários e ensinou a fabricação de armas, e ainda seduziu Eva (69,6). Ainda nas parábolas há outros ensinamentos que são dados pelos anjos. Como, por exemplo, a escrita com tinta e papel (69,9).

Nos sumários já se percebe a relação entre caos–ensinos–gigantes–violência. Em um mesmo campo discursivo, os pais dos gigantes, que possuem conhecimentos celestiais equivocadamente transmitidos às mulheres ou a todos os homens, são relacionados ao nascimento dos gigantes. O ápice das imagens presentes na narrativa dos anjos é a final violência dos gigantes.

A violência e o conhecimento de mistérios se acoplam ao caos. Os gigantes são figuras assustadoras por causa de sua violência. Na narrativa mítica, eles mataram seres humanos e comeram suas carnes, e devoraram toda a comida da terra. Eram grandes, por isso tanta força e fome.

Deus até mesmo usa essa violência ao condená-los, pois pede a Gabriel para fazê-los se matarem mutuamente (1 Enoque 10,10).

A presença deles na terra gera muito sangue por causa das muitas mortes. A essa imagem de violência, temos acoplada a imagem dos espíritos maus que saem dos seus corpos (ALEXANDRE, 1999, p. 331-353). De acordo com 1 Enoque 54, como Paolo Sacchi percebe, não há mais a distinção entre os demônios (espíritos livres dos corpos dos gigantes) e os anjos caídos (SACCHI, 1990, p. 228). Ou seja, na tessitura da semiosfera, na qual os textos se encontram e geram explosões semióticas, os seres que descem do céu, do caos, geradores de medo e violência, são seres demoníacos e, ao se cristalizarem na cultura, formando a memória cultural judaica, estruturam o mundo e lhe dão sentido.

Para reestruturação da ordem é criada nova topografia mítica, na qual os Vigilantes são aprisionados nas profundezas do deserto, onde ficariam até o julgamento final (10,4-6). Eles continuam em situação de caos, pois deserto e trevas estão nesta categoria, ao lado do mar e lugares áridos (ELIADE, 2001). No entanto, criam-se novos espaços próprios para os seres; mexer seria instaurar a desordem e o terror.

Há a construção de espaços-tempos míticos em estrutura geográfica, que cria imagem de caos e desordem. O estabelecimento do que se pode chamar de caos/impureza é "discursivisado" com as imagens de seres que descem (estrelas-anjos), transgridem fronteiras. Estes geram terror, violência, sangue e destruição. A linguagem apocalíptica recoloca-os em seus lugares e prevê no *escaton* a destruição final destes e o estabelecimento da ordem.

Conclusão

O judaísmo enoquita foi importante na construção do imaginário judaico do Segundo Templo e Cristianismos das origens. As ideias de puro/impuro, em diálogo com as imagens de violência e transgressão, representam uma proposta de compreensão da realidade e estruturação de mundo. Estruturada em um cenário de desordem cósmica, a literatura enoquita apresenta um mundo em risco, cheio de seres malignos, que necessita de uma intervenção divino-messiânica, a qual deve ocorrer, tal qual defende a literatura apocalíptica, no fim dos tempos, de Novo Céu e Nova Terra, o que alimenta um fatalismo histórico

As obras, tradições e imaginários religiosos que são identificados nesse grandioso movimento apocalíptico influenciaram outros tantos movimentos religiosos antigos e modernos, entre eles os cristianismos dos primeiros séculos. Jesus e seus primeiros seguidores eram judeus inseridos no contexto do Segundo Templo. Por isso, o judaísmo enoquita não deveria ser preocupação somente para quem deseja particularmente compreender grupos do mundo antigo, como também para todos cujos interesses estão ligados à compreensão da cultura ocidental.

Referências

ALEXANDRE, P. S. The Demonology of the Dead Sea Scroll. In: FLINT, P. W. and VANDERKAM, J. C. *The Dead Sea Scrolls after Fifty Years: a Comprehensive Assessment*. Leiden, Brill, 1999. v. 2, p. 331-353.

BAUTCH, Kelley C. *A Study of the Geography of 1 Enoch 17-19*: "No One Has Seen What I Have Seen". (Supplements to the Journal for The Study of Judaism). Leiden/Boston: Brill, 2003.

BOCCACCINI, Gabriele. *Beyond the Essene Hypothesis: The Parting of the Ways between Qumran and Enochic Judaism*. Grand Rapids: William B. Eerdmans, 1998.

BOCCACCINI, Gabriele. Introduction: From the Enoch Literature to Enochic Judaism. In: BOCCACCINI, Gabriele. *Enoch And Qumran Origins*: New Light On A Forgotten Connection. Grand Rapids, William B. Eerdmans, 2005.

CHARLES, R. H. *The Book of Enoch or 1 Enoch*. Oxford, Clarendon, 1912.

CHARLESWORTH, James H. *The Old Testament Pseudepigrapha*. New York: Doubleday, 1983. v. I.

COLLINS, Adela Yarbro. *The Combath Myth in the Book of Revelation.* Eugene: Wipf and Stock Publishers, 2001.

COLLINS, J. J. *A Imaginação Apocalíptica*: uma introdução à literatura apocalíptica judaica. São Paulo: Paulus, 2010.

COLLINS, J. J. *Seers, Sibyls and Sages in Hellenistic-Roman Judaism.* JSJSup 54. Leiden, Brill, 1997. p. 37.

COLLINS, J. J. *Apocalypticism in the Dead Sea Scrolls.* London: Routledge, 1997

DIEZ MACHO, Alejandro. *Apócrifos del Antigo Testamento.* Madrid: Cristiandad, 1987. v. IV.

DOUGLAS, Mary. *Pureza e perigo.* São Paulo: Perspectiva, 1966.

ELIADE, M. *O sagrado e o profano*: a essência das religiões. São Paulo: Martins Fontes, 2001;

GARCÍA MARTÍNES, Florentino. *Qumran and Apocalyptic. Studies on the Aramaic Texts from Qumran.* Leiden. New York: Köln: E. J. Brill, 1994.

GARCÍA MARTÍNEZ, Florentino. *Qumranica Minora I*: Qumran Origins and Apocalypticism (Studies on the Texts of the Desert of Judah, 63). Leiden-Boston, Brill, 2007.

MALINA, Bruce. *The New Testament World*: Insights from Cultural Anthropology. Atlanta, GA: John Knox, 1981.

NEYREY, Jerome H. The Idea of Purity in Mark's Gospel. *Semeia 35* (1986): 91-127.

NICKELSBURG, George W. E. *1 Enoch: a Commentary on the Book of 1 Enoch, chapters 1-36; 81-108.* Minneapolis, Fortress, 2001

NICKELSBURG, George W. E. and VANDERKAM, James C. *1 Enoch: A new translation.* Minneapolis, Fortress, 2004

NICKELSBURG, George W. E. NICKELSBURG, George W. E. Apocalyptic and Myth in 1 Enoch 6-11. *Journal of Biblical Literature* 96.3 (1977): 383-405.

REED, Annette Yoshiko. *Fallen Angels and the History of Judaism and Christianity*: The Reception of Enochic Literature. New York, Cambrigde University Press, 2005

TERRA, Kenner R. C. *De guardiões a demônios*: a história do imaginário do *pneûma akátharton* e sua relação com o mito dos vigilantes. Dissertação (Mestrado em Ciências da Religião), UMESP, São Bernardo do Campo, 2010.

VANDERKAM, James C. *Enoch and the Growth of an Apocalyptic Tradition*. Washington, DC: The Catholic Biblical Association of America, 1984.

WRIGHT, A. T. Evil Spirits in Second Temple Judaism: the Watcher Tradition as Background to the Demonic Pericopes in the Gospels. *Henoch* 28 (2006): 141-160.

A exaltação de Jesus e o judaísmo do Segundo Templo

Valtair Afonso Miranda[*]

Uma questão muito interessante para pesquisar no campo do movimento de Jesus tem relação com a forma como suas antigas comunidades de discípulos vieram a tomá-lo como objeto de culto, apesar de esses seguidores ainda estarem firmemente inseridos na tradição do monoteísmo exclusivista do Segundo Templo. Como judeus acostumados à proibição da Torá para não ter nenhum outro Deus, passaram a experimentar a devoção do líder do movimento que foi morto violentamente pelos romanos na Páscoa do ano 30, exaltando-o como um ser celestial? Esta é a questão que tentaremos perseguir no desenvolvimento deste texto, seguindo a ideia de monoteísmo do período do Segundo Templo. Trabalharemos a partir de duas análises desta temática: uma vinculando Jesus ao fenômeno do angelomorfismo judaico (Crispin Fretcher-Louis); outra trabalhando com a categoria dos agentes divinos (Larry W. Hurtado).

1. O Jesus exaltado do Apocalipse

Possivelmente na metade da década de 90 do século I, um judeu de nome João acabou exilado na ilha de Patmos, do mar Egeu. Lá ele escreveu o livro que ficou conhecido como Apocalipse de João. A obra se propõe a ser o relato de experiências religiosas nos moldes dos antigos profetas de Israel, mas revestido em termos de conteúdo e forma da tradição literária denominada pelos estudiosos de "apocalíptica".

---

[*] Doutor em História Comparada (UFRJ) e em Ciências da Religião (UMESP). Professor na Faculdade Batista do Rio de Janeiro.

João abre o livro dizendo que a revelação que ele recebeu veio de Jesus, dada por Deus, e enviada pelo seu anjo (Ap 1). O que João viu? Várias coisas, mas uma das primeiras foi o próprio Jesus, descrito de uma forma bem diferente daquele nazareno que andou pelas terras empoeiradas da Palestina. Ele agora é o Filho do Homem, um ser exaltado que vive no céu, com olhos de fogo, pés reluzentes, voz de cachoeira e com uma "espada na boca". João ouve do próprio ser exaltado: "Eu fui morto, mas eis aqui estou vivo pelos séculos dos séculos; e tenho as chaves da morte e do Hades" (Ap 1,18).

O Jesus do Apocalipse é a principal figura do livro de João. Na obra, ele ocupa um papel maior do que o próprio Deus, que, por sinal, aparece pouco no relato do visionário. A passagem mais significativa para descrever esse papel, entretanto, não é o capítulo de descrição do Filho do Homem, mas a narrativa do Cordeiro que recebeu o rolo selado. Segundo o Apocalipse, assim que Jesus, agora descrito em termos messiânicos como a raiz de David, o Leão da Tribo de Judá e, principalmente, o Cordeiro, recebe o rolo das mãos de Deus (descrito, nos termos de Daniel 7,13, como um Ancião de cabelos brancos), os vinte e quatro presbíteros celestiais entoam um hino de dignidade (Ap 5,9-10): "Digno és de tomar o livro e abrir-lhe os selos porque foste morto e compraste para Deus através do teu sangue pessoas de toda tribo, língua, povo e nação e os constituíste para o nosso Deus reino e sacerdotes; e reinarão sobre a terra".

Adela Collins interpretou este livro como uma epístola celestial, na forma de um livro de destino. Em outras palavras, ele seria uma tábua de eventos futuros. Os sete selos enfatizariam simbolicamente a intensidade do segredo do conhecimento sobre os eventos futuros, cujo conteúdo seria dado na forma de duas séries de sete visões (selos e trombetas).[1] O Cordeiro seria o único digno de revelar para o visionário e sua comunidade o conhecimento escatológico. A base dessa dignidade é a morte de Jesus. A imagem de um cordeiro imolado já seria evocação suficiente à

---

[1] COLLINS, Adela Yarbro. *The combath myth in the Book of Revelation*, p. 25.

A exaltação de Jesus e o judaísmo do Segundo Templo

morte de Jesus, da mesma forma como sua posição em relação ao trono o afirma vivo e com poder para fazer especificamente duas coisas: comprar para Deus um povo exclusivo; e fazê-los reino e sacerdotes de Deus. São dois elementos identitários também mencionados em peças hínicas de outros lugares do Apocalipse.

A origem dessas pessoas como "de toda tribo, língua, povo e nação" afirma um caráter distinto de etnicidade para os discípulos de Jesus. A filiação não seria mais uma questão de sangue, mas de compromisso com o Cordeiro.

As formas verbais são bem precisas. Os "santos" já foram comprados e já receberam a investidura real e sacerdotal. São ações já realizadas por Jesus no momento de sua morte e ressurreição. Mesmo assim, uma reserva escatológica se manifesta: eles ainda reinarão sobre a terra. Eles já fazem parte do reino de Deus e de seu Filho Jesus Cristo, mas esse reino ainda não é visto por quem não faz parte dele. O cântico expressa a esperança, entretanto, de que na intervenção última de Deus esse reinado se materializará.

A cena celestial ganha proporções ainda maiores quando, após este hino, anjos em número de "milhões de milhões e milhares de milhares" também cantam a mesma temática (Ap 5,12): "Digno é o Cordeiro que foi morto de receber o poder, e riqueza, e sabedoria, e força, e honra, e glória, e louvor".

A primeira canção de dignidade ao Cordeiro está na segunda pessoa do singular (um hino que fala com o Cordeiro). A canção dos anjos, entretanto, está na terceira pessoa do singular (um hino que fala do Cordeiro). Em ambas as canções, o objeto de adoração é descrito na linguagem político-religiosa do antigo Israel. Ele é o Leão da Tribo de Judá, a raiz de Davi, que conquistou e, portanto, é digno de abrir o rolo que Deus entregou em suas mãos. Mas é, ao mesmo tempo, um Cordeiro em pé como se tivesse sido morto.

O capítulo anterior registrou elementos litúrgicos voltados para o Ancião de cabelos brancos. Ele foi declarado digno de adoração por sua obra de criação. O Cordeiro, entretanto, é digno por causa da redenção. Ele pode abrir os selos, pois somente ele venceu a morte. Ao inserir o tema da morte do Cordeiro na tradição messiânica davídica, o visionário a reveste com os aspectos da tradição sacrificial.

As cenas de culto celestial não eram novidades na apocalíptica. Entretanto, a presença de um Cordeiro glorificado no Templo celestial, participando ou mesmo recebendo o culto, é um elemento de distinção. Além do mais, um número muito maior de epítetos nestes hinos de dignidade é lançado sobre o Cordeiro do que ao próprio Ancião do capítulo anterior.

Após a adoração ao Cordeiro, João ainda acrescenta que "toda criatura que há no céu e sobre a terra, debaixo da terra e sobre o mar, e tudo o que neles há" se volta novamente para aquele que se assenta no trono. Sua descrição do culto celestial, assim, extrapola até mesmo os espaços celestiais, pois envolve, também, o âmbito da terra e do mar, bem como todos os seus seres. Toda a natureza aparece envolvida na adoração celestial. O que eles cantam é: "Ao que se assenta sobre o trono e ao Cordeiro, o louvor, e a honra, e a glória, e o domínio para os séculos dos séculos" (Ap 5,13).

Finalmente, ambos os personagens celebrados no culto celestial recebem, simultaneamente, a adoração. As cláusulas de dignidade se parecem com o hino dos anjos (Ap 5,12) e com o hino a Deus de Apocalipse 4,11. A glória e a honra aparecem nos três hinos. O poder é dado a Deus pelos Vinte e Quatro Anciãos e ao Cordeiro pelos anjos, mas não aparece na lista quando ambos são louvados juntos. Na adoração a Deus e ao Cordeiro, por sua vez, ainda se manifestam o domínio e o louvor, que não apareceram antes para Deus. De qualquer forma, todas as dignidades de Deus pertencem também ao Cordeiro, que ainda suporta outras. Somente ele, nestes três hinos de dignidade, teve celebrada a riqueza, a sabedoria e a força. Estes elementos indicam que no Apocalipse de João não é o Ancião a figura principal, mas sim o Cordeiro.

Como um responsório coral, a resposta vem daqueles que se encontram bem perto do trono, os Quatro Seres Viventes, que respondem:

A exaltação de Jesus e o judaísmo do Segundo Templo

"Amém!". A conclusão da cena é um novo ato de prostração e adoração dos Presbíteros celestiais (Ap 5,13-14). O culto ao Ancião e ao Cordeiro é interrompido pela série de selos e trombetas, mas será retomado em outros lugares do Apocalipse. Os seres celestiais perguntam sobre quem é digno de receber o louvor. Eles mesmos respondem: Deus e o Cordeiro.

O fenômeno que acabamos de descrever no Apocalipse pode ser verificado em várias obras do Novo Testamento, de autores e origens distintas. Jesus, o filho de Maria, é descrito nos textos, paulatinamente, como "Jesus, o Senhor", "Jesus, o Cristo", "Jesus Cristo", "Cristo Jesus", e, finalmente, "Cristo", o ser celestial superpoderoso, glorificado nos céus, que dirige o universo à direita do próprio Deus. Não é possível ver aqui alguma reflexão trinitária nos moldes dos concílios eclesiásticos posteriores, mas sim perceber que o monoteísmo judaico restrito foi, de alguma forma, atualizado.

2. O angelomorfismo

Para entender esse processo da exaltação de Jesus, estudiosos recorrem a fenômenos diferentes no interior do judaísmo. Crispin Fretcher--Louis, por exemplo, tenta entender isso por meio do que ele chama de "angelomorfismo", quando seres humanos são descritos em linguagem exaltada como se fossem anjos. Ele estudou esse fenômeno trabalhando com a literatura de Qumran.[2] Em vários manuscritos ali encontrados, a humanidade pode compartilhar uma comunidade com anjos, e imagina-va-se que a vida humana e suas práticas religiosas eram uma espécie de espelho na terra de atividades de anjos no céu.

Mas o tema que mais chamou a atenção de Fretcher-Louis foi a forma pela qual alguns religiosos se consideravam como anjos. Esses textos onde humanos são descritos de forma angelomórfica – angélicos em *status* ou natureza, embora sem necessariamente ter sua identidade

---

[2] FRETCHER-LOUIS, Crispin H. T. *All the Glory of Adam*: Liturgical Anthropology in the Dead Sea Scrolls. Leiden: Brill, 2002. Crispin Fletcher-Louis é professor na University of Gloucestershire, Inglaterra.

reduzida apenas à de um anjo – têm sido objeto de atenção nos estudos do judaísmo antigo em anos recentes, parcialmente por causa de seu potencial significado para a compreensão da evolução da cristologia antiga.

O fenômeno, segundo este autor, poderia ter começado bem antes do aparecimento das principais obras de Qumran. Tal transformação é encontrada, por exemplo, em Siraque. A tradução grega de Siraque 45,2 diz que Deus fez Moisés como um entre os santos em glória, e o fez grande para terror dos seus inimigos. É uma glória angelomórfica.[3]

Siraque, com sua linguagem e teologia sacerdotais, descreve Aarão nos termos do divino guerreiro (Sir 45,7). Pela descrição de sua roupa, Aarão é comparado com o único Deus de Israel (Ex 28). No capítulo 50,6-7, Siraque escreve um hino de louvor ao sumo sacerdote Simão, filho de Onias: "Como a estrela da manhã entre nuvens, como a lua cheia em dia festivo, como o sol que brilha no templo do Santo dos Santos, como o relâmpago brilhando em esplêndidas nuvens". Essa linguagem astral é bem coerente com uma identidade angélica. Simão é descrito em termos da forma antropomórfica do Glorioso Deus sentado no trono carruagem de Ezequiel 1,26-27:

> Por cima do firmamento que estava sobre a sua cabeça, havia algo semelhante a um trono, como uma safira; sobre esta espécie de trono, estava sentada uma figura semelhante a um homem. Vi-a como metal brilhante, como fogo ao redor dela, desde os seus lombos e daí para cima; e desde os seus lombos e daí para baixo, vi-a como fogo e um resplendor ao redor dela.

Nos Hodayot de Qumran, os justos são retirados das profundezas da humanidade para os altos céus, onde eles se relacionam com as hostes de anjos e experimentam a vida da eternidade, nova criação, e subsequentemente perdão de pecados. Havia uma aspiração na comunidade por uma vida angélica como a ideal forma de existência na terra. Essa visão da

---

[3] Ibid., p. 293.

A exaltação de Jesus e o judaísmo do Segundo Templo

humanidade é derivada da leitura de Gênesis 1, segundo a qual a criação de Adão à imagem e de acordo com *Elohim* significa que ele foi criado à imagem dos anjos, ou seja, os deuses. Em outros termos, Adão foi criado para carregar a glória de Deus. Se a comunidade de Qumran pensava de si mesma como o verdadeiro Israel e verdadeiro Adão, não é surpresa que eles entendessem também que, às vezes, sua própria identidade pudesse ser angélica.[4]

Em Qumran, assim, não existe uma distinção muito clara entre anjos e humanos. 1QSb 4.24-28 descreve o sumo sacerdote como um anjo. Já 4Q374 e 4Q377 apresentam um Moisés angelical e quase divino. Ambos os textos se relacionam com a transformação gloriosa de Moisés no Sinai. Moisés é transfigurado, como Aarão em Siraque 45,7-8, e seu efeito no povo é igual ao provocado pelo divino guerreiro do Salmo 107,6-7.

4Q377 está trabalhando Deuteronômio 5,5, o recebimento da Tora, e talvez Êxodo 17,6. Por meio destas obras, os autores de Qumran estão imaginando um tipo de comportamento e vivência que pudesse indicar uma identidade transcendente, da qual os justos já possam participar, tendo Moisés como o preeminente exemplo.

Por fim, Fretcher-Louis aponta para categorias angelomórficas que teriam aparecido em Lucas-Atos. Segundo ele, em comparação com a transformação de Enoque Metatron na tradição enóquica, quando Enoque se desenvolve de uma figura humana a uma espécie de pequeno deus nos espaços celestiais, ou a glorificação de Moisés, a transfiguração de Jesus (Mc 9,2-13) poderia ser lida tanto como uma completa angelificação para uma nova identidade quanto como a revelação da identidade angelical já possuída por Jesus. Tal manifestação explicaria o fenômeno da ressurreição e de narrativas pouco óbvias, como a visão de Estêvão no momento do seu martírio (At 7,55-56).

Daniel Olson, em outro interessante artigo, aplica parcialmente estas hipóteses em uma análise comparativa entre o Apocalipse de João

---

4 Ibid., p. 297.

e o Mito dos Vigilantes de 1 Enoque 1–36.[5] Segundo ele, ao relacionar os vigilantes caídos de Enoque com os 144 mil seguidores do Cordeiro, João estaria dando aos seguidores de Jesus o papel dos bons anjos que não caíram. Nesse caso, não apenas Jesus teria sido exaltado à estatura de um anjo como também todos os seus discípulos passariam pelo mesmo fenômeno.[6]

Olson aponta algumas evidências de angelomorfismo em textos do Novo Testamento:

- O *logion* de Jesus: "Serão como anjos no céu, pois não se casam nem se dão em casamento" (Lc 20,34-36).

- As cartas deuteropaulinas parecem falar em *status* angélico para os discípulos, quando fala de cristão "idôneos à parte que vos cabe da herança dos santos na luz" (Cl 1,12; também Ef 1,18; 2,19).

O tema de cristãos como anjos não é frequente em textos do segundo século, mas ocorre em diferentes tipos de textos. Em todos os casos, a ideia aparece brevemente sem a necessidade de elaboração, exatamente como no Novo Testamento:

- Atos de Paulo e Tecla (final do segundo século EC): "bem-aventurados são aqueles que temem a Deus, porque eles serão como anjos de Deus".

- Martírio de Policarpo (ca. 155-160 EC): alguns mártires já eram "como anjos" durante a morte.

- Ascensão de Isaías 8,14-15: Isaías se tornou como anjo.

- Clemente de Alexandria (Frag. 2) alude a cristãos como anjos.

- Tertuliano (*De orat.* 3) fala de cristãos candidatos ao *status* angélico.

---

[5] OLSON, Daniel. C. "Those who have not defiled themselves with women": Revelation 14.4 and the Book of Enoch. *The Catholic Biblical Quarterly*, Washington, v. 59, 1997, p. 492-510.

[6] Conferir nossa análise desta questão na discussão de Apocalipse 14 e a questão dos "justos" que tomam o lugar dos vigilantes caídos, em: MIRANDA, Valtair A. *O caminho do Cordeiro*. São Paulo: Paulinas, 2011.

A exaltação de Jesus e o judaísmo do Segundo Templo

Tudo isso levanta a perspectiva de que, nessas comunidades antigas, os redimidos entendiam estar destinados a adquirir *status* ou talvez mesmo já tivessem alcançado eventualmente o *status* de anjos, mas o conceito parecia tão bem conhecido, ou pelo menos pouco controvertido, que nenhuma explanação, detalhamento ou defesa era necessária.

Assim, seguindo essa linha de argumentação, a exaltação de Jesus seguiu um modelo encontrado em textos judaicos do Segundo Templo, que admitia a possibilidade de exaltação dos justos de Deus para fazerem parte de uma comunidade angelical em espaços celestiais. Algumas figuras especiais, entretanto, alcançariam um *status* mais elevado entre todos, como o Moisés de Sirach, o sumo sacerdote de Qumran ou Jesus nas comunidades do Nazareno.

3. Os agentes divinos

Um caminho diferente do angelomorfismo foi defendido por Larry Hurtado.[7] Segundo Hurtado, o judaísmo do período do Segundo Templo contém muitas referências a figuras celestiais descritas como tendo participação no governo de Deus sobre o mundo, sobre a redenção dos eleitos e sobre a consumação escatológica. Essas figuras são descritas também como ocupando uma posição de elevado *status* (ou poder) nas esferas celestiais, inferiores apenas ao próprio Deus. Ele definiu esse fenômeno como "agência divina", ou seja, a ideia de que o Deus único e poderoso possui um agente proeminente acima de todos os outros agentes de Deus, a ele intimamente relacionado, como se fosse um "segundo em comando", ou um vice-presidente do Universo.[8]

Existiram vários tipos de "agentes divinos", mas seria possível estruturá-los em basicamente três grupos, onde cada personagem ou grupo é o resultado de um tipo específico de demanda religiosa e social:

---

[7] Larry W. Hurtado foi professor de Cristianismo Antigo na Universidade de Edimburgo. Faleceu em 2019.

[8] HURTADO, Larry W. *One God, One Lord*: Early Christian Devotion and ancient Jewish monotheism. Edinburgh: T&T Clark Ltd, 1988.

- Grupo 1, com interesse pelos atributos ou poderes divinos personalizados, como a Sabedoria de Provérbios 1–9, ou o Logos de Filo de Alexandria.

- Grupo 2, com interesse pela exaltação de patriarcas, como o Moisés e o Enoque de suas respectivas tradições apocalípticas.

- Grupo 3, com interesse em anjos superiores, como Miguel, Yahoel e o Melquisedeque de 11QMelq de Qumran.

Apesar dessas figuras fornecerem um quadro de viabilidade para a exaltação de Jesus pelos judeus convertidos ao movimento, elas por si só não explicam a devoção e o culto a Jesus. Isso porque, se há o registro do fenômeno em diferentes tipos de grupos judaicos, em diferentes contextos (Palestina e diáspora), ainda assim não há o relato de que a piedade judaica tenha desenvolvido algum tipo de culto a algum desses "agentes divinos".

O professor Hurtado desenvolve uma análise de cada grupo e avalia o papel desse quadro de referência para a exaltação de Jesus. O primeiro grupo a ser analisado é o grupo de passagens, que descreve atributos divinos personalizados.

Há uma variedade de "agentes divinos" em identidade, natureza, e no papel exercido no lugar ou em parceria com Deus. Em alguns casos, a criação e a ordenação do mundo estão em foco, tendo o agente divino participação de forma proeminente nessas ações.

Esse é o caso da Sabedoria (*sophia*), em Sabedoria de Salomão, que é descrita como "arquiteta de todas as coisas" (Sb 7,22), aquela que "coloca ordem em todas as coisas" (Sb 8,4; 9,9; 11). Ou o caso do Logos de Filo de Alexandria, descrito como o administrador do mundo e ministro de Deus (*kybernetes kai oikonomos*), em Quast. Gen. 4.110-111.

Nesses casos, certos atributos de Deus são personalizados para atuar como seus agentes. É possível que estejamos apenas diante de retórica judaica, e essas manifestações da divindade (como a *shekinah*, por exemplo), não tenham sido entendidas como entidades reais fora da divindade. De qualquer forma, a descrição desses atributos divinos personificados

A exaltação de Jesus e o judaísmo do Segundo Templo

como "agentes divinos" na criação e administração do mundo pode fornecer o contexto que permitiu que os primeiros discípulos de Jesus o vissem exercendo papéis semelhantes ao lado de Deus (como em Ap 5).

O segundo grupo de textos não trata mais de atributos divinos personalizados, mas de figuras humanas concretas. Se a descrição de atributos divinos atuando como seus agentes pode não passar de retórica literária, o fenômeno da "agência divina" vai mais longe ao descrever figuras concretas, como os grandes pais de Israel exercendo também funções da divindade. Não se confundem com o próprio Deus, mas são descritos em glória e honra divinas.

É possível que aqui estejam realmente os reais precursores da exaltação de Jesus à destra de Deus, apesar de guardadas as proporções, já que Moisés ou Enoque são do passado longínquo de Israel, enquanto Jesus é da experiência recente das comunidades de discípulos.

Há textos em que a figura exaltada é um patriarca. No caso de Enoque, isso acontece basicamente de duas formas: como o Filho do Homem; como Metraton. A primeira forma aparece na seção intitulada Similitudes de Enoque (1En 37–71).[9]

- Ele é justo, conhecedor dos segredos divinos, ocupando uma posição triunfante (1En 46,3).

- Ele é vitorioso sobre os poderosos da terra e julga os maus (1En 46,4-8; 62,9; 63,11; 69,27-29);

- Ele ocupa uma posição singular nos planos de Deus (1En 48, 2-3.6; 62,7).

- Ele tem um papel na salvação dos eleitos (1En 48,4-7; 62,14).

Em todas estas referências, o Filho do Homem apresenta papel messiânico, salvífico e escatológico. Aparentemente, o autor das Similitudes está fazendo uma releitura do Filho do Homem de Daniel 7 (que parece ser uma referência ao povo de Deus como um todo).

---

[9] As Similitudes de Enoque são datadas da segunda metade do século I da Era Comum.

Em 1 Enoque 71, Enoque ascende aos céus, onde encontra o próprio Deus. Ali o patriarca recebe a informação de que ele é realmente o Filho do Homem (1En 71,14-17); com isso se completa a exaltação da figura humana, já que o Enoque de Gênesis 5,18-24 foi elevado à posição de agente principal de salvação dos justos de Deus.

A outra forma de exaltação de Enoque como agente divino é aquela que o transforma em um ser angelical acima de toda a corte celestial, como aparece no 3 Enoque, datado do século V, que o identifica com Metraton (3En 4,2-3), um poderoso ser celestial, príncipe dos anjos de Deus. Em 3 Enoque 4,8-9, Deus conta para os anjos que ele escolheu Enoque para ser "um príncipe e governante" sobre eles nas regiões celestiais. Em 3 Enoque 9, o leitor é informado da transformação de Enoque em um personagem gigante, em quem não falta "esplendor, brilho, beleza e majestade", e em 3 Enoque 10–12 encontramos o trono de Enoque Metraton como o trono "da glória de Deus" (3En 10,1), com vestes majestosas e uma coroa. E, finalmente, somos informados que Enoque Metraton será chamado de "pequeno Javé" (3 Enoque 12,5).

Apesar da distância temporal, a especulação de Enoque Metraton é significativa para fornecer o quadro de referência da antiga cristologia, quando patriarcas antigos foram exaltados.

11QMelch descreve Melquisedeque atuando ao lado de Deus no triunfo escatológico. O Moisés de Filo está em categorias tão exaltadas que se torna um parceiro de Deus (*koinonos*). Por que judeus exaltaram seus antigos patriarcas? No contexto das diversas opções religiosas da antiguidade, exaltar os antigos patriarcas era uma forma de indicar que o judaísmo era mais autêntico que outras opções. Aos olhos dos governantes humanos que dominavam os judeus do segundo templo, sua religião poderia ser vista não mais do que uma entre várias, mas, para Deus, o Senhor de todas as coisas, não era bem assim. Afinal, ele mesmo escolheu Moisés, Jacó, Enoque como figuras de honra entre todos os humanos, e mesmo entre todos os seres celestiais. Eles indicam, assim, que a tradição religiosa que representam tem legitimação divina.

A exaltação de Jesus e o judaísmo do Segundo Templo

Entretanto, ainda assim não há evidência de que essas figuras chegaram a receber devoção em grupos judaicos, nem chegaram a ser objeto de adoração, como Jesus o foi nas igrejas.

Finalmente, o terceiro grupo de textos analisa passagens em que certos anjos especiais poderiam fornecer o quadro de referência para a cristologia. Em alguns desses textos, a função do agente divino é mais representativa em termos de autoridade e poder. No Testamento de Abrão, o anjo Miguel é descrito como o "chefe em comando" (Test Ab 1,4; 2,1).

São vários os textos que indicam que existia uma ampla tradição que entendia que Deus tinha um anjo principal entre todos os anjos dos céus. Deus deu a esse anjo autoridade sobre os demais e um *status* apenas inferior ao seu próprio. Fora de textos de controvérsia contra judeus (geralmente cristãos acusando judeus de adoração de anjos), não há evidências de que esses anjos chegaram a receber adoração em comunidades judaicas. Talvez passagens como a do próprio Apocalipse, que ordenam para que um anjo não seja adorado, seja parte dessa controvérsia (Ap 19,10).

A ênfase na hierarquia celestial era parte da tentativa judaica de exaltar a majestade de Deus. Como os reis dos diversos impérios conhecidos de então, Deus tinha um largo panteão de seres sob seu comando. Ele não precisava agir diretamente, se um anjo poderia fazer em seu lugar. Não significava necessariamente distanciamento de Deus, mas acentuação de sua majestade.

De maneira geral, esses três grupos de textos que tratam de agentes divinos cobrem a função do Jesus exaltado na literatura do movimento de Jesus do primeiro século:

- Jesus é descrito como o agente da criação (1Cor 8,6; Jo 1,1-3).
- Jesus é descrito como o redentor (1Cor 1,30; 15,20-28; Rm 3,23-26; 4,24-25; 1Ts 1,10).
- Jesus é aquele que toda a criação chamará de Senhor (Fl 2,9-10).
- Jesus é o juiz escatológico que age no lugar de Deus (2Cor 5,10).

- Jesus é descrito como o herdeiro de todas as coisas, o agente de toda a criação, aquele que reflete a glória e a natureza de Deus, que fez purificação pelos pecados e preside a redenção escatológica (Hb 1,1-14).

- Jesus é a imagem de Deus, o agente de toda a criação, a esfera da criação, o Senhor da criação, o cabeça dos principados e potestades, o cabeça da Igreja (Cl 1,15-17).

Efésios 1,20-22 pode fornecer uma boa síntese:

[Deus] operou em Cristo, ressuscitando-o dentre os mortos e fazendo-o sentar-se à sua direita nos céus, muito acima de todo principado, e autoridade, e poder, e domínio, e de todo nome que se nomeia, não só neste século, mas também no vindouro; e sujeitou todas as coisas debaixo dos seus pés, e para ser cabeça sobre todas as coisas o deu à Igreja.

Passagens como esta indicam que Jesus cobre praticamente todas as esferas de atuação da divindade, ou seja, ele funciona bem como "agente divino", nos moldes dos antigos agentes divinos da literatura judaica do segundo templo. Ele atua como Logos, Sofia ou *Shekinah* (atributos personalizados de Deus), como o Moisés ou o Enoque exaltado, ou como o Miguel de Apocalipse 12 e Daniel 10–12.

A grande diferença, entretanto, é que, enquanto os agentes divinos não se tornaram objeto de culto nas comunidades que escreveram sobre eles, Jesus, em um prazo relativamente curto, começou a receber devoção de seus discípulos.

Nos termos de Hurtado,

judeus convertidos se reuniam para adorar em nome de Jesus, oravam a ele, cantavam para ele, entendiam que ele estava em uma posição celestial acima de toda a ordem angelical, usaram para ele títulos e passagens das Escrituras judaicas originalmente usadas para Deus, procuraram convencer outros judeus e também gentios a reconhece-lo como o redentor messiânico escolhido por Deus, e em geral redefiniam a devoção

A exaltação de Jesus e o judaísmo do Segundo Templo

tradicional ao único Deus para incluir a veneração a Jesus. Aparentemente, eles entendiam esta redefinição não apenas como legítima, mas também como demandada por Jesus.[10]

Ao se perguntar pelas causas dessa exaltação rápida de Jesus, Hurtado apresenta dois fatores em especial: Jesus se tornou rapidamente objeto de devoção e culto em comunidades judaicas convertidas em função das visões e experiências dessas comunidades que o descreviam de forma ressuscitada e exaltada, e o pintavam em categorias superlativas que demandava algum tipo de devoção; isso envolvia hinos e orações para ele. Em outras palavras, antes do que na dogmática, o processo parece ter surgido em contexto litúrgico.

Conclusão

O que tanto a reflexão sobre angelomorfismo quanto sobre os agentes divinos consegue demonstrar é que o fenômeno de exaltação a Jesus pode ser buscado no seu quadro de plausibilidade histórico-social. É justamente esse enquadramento que nos habilita a compreender a forma como João e sua audiência se relacionavam com o Jesus glorificado na Ásia romana do final do primeiro século. Esse relacionamento promovia neles uma nova identidade em relação a outros grupos sociais e religiosos, fortalecia-os diante de eventuais conflitos e perseguições sociais, habilitava-os a sobreviver em contexto adverso e fornecia um sentido para o mundo e a existência.

De forma quase linear, os hinos e as expressões de culto no Apocalipse de João, visitados no início deste texto, descrevem a derrota do mal como já ocorrida, o Reino de Deus como já estabelecido e o Cordeiro Jesus como governante, digno de adoração e rei supremo sobre todo o mundo.

Para os primeiros seguidores de Jesus, o culto era um evento celestial e terreno simultaneamente. Era nesse espaço que eles conseguiam

---

[10] HURTADO, Larry, op. cit., p. 11.

antecipar o futuro esperado e vivê-lo no presente. Ao descrever o que acontece no céu, o visionário João desejava revelar o verdadeiro significado do que acontece na terra, em consequência do culto celestial. Nos cultos das comunidades de seguidores de Jesus, o Cordeiro glorificado já pode ser declarado vitorioso, seu Reino já pode ser percebido como realizado. No contexto do culto se dá a escatologia realizada do Apocalipse, onde os elementos do reinado esperado de Jesus já se mostram efetivamente estabelecidos.

É interessante perceber que a devoção a Jesus, entre esses primeiros discípulos, não envolveu uma fusão teológica que o transformasse em outro deus. Ainda assim é possível entender que suas vivências espirituais, experimentadas em seus encontros cúlticos, deu a eles a convicção de que Jesus não estava morto, mas exaltado nas regiões celestiais ao lado de Deus, acima de todo e qualquer outro ser celestial, assumindo, então, papéis próprios da divindade, como o Logos de Deus na criação ou o Filho do Homem no juízo escatológico.

Esse processo continuará a se desenvolver até provocar as discussões cristológicas de Niceia e outros concílios posteriores. E o que os cristãos do século IV vão buscar entender será justamente o papel de Jesus, ainda mais exaltado, em relação ao monoteísmo judaico de suas primeiras escrituras, herdadas do judaísmo.

Referências

COLLINS, Adela Yarbro. *The Combat Myth in the Book of Revelation*. Eugene: Wipf and Stock Publishers, 2001.

FRETCHER-LOUIS, Crispin H. T. *All the Glory of Adam*: Liturgical Anthropology in the Dead Sea Scrolls. Leiden: Brill, 2002.

OLSON, Daniel. C. "Those who have not defiled themselves with women": Revelation 14.4 and the Book of Enoch. *The Catholic Biblical Quarterly*, Washington, v. 59, 1997, p. 492-510.

MIRANDA, Valtair A. *O caminho do Cordeiro*. São Paulo: Paulinas, 2011.

HURTADO, Larry W. *One God, One Lord*: Early Christian Devotion and ancient Jewish monotheism. Edinburgh: T&T Clark Ltd, 1988.

Sugestões de leitura

ALBRIGHT, William Fowell. *From the stone age to Christianity*: monotheism and the historical process. Baltimore: The Johns Hopkins Press, 1940.

ASSMANN, Jan. *Of God and Gods*: Egypt, Israel and the rise of monotheism. Wisconsin: The University of Wisconsin Press, 2008.

ASSMANN, Jan. *The price of monotheism*. Stanford: Stanford University Press, 2010.

BLANCO, Carlos. *El pensamiento de la apocaliptica judia*. Madrid: Editorial Trotta, 2013.

CHARLES, J. Daryl. An Apocalyptic Tribute to the Lamb (Rev 5:1-14). *Journal of the Evangelical Theological Society*, v. 24, n. 4, p. 461-473, 1991.

COHN, Norman. *Cosmos, caos e o mundo que virá*: as origens das crenças no Apocalipse. São Paulo: Companhia das Letras, 1996.

COLLINS, John J. (org.) *The Oxford Handbook of apocalyptic literature*. Oxford: Oxford University Press, 2014.

COLLINS, John J. The Jewish Apocalypses. *Semeia*, Atlanta, v. 14, p. 21-59, 1979.

CROATTO, J. S. *As linguagens da experiência religiosa:* uma introdução à fenomenologia da religião. São Paulo: Paulinas, 2001.

DUNN, James D. G. *¿Dieron culto a Jesús los primeros cristianos?* Los testimonios del Nuevo Testamento. Navarra: Editorial Verbo Divino, 2011.

GARR, W. Randall. *In his own image and likeness*: humanity, divinity and monotheism. Leiden: Brill, 2003.

GNUSE, Robert Karl. *No other gods*: emergent monotheism in Israel. Sheffield: Sheffield Academic Press, 1997.

HANNAH, Darrell D. *Michael and Christ*: Michael traditions and angel Christology in Early Christianity. Tubingen: Mohr Siebeck, 1999.

HORBURY, William. *Jewish messianism and the cult of Christ*. London: S. C. M. Press Ltd, 1998.

HURTADO, Larry W. *Lord Jesus Christ*: Devotion to Jesus in earliest Christianity. Grand Rapids: William B. Eerdmans Publishing Company, 2003.

MC GINN, Bernard. *Visions of the End*: Apocalyptic Traditions in the Middle Ages. New York: Columbia University Press, 1979.

MITCHELL, Stephen; NUFFELEN, Peter van. *One God*: pagan monotheism in the Roman Empire. Cambridge: Cambridge University Press, 2010.

NEWMAN, Carey C.; DAVILA, James R.; LEWIS, Gladys S. (org.) *The Jewish roots of Christological monotheism*: papers from the St. Andrews Conference on the historical origins of the worship of Jesus. Leiden: Brill, 1999.

PAGELS, Elaine. *As origens de satanás*: um estudo sobre o poder que as forças irracionais exercem na sociedade moderna. Rio de Janeiro: Ediouro, 1996.

RUSSELL, D. S. *Desvelamento divino*: uma introdução à apocalíptica judaica. São Paulo: Paulus, 1997.

THEISSEN, Gerd. *La religione dei primi cristiani*: una teoria sul cristianesimo dele origini. Torino: Claudiana, 2004.

Rua Dona Inácia Uchoa, 62
04110-020 – São Paulo – SP (Brasil)
Tel.: (11) 2125-3500
http://www.paulinas.com.br – editora@paulinas.com.br
Telemarketing e SAC: 0800-7010081